科技创业实践指南

ONE HUNDRED QUESTIONS OF ENTREPRENEURSHIP
创业百问

编 著　夏春阳 戴力新 孙启新

东南大学出版社
SOUTHEAST UNIVERSITY PRESS
·南京·

图书在版编目(CIP)数据

创业百问 / 夏春阳，戴力新，孙启新编著. —南京：东南大学出版社，2015.8

ISBN 978-7-5641-5968-9

Ⅰ.①创… Ⅱ.①夏… ②戴… ③孙… Ⅲ.①企业管理—问题解答 Ⅳ.①F270-44

中国版本图书馆 CIP 数据核字(2015)第 178998 号

创业百问

编　　著	夏春阳　戴力新　孙启新
出版发行	东南大学出版社
出 版 人	江建中
社　　址	南京市四牌楼 2 号
邮　　编	210096
印　　刷	江苏凤凰数码印务有限公司
开　　本	700 mm×1000 mm　1/16
印　　张	18.25
字　　数	350 千字
版　　次	2015 年 8 月第 1 版
印　　次	2015 年 8 月第 1 次印刷
书　　号	ISBN 978-7-5641-5968-9
定　　价	48.00 元

(本社图书若有印装质量问题，请直接与营销部联系。电话：025-83791830)

编　著　夏春阳　戴力新　孙启新

编撰成员（按姓氏笔画为序）

王　靖　闫　煜　任漱晨

李　红　李　庚　李淑媛

胡晓玲　唐余康　顾铁军

黄　莉　戚啸艳　傅永康

序　言

自2014年以来，李克强总理多次指出要推动"大众创业、万众创新"，打造中国经济发展新引擎；2015年，李克强总理又视察了深圳柴火创客空间、北京中关村创业大街等地。随后，国务院出台了《关于发展众创空间推进大众创新创业的指导意见》、《关于大力推进大众创业万众创新若干政策措施的意见》等一系列政策措施，在神州大地上掀起大众创新创业的热潮。

江苏省作为全国创新型省份建设的试点省，创新创业工作一直走在全国前列，努力贯彻落实党中央、国务院关于大众创新创业的决策部署，加快实施创新驱动发展战略。在当前全面推动"大众创业、万众创新"的重要时期，对于创新创业大省的江苏来说还有很多具体工作需要做。2014年，火炬中心支持江苏省高新技术创业服务中心承建了江苏科技创业培训服务平台，作为开展全国科技创业培训的试点，用以完善科技创业孵化培训体系，促进科技创新创业企业良性发展。江苏科技创业培训服务平台经过一年的实践，取得了较好成绩，积累了很多宝贵经验，通过培训与辅导也解决了企业创新创业过程中的许多问题。

随着大众创新创业工作的全面推进，江苏省创业队伍迅速扩大，一些创业者和创业团队亟须科学的创业指导。结合培训平台运行实践，江苏省高新技术创业服务中心将创业者在创新创业发展中遇到的问题进行了梳理，编撰了《创业百问》一书。书中的每一个问题都具有很强的代表性，充分体现了问题从企业中来、切实为企业解决问题的工作原则。书中通过成功的创业案例分享，为创业者提供经验借鉴。案例涉及多个行业，创业者身份有留学海归、高校教授、企业技术研发人员、大学毕业生、市场销售员等，他们每一个人都展现了成功创业所必须具备的素质和不懈的努力。衷心地希望，江苏省高新技术创业服务中心依托创业培训平台，以创业者实际需求为出发点，集合创业有效资源，进一步做好深度创业辅导服务工作，注重服务成效，不断提升创业服务能力和水平。

创业不易，衷心希望此书能为广大创业者在创业道路上提供指引，解疑释惑，提供帮助。创业也是人生的一种选择，希望广大创业者能在这片创业热土上挥洒汗水，努力拼搏，追求自己的创业梦，践行伟大的中国梦！

科技部火炬中心副主任：杨跃承

2015年7月

目　录

第二部分

创业案例

第三部分

科技创业咨询与培训服务规范

第四部分

附　录

第一部分 创业问答

1.1 创业政策

1.2 创业策划

1.3 创业融资

1.4 股权结构

1.5 财税筹划

1.6 创业管理

1.7 知识产权

1.8 法律风险

在创业的道路上，我们会遇到很多困惑和疑问。了解创业过程中经常遇到的问题，对创业者来说很有必要。有效解决创业过程中遇到的问题，是实现创业成功的重要条件。

1.1 创业政策

当你想到创业，不要忘记了一项巨大的免费天使投资——政策扶持。它公平对待每一位创业者，前提是你要静下心来看看它都有些什么。

2015 年初，“创客”首次被写入政府工作报告，2 万字的政府工作报告 13 次提到“创业”“大众创业、万众创新”，创新创业是我们每个人生活中的“经济新常态”。

在中国“新创业”元年，想要投身创业大军，你还需要了解时下最新的创新创业动态。

近期出台的创新创业政策如下：

《国务院办公厅关于发展众创空间推进大众创新创业的指导意见》(以下简称《众创意见》)(国办发〔2015〕9 号　2015 年 3 月 2 日)

《中共中央国务院关于深化体制机制改革加快实施创新驱动发展战略的若干意见》(2015 年 3 月 13 日)

《国务院关于进一步做好新形势下就业创业工作的意见》(国发〔2015〕23 号 2015 年 4 月 27 日)

《中共江苏省委办公厅　江苏省人民政府办公厅关于印发〈发展众创空间推进大众创新创业实施方案(2015—2020年)〉的通知》(苏办发〔2015〕34号　2015年5月4日)

《国务院关于大力推进大众创业万众创新若干政策措施的意见》(国发〔2015〕32号　2015年6月11日)

1.1.1　众创空间很火,众创空间是什么?

【答】:

“众创空间”是科技部在调研北京、深圳等地的创客空间、孵化器基地等创业服务机构的基础上,总结各地为创业者服务的经验之后提炼出来的一个新词。在2015年的1月28日,李克强主持召开国务院常务会议,研究确定支持发展众创空间推进大众创新创业的政策措施,“众创空间”这一名词首次正式出现在中央文件中。

根据《国务院办公厅关于发展众创空间推进大众创新创业的指导意见》中的定义,众创空间是顺应网络时代创新创业的特点和需求,通过市场化机制、专业化服务和资本化途径构建的低成本、便利化、全要素、开放式的新型创业服务平台的统称。这类平台,为创业者提供了工作空间、网络空间、社交空间和资源共享空间。

显然,“众创空间”并不是一个简单的物理概念,也不能把它与现有的任何一种具体形式画等号。科技部也一再强调,众创空间绝不是大兴土木的房地产建设,而是在各类新型孵化器的基础上,打造的一个开放式的创业生态系统。

如此看来,众创空间的概念外延与孵化器略有重叠,但应比后者范围更大。此外,它还应包括创客空间、创业咖啡等新型孵化器模式。一方面,众创空间包括那些比传统意义上的孵化器门槛更低、更方便为草根创业者提供成长和服务的平台。另一方面,众创空间不但是创业者理想的工作空间、网络空间、社交空间和资源共享空间,还是一个能够为他们提供创业培训、投融资对接、商业模式构建、团队融合、政策申请、工商注册、法律财务、媒体资讯等全方位创业服务的生态体系。

目前,在北京、上海、深圳、杭州、南京、武汉、苏州、成都等创新创业氛围较为活跃的地区,也都逐渐涌现出了一大批各具特色的众创空间,比如上海的新车间、深圳的柴火创客空间、杭州的洋葱胶囊、南京的创客空间等。

众创空间应普遍具有以下特点:

(1) 面向公众群体开放,有些采取会员制,收取部分费用,有些则不收取费用,但都不是私人空间,而是开放空间。

(2) 提供创新活动必需的材料、设备和设施。

（3）定期提供以分享和学习为主导的社交活动，例如创新成果和经验的分享，以及给初学者的入门课程等。

目前我国现存的众创空间主要存在以下几种模式：

（一）活动聚合型

以活动交流为主，定期举办“想法”或项目的发布、展示、路演等创业活动聚合，例如北京创客空间、上海新车间、深圳柴火空间、杭州洋葱胶囊等。

（二）培训辅导型

旨在利用大学的教育资源和校友资源，以理论结合实际的培训体系为依托，作大学创新创业实践平台，例如清华 x－lab、北大创业孵化营、亚杰汇等。

（三）媒体驱动型

由面向创业企业的媒体创办，利用媒体宣传的优势为企业提供线上线下相结合，包括宣传、信息、投资等各种资源在内的综合性创业服务，例如 36 氪、创业家等。

（四）投资驱动型

针对初创企业最急需解决的资金问题，以资本为核心和纽带，聚集天使投资人、投资机构，依托其平台吸引汇集优质的创业项目，为创业企业提供融资服务，从而提升创业成功率，例如车库咖啡、创新工场、天使汇等。

（五）地产思维型

由地产商开发的联合办公空间。例如 SOHO 3Q，就是潘石屹在 2015 年 2 月初推出的项目，主打“办公室在线短租”；而“优客工场”，则是由原万科集团副总裁毛大庆离职创办的，短短一个月时间，就在北京“圈地”逾 5 万平方米。

（六）产业链服务型

以产业链服务为主，包括产品打磨、产业链上下游机构的合作交流、成立基金进行合投等，例如创客总部。

（七）综合创业生态体系型

提供综合型的创业生态体系，包括金融、培训辅导、招聘、运营、政策申请、法律顾问乃至住宿等一系列服务，例如创业公社。

国务院和江苏省对众创空间相关支持政策如下：

（一）加快构建众创空间

总结推广创客空间、创业咖啡、创新工场等新型孵化模式。充分利用国家自主创新示范区、国家高新技术产业开发区、科技企业孵化器、小企业创业基地、大学科技园和高校、科研院所的有利条件，发挥行业领军企业、创业投资机构、社会组织等社会力量的主力军作用，构建一批低成本、便利化、全要素、开放式的众创空间。发挥政策集成和协同效应，实现创新与创业相结合、线上与线下相结合、孵化与投资相结合，为广大创新创业者提供良好的工作空间、网络空间、社交空间和资源共享空间。

——《国务院办公厅关于发展众创空间推进大众创新创业的指导意见》(国办发〔2015〕9号)

（二）众创空间建设行动

1. 培育一批基于互联网的新型众创孵化平台

借鉴苏州工业园区发展云彩创新孵化器的经验做法，发挥行业领军企业、创业投资机构、社会组织等的主力军作用，支持其整合人才、技术、资本、市场等各种要素，在苏南国家自主创新示范区、高新园区、经济开发区、农业科技园、农业产业园以及高校院所，建设一批低成本、便利化、全要素、开放式的创客孵化型、专业服务型、投资促进型、培训辅导型、媒体延伸型众创空间，实现创新与创业、线上与线下、孵化与投资相结合，为创新创业者提供良好的工作空间、网络空间、社交空间和资源共享空间。

实施“创新之家”培育计划，支持发展一批创客空间模式的智能硬件孵化器和加速器，为创客活动聚集提供项目孵化空间，促进创意加快转化为商业化产品。到2020年，高新区、经济开发区实现众创空间等创业孵化载体全覆盖。

2. 推动孵化器体制机制转换和模式创新

支持外资和民营资本参股创办孵化器，建设一批混合所有制孵化器。鼓励有条件的国有孵化器要加快组织创新和机制创新，吸引民营孵化器、民营企业、风险资本等积极参股，采取“创投＋孵化”的发展模式，形成涵盖项目发现、团队构建、投资对接、商业加速、后续支撑的全过程孵化服务。

深化与新型创业服务机构合作，联合建立“创业苗圃—孵化器—加速器”孵化链条，为创业者提供全流程服务。鼓励创业孵化载体“走出去”，在海外设立创业孵化平台。支持国外知名孵化机构在我省设立分支机构。

3. 加快推进创业公寓建设

鼓励民营资本对现有孵化载体、闲置厂房等进行改造，建设创业公寓，聚集相关产业联盟、创业服务机构，为创业者提供集公共办公区、会议室、活动区和住宿区为一体的价廉宜居的创业空间。

——《中共江苏省委办公厅　江苏省人民政府办公厅关于印发〈发展众创空间推进大众创新创业实施方案(2015—2020年)〉的通知》(苏办发〔2015〕34号)

1.1.2 在众创空间内，注册公司有哪些绿色通道？

【答】：

为鼓励大众创业万众创新，中央提出“众创空间”一词。众创空间为创业者提供更多更好的创业服务，在众创空间内注册公司，可享有以下便利：

为了降低创新创业门槛，依照《国务院办公厅关于发展众创空间推进大众创新创业的指导意见》(国办发〔2015〕9 号)，当下政府正深化商事制度改革。

针对众创空间等新型孵化机构集中办公等特点，鼓励各地结合实际，简化住所登记手续，采取一站式窗口、网上申报、多证联办等措施，为创业企业工商注册提供便利。

此外，有条件的地方政府，可对众创空间等新型孵化机构的房租、宽带接入费用和用于创业服务的公共软件、开发工具等给予适当财政补贴，鼓励众创空间为创业者提供免费高带宽互联网接入服务。

具体来说，有如下方面的简化：

(一) 降低市场准入门槛

进一步优化工商注册流程，实行网上办理名称核准、网上预审登记、网上核准登记，推进全程电子化登记管理，努力实现以电子营业执照为支撑的网上申请、网上受理、网上审核、网上发照和网上公示，并推行商务秘书公司、银行网点代理登记模式。在省、市、县(市、区)三级政务服务中心，全面推进工商营业执照、组织机构代码证和税务登记证“三证合一”登记工作，在试点基础上推进“一证一号”改革。

针对众创空间等新型孵化机构集中办公等特点，放宽住所登记条件，鼓励各地结合实际实行“一址多照”“一照多址”登记。

对集中办公于高新区、经济开发区，并由高新区和经济开发区管委会、招商部门或各类孵化机构统一代办登记手续的企业，登记时可提交住所的信息材料作为住所的使用证明。加强对创业者的工商注册登记政策、流程宣传和辅导工作。

——《中共江苏省委办公厅　江苏省人民政府办公厅关于印发〈发展众创空间推进大众创新创业实施方案(2015—2020 年)〉的通知》(苏办发〔2015〕34 号)

(二) 深化商事制度改革

建立市场准入等负面清单，破除不合理的行业准入限制。开展企业简易注销试点，建立便捷的市场退出机制。依托企业信用信息公示系统建立小微企业名录，增强创业企业信息透明度。

——《国务院关于大力推进大众创业万众创新若干政策措施的意见》(国发〔2015〕

32号）

1.1.3 在众创空间内，创业服务有哪些？

【答】：

众创空间是为创新创业者提供综合性创业服务的平台。最新政策明确提出，在众创空间里要提供以下方面的服务：

（一）支持创新创业公共服务

综合运用政府购买服务、无偿资助、业务奖励等方式，支持中小企业公共服务平台和服务机构建设，为中小企业提供全方位专业化优质服务，支持服务机构为初创企业提供法律、知识产权、财务、咨询、检验检测认证和技术转移等服务，促进科技基础条件平台开放共享。

加强电子商务基础建设，为创新创业搭建高效便利的服务平台，提高小微企业市场竞争力。完善专利审查快速通道，对小微企业亟须获得授权的核心专利申请予以优先审查。

——《国务院办公厅关于发展众创空间推进大众创新创业的指导意见》（国办发〔2015〕9号）

（二）创新创业服务提升行动

1. 发展创业服务新业态

培育专业化骨干创业服务机构，推进创业孵化、知识产权服务、第三方检验检测认证等机构的专业化市场化改革，发展壮大技术交易市场，支持投资者以股权、商标专用权、专利权等作价出资设立科技中介机构，建设创业服务业集聚区，完善中小企业创新服务体系。

支持江苏省高校院所普遍建立技术转移服务机构，吸引国内知名高校院所来江苏建立技术转移服务机构，推进国际技术转移服务机构建设。完善知识产权价值评估、转让交易、运营等知识产权服务机制，鼓励支持知识产权服务机构为小微企业开展知识产权托管服务；建设江苏（国际）知识产权交易中心。推动企业开展国际技术交流活动，促进全球科技资源与企业创新需求的有效对接。

2. 建设创业云服务平台

运用现代信息技术，建设具有区域性和行业特色的创业云服务平台，打破物理空间限制，为创客提供在线、实时和精确的数据计算等服务；建设面向全省的互联网融合创新服务平台，为创业者和初创企业提供技术、资金、人才、孵化等服务；建设公共技术服务平台，为中小企业开展工业设计、检验检测等提供技术支撑；建设中小企业信息化服务平台，为企业提供信息化培训、咨询、体验，软件产品购买和租用，工业设计、虚拟仿真、样品分析等软件支持和在线服务；建设产品众筹平台，创新营销模式，推广创新品牌。

3. 构建开放共享的创新网络

按功能分类整合重点实验室、工程实验室、工程（技术）研究中心，以及地方与高校院所共建的新型研发机构，建立面向创业企业的有效开放机制。

鼓励高校、科研院所和大中型企业的国家重大科研基础设施、大型科研仪器、工程文献信息、农业种质资源和专利信息等资源向社会开放。建立用户后补助机制，鼓励创新创业者利用公共科技资源开展研发创新。

4. 开展形式多样的创业培训

支持各类创业服务平台聘请成功创业者、天使投资人、知名专家等担任创业导师，为有创业意愿的高校毕业生、返乡农民工以及处于创业初期的创业者提供创业指导和培训。

推进创业培训进社区、进乡村、进校园。围绕地方支柱产业和特色经济，举办“大学生村官班”“新型职业农民班”等特色培训班，并积极开发品牌创业培训项目。

——《中共江苏省委办公厅　江苏省人民政府办公厅关于印发〈发展众创空间推进大众创新创业实施方案(2015—2020年)〉的通知》(苏办发〔2015〕34号)

(三) 加快发展创业孵化服务

大力发展创新工场、车库咖啡等新型孵化器，做大做强众创空间，完善创业孵化服务。

引导和鼓励各类创业孵化器与天使投资、创业投资相结合，完善投融资模式。引导和推动创业孵化与高校、科研院所等技术成果转移相结合，完善技术支撑服务。引导和鼓励国内资本与境外合作设立新型创业孵化平台，引进境外先进创业孵化模式，提升孵化能力。

(四) 大力发展第三方专业服务

加快发展企业管理、财务咨询、市场营销、人力资源、法律顾问、知识产权、检验检测、现代物流等第三方专业化服务，不断丰富和完善创业服务。

(五) 发展“互联网＋”创业服务

加快发展“互联网＋”创业网络体系，建设一批小微企业创业创新基地，促进创业与创新、创业与就业、线上与线下相结合，降低全社会创业门槛和成本。

加强政府数据开放共享，推动大型互联网企业和基础电信企业向创业者开放计算、存储和数据资源。积极推广众包、用户参与设计、云设计等新型研发组织模式和创业创新模式。

（六）研究探索创业券、创新券等公共服务新模式

有条件的地方继续探索通过创业券、创新券等方式为创业者和创新企业提供社会培训、管理咨询、检验检测、软件开发、研发设计等服务，建立和规范相关管理制度和运行机制，逐步形成可复制、可推广的经验。

（七）打造创业创新公共平台

加强创业创新信息资源整合，建立创业政策集中发布平台，完善专业化、网络化服务体系，增强创业创新信息透明度。

鼓励开展各类公益讲坛、创业论坛、创业培训等活动，丰富创业平台形式和内容。支持各类创业创新大赛，定期办好中国创新创业大赛、中国农业科技创新创业大赛和创新挑战大赛等赛事。

加强和完善中小企业公共服务平台网络建设。充分发挥企业的创新主体作用，鼓励和支持有条件的大型企业发展创业平台、投资并购小微企业等，支持企业内外部创业者创业，增强企业创业创新活力。

为创业失败者再创业建立必要的指导和援助机制，不断增强创业信心和创业能力。加快建立创业企业、天使投资、创业投资统计指标体系，规范统计口径和调查方法，加强监测和分析。

（八）用好创业创新技术平台

建立科技基础设施、大型科研仪器和专利信息资源向全社会开放的长效机制。

完善国家重点实验室等国家级科研平台（基地）向社会开放机制，为大众创业、万众创新提供有力支撑。鼓励企业建立一批专业化、市场化的技术转移平台。鼓励依托三维（3D）打印、网络制造等先进技术和发展模式，开展面向创业者的社会化服务。引导和支持有条件的领军企业创建特色服务平台，面向企业内部和外部创业者提供资金、技术和服务支撑。

加快建立军民两用技术项目实施、信息交互和标准化协调机制，促进军民创新资源融合。

（九）发展创业创新区域平台

支持开展全面创新改革试验的省（市、区）、国家综合配套改革试验区等，依托改革试验平台在创业创新体制机制改革方面积极探索，发挥示范和带动作用，为创业创新制度体系建设提供可复制、可推广的经验。

依托自由贸易试验区、国家自主创新示范区、战略性新兴产业集聚区等创业创新资源密集区域，打造若干具有全球影响力的创业创新中心。引导和鼓励创业创新型城市完善环境，推动区域集聚发展。

推动实施小微企业创业基地城市示范。鼓励有条件的地方出台各具特色的支持政策，积极盘活闲置的商业用房、工业厂房、企业库房、物流设施和家庭住所、租赁房等资源，为创业者提供低成本办公场所和居住条件。

——《国务院关于大力推进大众创业万众创新若干政策措施的意见》(国发〔2015〕32 号)

1.1.4 大众创新创业时代，科研成果转化激励会更大么?

【答】:

知识创新的价值只有更大，没有最大。

强化尊重知识、尊重创新，充分体现智力劳动价值的分配导向，让科技人员在创新活动中得到合理回报，通过成果应用体现创新价值，通过成果转化创造财富。

(一) 加快下放科技成果使用、处置和收益权

不断总结试点经验，结合事业单位分类改革要求，尽快将财政资金支持形成的，不涉及国防、国家安全、国家利益、重大社会公共利益的科技成果的使用权、处置权和收益权，全部下放给符合条件的项目承担单位。

单位主管部门和财政部门对科技成果在境内的使用、处置不再审批或备案，科技成果转移转化所得收入全部留归单位，纳入单位预算，实行统一管理，处置收入不上缴国库。

(二) 提高科研人员成果转化收益比例

完善职务发明制度，推动修订《专利法》《公司法》等相关内容，完善科技成果、知识产权归属和利益分享机制，提高骨干团队、主要发明人受益比例。完善奖励报酬制度，健全职务发明的争议仲裁和法律救济制度。

修订相关法律和政策规定，在利用财政资金设立的高等学校和科研院所中，将职务发明成果转让收益在重要贡献人员、所属单位之间合理分配，对用于奖励科研负责人、骨干技术人员等重要贡献人员和团队的收益比例，可以从现行不低于 20%提高到不低于 50%。

(三) 加大科研人员股权激励力度

鼓励各类企业通过股权、期权、分红等激励方式，调动科研人员创新积极性。

对高等学校和科研院所等事业单位以科技成果作价入股的企业，放宽股权奖励、股权出售对企业设立年限和盈利水平的限制。

建立促进国有企业创新的激励制度，对在创新中作出重要贡献的技术人员实施股权和分红权激励。

积极总结试点经验，抓紧确定科技型中小企业的条件和标准。高新技术企业和科技型中小企业科研人员通过科技成果转化取得股权奖励收入时，原则上在5年内分期缴纳个人所得税。结合个人所得税制改革，研究进一步激励科研人员创新的政策。

——《中共中央国务院关于深化体制机制改革加快实施创新驱动发展战略的若干意见》(2015年3月13日)

(四) 完善创业激励机制

完善科研人员薪酬和岗位管理制度，破除人才流动的体制机制障碍，促进科研人员在事业单位和企业间合理流动。符合条件的科研院所的科研人员经所在单位批准，可带着科研项目和成果、保留基本待遇到企业开展创新工作或创办企业。

完善科研人员在企业与事业单位之间流动时社保关系转移接续政策。允许和鼓励高校、科研院所科技人员在完成本单位布置的各项工作任务前提下在职创业，其收入归个人所有。

赋予高校、科研机构科技成果自主处置权，除涉及国家安全、国家利益和重大社会公共利益外，可自主决定科技成果的实施、转让、对外投资和实施许可等科技成果转化事项。

高校、科研机构科技成果转化所获收益全部留归单位自主分配，纳入单位预算，实行统一管理，处置收入不上缴国库。

高校、科研机构和国有事业、企业单位职务发明成果的所得收益，可按不低于50%的比例划归参与研发的科技人员及其团队拥有。科技成果转化所获收益用于人员激励的支出部分，按国家和省有关规定，暂不纳入绩效工资管理。

高校、科研机构转化职务科技成果以股份或出资比例等股权形式给予个人奖励时，获奖人可暂不缴纳个人所得税。高校、科研机构转化科技成果以股份或出资比例等股权形式给予个人奖励约定，可以进行股权确认。

——《中共江苏省委办公厅　江苏省人民政府办公厅关于印发〈发展众创空间推进大众创新创业实施方案(2015—2020年)〉的通知》(苏办发〔2015〕34号)

(五) "千人计划"外专项目

以南京市2015年"外专千人计划"为例。

"千人计划"外专项目(长期项目)引进主体为国内非外资各类项目单位。申报人应为非华裔外国专家，引进后应至少来南京工作3年，每年不少于9个月。

考虑到外国专家的实际情况，申报人年龄可放宽到65岁。申报人在申报"千人计划"外专项目时，一般应未全职在国内工作；已经在国内工作的，来华时间应在1年内。

“千人计划”外专项目(短期项目)引进主体为高等学校、科研机构、中央企业。引进后要求在南京连续工作3年以上，每年不少于2个月。

“外专千人计划”专家在出入境、居留、医疗、保险、住房、税收、薪酬等方面享受“千人计划”特定政策和待遇。中央财政给予“外专千人计划”长期项目专家每人100万元的一次性补助，并根据工作需要，经用人单位向从事科研工作的外国专家提供总计300万～500万元科研经费补助。

1.1.5 创业企业的财税扶持有哪些新内容？

【答】：

资金是创业的血液。最新创业政策中对创业企业的资金扶持有以下内容：

(一) 加强财政资金引导

通过中小企业发展专项资金，运用阶段参股、风险补助和投资保障等方式，引导创业投资机构投资于初创期科技型中小企业。

发挥国家新兴产业创业投资引导基金对社会资本的带动作用，重点支持战略性新兴产业和高技术产业早中期、初创期创新型企业发展。

发挥国家科技成果转化引导基金作用，综合运用设立创业投资子基金、贷款风险补偿、绩效奖励等方式，促进科技成果转移转化。

发挥财政资金杠杆作用，通过市场机制引导社会资金和金融资本支持创业活动。发挥财税政策作用支持天使投资、创业投资发展，培育发展天使投资群体，推动大众创新创业。

——《国务院办公厅关于发展众创空间推进大众创新创业的指导意见》(国办发〔2015〕9号)

(二) 降低创业成本

发挥财政资金的扶持和引导作用，加强省地联动，采取科技创业补助、创新券等方式，对初创企业和符合条件的科技服务机构给予重点支持，广泛吸引海内外创客到江苏创新创业。

调整优化省级科技计划资金、省战略性新兴产业专项资金、省城乡创业扶持引导资金、省中小企业发展基金等各类资金的使用方向，优先加大对创业者和创业企业的扶持。

发挥省级创业投资引导基金、科技型中小企业创业投资引导资金作用，引导社会资本支持战略性新兴产业和高新技术产业初创期小微企业发展。

培育天使投资人，鼓励各地对在科技企业孵化器内开展早期创业投资的天使投资人提供场租补贴及资金奖励，引导更多的天使投资人投资早期创业活动。

鼓励各地区、各部门加大对众创空间的支持力度，对众创空间等新型孵化机构的房租、宽带接入费用和用于创业服务的公共软件、开发工具给予适当财政补贴。

鼓励采用首购、订购等非招标采购方式，以及政府购买服务等方式，加大对中小企业创新产品和服务的采购力度，促进创新产品的研发和规模化应用。

认真贯彻执行现有国家和省针对小微企业的各项税收优惠政策，特别是企业研究开发费用税前加计扣除、技术转让减免所得税、固定资产加速折旧，以及对小微企业减半征收企业所得税、月销售额或营业额不超过 3 万元(含 3 万元)的免征增值税或营业税、暂免管理类、登记类和证照类行政事业性收费等政策，打通税收政策落实“最后一公里”。

全面落实国家级科技企业孵化器和大学科技园的房产税、城镇土地使用税和营业税优惠政策。

加快落实中关村向全国和国家自主创新示范区推广的政策。高新技术企业和科技型中小企业科研人员通过科技成果转化取得股权奖励收入时，原则上在 5 年内分期缴纳个人所得税。

进一步加大税收优惠政策宣传力度，编印小微企业税收优惠政策宣传手册，采取更加便捷的方式为小微企业办理享受税收优惠。

——《中共江苏省委办公厅　江苏省人民政府办公厅关于印发〈发展众创空间推进大众创新创业实施方案(2015—2020 年)〉的通知》(苏办发〔2015〕34 号)

(三) 加大财政资金支持和统筹力度

各级财政要根据创业创新需要，统筹安排各类支持小微企业和创业创新的资金，加大对创业创新支持力度，强化资金预算执行和监管，加强资金使用绩效评价。

支持有条件的地方政府设立创业基金，扶持创业创新的发展。在确保公平竞争的前提下，鼓励对众创空间等孵化机构的办公用房、用水、用能、网络等软硬件设施给予适当优惠，减轻创业者的负担。

(四) 完善普惠性税收措施

落实扶持小微企业发展的各项税收优惠政策。落实科技企业孵化器、大学科技园、研发费用加计扣除、固定资产加速折旧等税收优惠政策。对符合条件的众创空间等新型孵化机构适用科技企业孵化器税收优惠政策。

按照税制改革方向和要求，对包括天使投资在内的投向种子期、初创期等创新活动的投资，统筹研究相关税收支持政策。修订完善高新技术企业认定办法，完善创业投资企业享受70%应纳税所得额税收抵免政策。

抓紧推广中关村国家自主创新示范区税收试点政策,将企业转增股本分期缴纳个人所得税试点政策、股权奖励分期缴纳个人所得税试点政策推广至全国范围。落实促进高校毕业生、残疾人、退役军人、登记失业人员等创业就业税收政策。

——《国务院关于大力推进大众创业万众创新若干政策措施的意见》(国发〔2015〕32号)

(五)提高普惠性财税政策支持力度

坚持结构性减税方向,逐步将国家对企业技术创新的投入方式转变为以普惠性财税政策为主。

统筹研究企业所得税加计扣除政策,完善企业研发费用计核方法,调整目录管理方式,扩大研发费用加计扣除优惠政策适用范围。完善高新技术企业认定办法,重点鼓励中小企业加大研发力度。

——《中共中央国务院关于深化体制机制改革加快实施创新驱动发展战略的若干意见》(2015年3月13日)

1.1.6 当前科技人员、大学生创业,是否有更多的激励?

【答】:

科技人员、大学生是创业时代的主体,对他们的激励,更是激发大众创新的核心动力。

(一)鼓励科技人员和大学生创业

加快推进中央级事业单位科技成果使用、处置和收益管理改革试点,完善科技人员创业股权激励机制。

推进实施大学生创业引领计划,鼓励高校开发开设创新创业教育课程,建立健全大学生创业指导服务专门机构,加强大学生创业培训,整合发展国家和省级高校毕业生就业创业基金,为大学生创业提供场所、公共服务和资金支持,以创业带动就业。

——《国务院办公厅关于发展众创空间推进大众创新创业的指导意见》(国办发〔2015〕9号)

(二)创业主体培育行动

1. 推进大学生等青年创新创业

实施大学生创业引领计划,鼓励高校院所开设创业教育课程、开办创业讲坛、创办创新创业学院。应建设高素质创业教育和创业培训师资队伍,建立健全大学生创业指导服务专门机构。

完善大学生创新创业训练计划平台，强化大学生创业教育和培训，提高大学生的创业意识和能力，支持大学生组建创业社团。

积极鼓励大学生等青年创业者进入大学科技园、大学生创业园、大学生创业示范基地等载体创业孵化，每年扶持一批省级优秀大学生创业项目，努力实现创业教育、创业培训、创业实践和创业实战的有机结合。

2. 支持企业高管及连续创业者再创业

推进创新型领军企业和行业龙头骨干企业借助技术、管理等优势和产业整合能力，为企业内部员工和外部创业者提供资金、技术、平台，开展产业孵化和新业态创生，裂变出更多具有前沿技术和全新商业模式的创业企业。

3. 吸引科技人员和留学归国人员创新创业

加快推进科技成果的使用权、处置权和收益权管理改革，完善科技人员创业股权激励机制，激励科技人员创新创业。

实施科技特派员创业计划，支持科技人员深入农村、基层、园区及高新技术产业化基地、高新技术产业基地创业。

深入实施省高层次创新创业人才引进计划和留学回国人员创业计划，着力发挥留学人员创业园等创业载体的作用，建立健全海外高层次人才居住证制度，面向全球大力吸引高层次人才到江苏创新创业。

4. 支持农民创新创业

实施农村创业富民计划，鼓励和支持大学生返乡创业、农民工返乡创业、农村劳动力就地创业、农村就业困难人员家庭创业，培育一批新型职业农民，使其成为农业创新创业的主体、推动现代农业产业发展的生力军。

（三）创业企业孵育行动

1. 打造创业企业群

在战略性新兴产业及以高效农业、生态农业为特征的现代农业等重点领域，大力推进专业孵化器建设，加快培育中小微企业；深入实施科技企业“小升高”计划，办好一批科技企业加速器。

在发展空间、资本运作、市场开拓等方面为中小企业提供个性化服务，帮助有条件的中小微企业加速成长为行业有影响力的高新技术企业。

着力实施企业“小巨人”培育计划，打造一批创新能力强、成长速度快、产品市场占有率高的“小而强”“小而优”的“隐形冠军”企业。

加快提升企业家素质，培育一批具有全球视野、现代管理理念及创新意识的企业家。

2. 培育创新型产业和新兴业态

围绕国家“互联网＋”行动计划，依托我省产业发展优势，支持创业企业开展跨界融合新技术、新材料、新工艺、新产品的研发和集成应用，提升在提供产业互联网应用解决方案等方面的能力。

鼓励创业企业实施知识产权战略，强化知识产权布局，推进知识产权创造和运用，努力获取一批引领产业发展的自主知识产权，推动知识产权密集型产业发展壮大。

以互联网跨界融合促进产业创新，催生先进制造业与现代服务业融合新业态。支持各类创业主体依托第三方平台开展电子商务应用，利用 APP、微博、微信、社交网络等创新电子商务服务模式，催生基于电子商务的商业模式新业态。

3. 加强知识产权保护

鼓励支持创业企业建立健全知识产权管理制度，积极运用专利、商标、著作权、商业秘密、集成电路布图设计、植物新品种等方面的知识产权制度保护创新成果。

严厉打击侵权假冒违法行为，推进行政执法与司法保护的衔接，健全多元化实施产权纠纷解决机制，切实解决知识产权侵权易、维权难问题，为创业企业发展保驾护航。

——《中共江苏省委办公厅　江苏省人民政府办公厅关于印发〈发展众创空间推进大众创新创业实施方案(2015—2020 年)〉的通知》(苏办发〔2015〕34 号)

(四) 支持科研人员创业

加快落实高校、科研院所等专业技术人员离岗创业政策，对经同意离岗的可在 3 年内保留人事关系，建立健全科研人员双向流动机制。

进一步完善创新型中小企业上市股权激励和员工持股计划制度规则。

鼓励符合条件的企业按照有关规定，通过股权、期权、分红等激励方式，调动科研人员创业积极性。支持鼓励学会、协会、研究会等科技社团为科技人员和创业企业提供咨询服务。

(五) 支持大学生创业

深入实施大学生创业引领计划，整合发展高校毕业生就业创业基金。

引导和鼓励高校统筹资源，抓紧落实大学生创业指导服务机构、人员、场地、经费等。引导和鼓励成功创业者、知名企业家、天使和创业投资人、专家学者等担任兼职创业导师，提供包括创业方案、创业渠道等创业辅导。

建立健全弹性学制管理办法，支持大学生保留学籍休学创业。

(六) 支持境外人才来华创业

发挥留学回国人才特别是领军人才、高端人才的创业引领带动作用。继续推进人力资源市场对外开放，建立和完善境外高端创业创新人才引进机制。

进一步放宽外籍高端人才来华创业办理签证、永久居留证等条件，简化开办企业审批流程，探索由事前审批调整为事后备案。

引导和鼓励地方对回国创业高端人才和境外高端人才来华创办高科技企业给予一次性创业启动资金，在配偶就业、子女入学、医疗、住房、社会保障等方面完善相关措施。加强海外科技人才离岸创业基地建设，把更多的国外创业创新资源引入国内。

——《国务院关于大力推进大众创业万众创新若干政策措施的意见》(国发〔2015〕32 号)

(七) 支持创业担保贷款发展

将小额担保贷款调整为创业担保贷款，针对有创业要求、具备一定创业条件但缺乏创业资金的就业重点群体和困难人员，提高其金融服务可获得性，明确支持对象、标准和条件，贷款最高额度由针对不同群体的 5 万元、8 万元、10 万元不等统一调整为 10 万元。

鼓励金融机构参照贷款基础利率，结合风险分担情况，合理确定贷款利率水平，对个人发放的创业担保贷款，在贷款基础利率基础上上浮 3 个百分点以内的，由财政给予贴息。

简化程序、细化措施，健全贷款发放考核办法和财政贴息资金规范管理约束机制，提高代偿效率，完善担保基金呆坏账核销办法。

(八) 加大减税降费力度

实施更加积极的促进就业创业税收优惠政策，将企业吸纳就业税收优惠的人员范围由失业一年以上人员调整为失业半年以上人员。

高校毕业生、登记失业人员等重点群体创办个体工商户、个人独资企业的，可依法享受税收减免政策。抓紧推广中关村国家自主创新示范区税收试点政策，将职工教育经费税前扣除试点政策、企业转增股本分期缴纳个人所得税试点政策、股权奖励分期缴纳个人所得税试点政策推广至全国范围。

全面清理涉企行政事业性收费、政府性基金、具有强制垄断性的经营服务性收费、行业协会商会涉企收费，落实涉企收费清单管理制度和创业负担举报反馈机制。

(九) 调动科研人员创业积极性

探索高校、科研院所等事业单位专业技术人员在职创业、离岗创业有关政策。

对于离岗创业的，经原单位同意，可在 3 年内保留人事关系，与原单位其他在岗人员同等享有参加职称评聘、岗位等级晋升和社会保险等方面的权利。

原单位应当根据专业技术人员创业的实际情况，与其签订或变更聘用合同，明确权利义务。加快推进中央级事业单位科技成果使用、处置和收益管理改革试点政策推广。

鼓励利用财政性资金设立的科研机构、普通高校、职业院校，通过合作实施、转让、许可和投资等方式，向高校毕业生创设的小微企业优先转移科技成果。完善科技人员创业股权激励政策，放宽股权奖励、股权出售的企业设立年限和盈利水平限制。

——《国务院关于进一步做好新形势下就业创业工作的意见》(国发〔2015〕23 号)

1.1.7 你的企业算小微企业么？有哪些优惠“红包”？

【答】：

通俗来讲，小型微利企业常指自我雇佣、个体经营的小企业。这类企业给予社会一个大量自我就业的机会，是稳定经济体不可或缺的一部分。尽管各国对“小微企业”的定义不同，但在支持其成长的政策环境上，均是一致鼓励的。

在中国当下的创业时代，小型微利企业们恰恰是最庞大的受惠群体。那么，你的企业算小微企业么？

尽管尚无正式官方文件定义，但依照国家各部委文件和相关法规规定，小微企业的定义有两个，分别是小型微型企业和小型微利企业，其中：

1. 小型微型企业的概念来自《中小企业划型标准规定》(工信部联企业〔2011〕300 号)，根据企业从业人数、营业收入、资产总额等指标进行划分。

2. 小型微利企业的概念源自于《企业所得税法实施条例》第九十二条：“企业所得税法第二十八条第一款所称符合条件的小型微利企业，是指从事国家非限制和禁止行业，并符合下列条件的企业：工业企业，年度应纳税所得额不超过 30 万元，从业人数不超过 100 人，资产总额不超过 3 000 万元；其他企业，年度应纳税所得额不超过 30 万元，从业人数不超过 80 人，资产总额不超过 1 000 万元。”

从业人数，包括与企业建立劳动关系的职工人数和企业接受的劳务派遣用工人数。从业人数和资产总额指标，应按企业全年的季度平均值确定。具体计算公式如下：

$$季度平均值=(季初值+季末值)\div 2$$

$$全年季度平均值=全年各季度平均值之和\div 4$$

年度中间开业或者终止经营活动的，以其实际经营期作为一个纳税年度确定上述相关指标。

在 2015 年前，中国小微企业享受的减税“福利”集中在以下两个方面：

1. 小型微利企业享受所得税优惠政策

小型微利企业所得税优惠政策包括“减低税率政策”和“减半征税政策”。中国企业所得税的税率为25%。对于小型微利企业,《中华人民共和国企业所得税法》第二十八条规定,可以适用20%的优惠税率(简称“减低税率政策”)。

此外,按照《财政部国家税务总局关于小型微利企业所得税优惠政策有关问题的通知》(财税〔2014〕34号)规定:“自2014年1月1日至2016年12月31日,对年应纳税所得额低于10万元(含10万元)的小型微利企业,其所得减按50%计入应纳税所得额,按20%的税率缴纳企业所得税”(简称“减半征税政策”)。2015年2月25日,国务院常务会议确定,将享受减半征收企业所得税优惠的小微企业年应纳税所得额扩大到20万元以内。符合规定条件的小型微利企业(包括采取查账征收和核定征收方式的企业),均可按照规定享受小型微利企业所得税优惠政策。

注:创业公司注册步入零门槛时代。2014年3月1日中国启动注册资本登记制度改革,此前有限责任公司最低注册资本为3万元,现今无论多少钱均可注册,大幅降低了市场主体准入“门槛”,被称为“一元钱也能办企业”。

2. 小型微利企业享受流转税优惠政策

2013年7月29日,财政部、国家税务总局发布《关于暂免征收部分小微企业增值税和营业税的通知》(财税〔2013〕52号)规定:自2013年8月1日起,对增值税小规模纳税人中月销售额不超过2万元的企业或非企业性单位,暂免征收增值税;对营业税纳税人中月营业额不超过2万元的企业或非企业性单位,暂免征收营业税。

就该政策执行中的相关问题,国家税务总局发布《关于暂免征收部分小微企业增值税和营业税政策有关问题的公告》(国家税务总局公告2013年第49号)作出了如下规定:52号文中的“月销售额”和“月营业额”不超过2万元(含2万元)的,免征流转税,超过2万元则要全额计算缴纳增值税和营业税;以一个季度为纳税期限的增值税小规模纳税人和营业税纳税人,按照一个季度是否超过6万元进行核算。

如果同一纳税人兼营营业税应税项目,分别核算增值税应税项目的销售额和营业税应税项目的营业额,月销售额不超过2万元(按季纳税6万元)的,暂免征收增值税;月营业额不超过2万元(按季纳税6万元)的,暂免征收营业税。

2014年,财政部、国家税务总局联合发布《关于进一步支持小微企业增值税和营业税政策的通知》(财税〔2014〕71号)规定:自2014年10月1日起至2015年12月31日,对月销售额2万元(含本数,下同)至3万元的增值税小规模纳税人,免征增值税;对月营业额2万元至3万元的营业税纳税人,免征营业税。根据71号文的规定,在文件规定的优惠期间内,增值税小规模纳税人和营业税纳税人的增值税和营业税起征点提高到3万元。

根据财政部、国家税务总局《关于简并增值税征收率政策的通知》(财税〔2014〕57号)和国家税务总局《关于简并增值税征收率有关问题的公告》(国家税务总局公告2014年第36号),增值税征收率由6%和4%统一调整为3%。

进入2015年,创业者们要注意了,一大批小微企业减税"红包"正在砸来。

国家税务总局出台10条措施建立长效机制,打通小微税收优惠"最后一公里"。

财政部、国家税务总局2015年3月18日发布通知,经国务院批准,自2015年1月1日至2017年12月31日,对年应纳税所得额低于20万元(含20万元)的小型微利企业,其所得减按50%计入应纳税所得额,按20%的税率缴纳企业所得税。

财政部、国家税务总局还公布,将对小微企业免征部分政府性基金。包括:

1. 自2015年1月1日起至2017年12月31日,对按月纳税的月销售额或营业额不超过3万元(含3万元),以及按季纳税的季度销售额或营业额不超过9万元(含9万元)的缴纳义务人,免征教育费附加、地方教育附加、水利建设基金、文化事业建设费。

2. 自工商登记注册之日起3年内,对安排残疾人就业未达到规定比例、在职职工总数20人以下(含20人)的小微企业,免征残疾人就业保障金。

1.1.8 你知道么,有一种"奖励"叫研发费用加计扣除?

【答】:

创新令新机会成为可能。为了鼓励"理性的经济人"投身于此,研发费用加计扣除应运而生。

作为一项税收优惠措施,研发费用加计扣除,是指按照税法规定,在研发费用实际发生数额的基础上,再加成一定比例,作为计算应纳税所得额时的扣除数额。

举例来说,假定按税法规定,研发费用可实行50%加计扣除政策,如果企业当年开发新产品研发费用实际支出100元,就可按150元(100×150%)数额在税前进行扣除,从而鼓励研发投入。

《国家税务总局关于印发〈企业研究开发费用税前扣除管理办法(试行)〉的通知》(国税发〔2008〕116号)第七条规定:"企业根据财务会计核算和研发项目的实际情况,对发生的研发费用进行收益化或资本化处理的,可按下述规定计算加计扣除:

(1) 研发费用计入当期损益未形成无形资产的,允许再按其当年研发费用实际发生额的50%,直接抵扣当年的应纳税所得额。

(2) 研发费用形成无形资产的，按照该无形资产成本的150%在税前摊销。除法律另有规定外，摊销年限不得低于10年。”

1.1.9 创新奖励和小微企业优惠红包能不能“两全其美”？

【答】：

根据《财政部、国家税务总局关于执行企业所得税优惠政策若干问题的通知》（财税〔2009〕69号），企业所得税法及其实施条例中规定的各项税收优惠，凡企业符合规定条件的，可同时享受。

意思就是，创业者们，大胆地去做吧，两大福利国家都能同时给你们。

1.1.10 注意了，技术转让所得能否减免所得税？

【答】：

技术爆发的经济能量无穷，技术流转自是鼓励加奖励。

《中华人民共和国企业所得税法》规定，符合条件的技术转让所得可以减征、免征企业所得税。

《中华人民共和国企业所得税法实施条例》第九十条规定：“企业所得税法第二十七条第（四）项所称符合条件的技术转让所得免征、减征企业所得税，是指一个纳税年度内，居民企业技术转让所得不超过500万元的部分，免征企业所得税；超过500万元的部分，减半征收企业所得税。”

《财政部、国家税务总局关于居民企业技术转让有关企业所得税政策问题的通知》（财税〔2010〕111号）规定，技术转让是指居民企业转让其拥有符合本通知第一条规定技术的所有权或5年以上（含5年）全球独占许可使用权的行为。

（第一条）技术转让的范围，包括居民企业转让专利技术、计算机软件著作权、集成电路布图设计权、植物新品种、生物医药新品种，以及财政部和国家税务总局确定的其他技术。

其中：专利技术，是指法律授予独占权的发明、实用新型和非简单改变产品图案的外观设计。

1.1.11 减免政策实施后，可否免征相关技术咨询与技术服务的增值税？

【答】:

技术的价值空间总是超乎你的想象。政策层面，与技术有关的服务，也是可免征增值税的。根据国家相关规定，试点纳税人提供技术转让、技术开发和与之相关的技术咨询、技术服务，免征增值税。具体来说：

(1) 技术转让，指转让者将其拥有的专利和非专利技术的所有权或者使用权有偿转让他人的行为。

技术开发，指开发者接受他人委托，就新技术、新产品、新工艺或者新材料及其系统进行研究开发的行为。

技术咨询，是指就特定技术项目提供可行性论证、技术预测、专题技术调查、分析评价报告等。

与技术转让、技术开发相关的技术咨询、技术服务，指转让方(或受托方)根据技术转让或开发合同的规定，为帮助受让方(或委托方)掌握所转让(或委托开发)的技术，而提供的技术咨询、技术服务业务，且这部分技术咨询、服务的价款与技术转让(或开发)的价款应当开在同一张发票上。

(2) 审批程序。试点纳税人申请免征增值税时，须持技术转让、开发的书面合同，到试点纳税人所在地省级科技主管部门进行认定，并持有关的书面合同和科技主管部门审核意见证明文件报主管国家税务局备查。

1.1.12 创业企业得到政府补贴，要不要缴纳企业所得税？

【答】:

答案是可以不缴纳。

依据《财政部、国家税务总局关于专项用途财政性资金企业所得税处理问题的通知》(财税〔2011〕70 号)规定，企业从县级以上各级人民政府财政部门及其他部门取得的应计入收入总额的财政性资金，凡同时符合以下条件的，可以作为不征税收入，在计算应纳税所得额时从收入总额中减除：

(1) 企业能够提供规定资金专项用途的资金拨付文件。

(2) 财政部门或其他拨付资金的政府部门对该资金有专门的资金管理办法或具体管理要求。

(3) 企业对该资金以及以该资金发生的支出单独进行核算。

1.1.13 申报江苏省“双创人才”,需要哪些条件？有什么扶持政策？

【答】:

看这个《关于组织申报 2015 年江苏省“双创计划”的通知》。

(一) 双创人才申报基本条件

(1) 创业人才一般具有硕士以上学位,创新人才一般具有博士学位(其中高技能创新类、文化创新类学位可适当放宽),其中境外学位需提供教育部留学服务中心学历认证(国家“千人计划”专家或学位于 2000 年之前获得的除外);年龄一般不超过 55 周岁(1960 年 1 月 1 日后出生),其中境外引进的高技能创新人才年龄可放宽至 65 周岁(1950 年 1 月 1 日后出生)。

(2) 有 5 年以上在国内外知名企业、高校、科研单位及相关机构从事研发、技术技能或管理教育培训等岗位工作经历,并取得较突出业绩。

(3) 申报人应为 2012 年 1 月 1 日至 2014 年 12 月 31 日间到江苏省创新创业,入选后能连续在引进单位工作 3 年以上。

(4) 申报企业应于 2014 年 12 月 31 日前参加社会保险,并缴纳社保费。

(5) 创新人才从到江苏工作次月起,申报单位给予其薪酬月均不低于 1 万元(事业单位可放宽至 8 000 元),以申报单位代扣代缴个人所得税完税证明为准。

(二) 双创团队申报基本条件

(1) 团队由 1 名领军人才、2 名以上核心成员组成。团队成员于 2010 年 1 月 1 日至 2014 年 12 月 31 日期间引进到江苏,已与用人单位签订正式聘用合同;一般应具有博士学位或正高职称(文化、服务外包等领域可适当放宽),其中境外学位需提供教育部留学服务中心学历认证(国家“千人计划”专家或学位于 2000 年之前获得的除外);年龄一般不超过 55 周岁(1960 年 1 月 1 日后出生);有 5 年以上在国内外知名企业、高校、科研单位及相关机构从事研发或管理等工作经历,并取得较突出业绩;团队成员间专业结构合理,具有关联性和互补性。入选后能在引进单位连续工作 3 年以上。

(2) 团队领军人才一般应为诺贝尔奖获得者、发达国家科学院或工程院院士,我国“两院”院士、“千人计划”专家、“万人计划”专家、长江学者特聘教授、杰出青年科学基金获得者、新世纪百千万人才工程获得者、卫生部有突出贡献中青年专家,或省“双创人才”“江苏特聘教授”“江苏特聘医学专家”。以上各类在 2015 年新入选者也具有团队领军人才申报资格。

战略性新兴产业类团队领军人才申报人选还可以是国家战略性新兴产业重点专项主要承担人(列前 2 名)，战略性新兴产业领域国家工程中心、国家工程实验室、国家地方联合工程中心(工程实验室)核心骨干(列前 3 名)。

软件和互联网类团队领军人才申报人选还可以是省软件、互联网专项重大项目主要承担人(列前 3 名)，省软件企业技术中心、省企业联合研发创新中心核心骨干(列前 5 名)。

服务外包类团队领军人才申报人选还可以是中国服务外包杰出人物奖、省服务外包突出贡献奖获得者。

文化类团队领军人才申报人选还可以是国家级工艺美术大师、正高级高级工艺美术师，“五个一工程”奖、文华奖等文化、广电、出版类国家级重大文化奖项以及中国设计红星奖、IF 设计奖等国家级或国际创意设计大奖获得者。

(3) 申报企业须在 2014 年 12 月 31 日前完成工商注册登记、办理社会保险等手续。同时，还应具备以下条件之一：① 由国家“千人计划”和“万人计划”专家、省“双创人才”“333 工程”培养对象、“科技企业家”“产业教授”创办；② 国家或省认定的创新型企业、高新技术企业、农业科技型企业、软件企业、动漫企业；③ 拥有企业院士工作站、博士后科研工作站(创新实践基地)、研究生工作站、技术中心、工程中心、工程技术研究中心等省级以上企业创新平台；④ 获得过省以上有关部门、市、县(市、区)、园区引才计划资助(30 万元以上)的企业。

(4) 团队应在 2012 年后(含 2015 年)，获得江苏省主管部门 300 万元以上的无偿资助项目或平台(包括优势学科)支持，诺贝尔奖获得者、外国院士、“千人计划”研究院获得地方或部门 300 万元以上无偿资助项目支持，或者获得“国家科技重大专项”“863 计划”“973 计划”“国家自然科学基金”“国家高技术产业发展项目”单项 500 万元以上财政无偿资助项目支持。领军人才应为项目负责人、技术负责人或主要参加人员(列前 15 位)。

(5) 团队成员从到江苏工作次月起，申报单位给予其薪酬月均不低于 1 万元(以申报单位代扣代缴个人所得税完税证明为准)，或在申报企业的实收资本中本人货币出资 100 万元以上。

(三) 双创博士申报基本条件

(1) 申报人一般应具有博士学位，其中境外学位需提供教育部留学服务中心学历认证(学位于 2000 年之前获得的除外)；年龄一般不超过 35 周岁(1980 年 1 月 1 日后出生)。

(2) 申报人应为 2014 年 1 月 1 日至 12 月 31 日期间到申报单位创新创业，入选后能在申报单位连续工作 2 年以上。

(3) 申报人应于 2014 年 12 月 31 日前参加社会保险，并缴纳社保费。已获省“双创人才”“江苏特聘教授”“江苏特聘医学专家”资助的人才，不得申报；不得与 2015 年省“双创人才”同时申报。

(四) 支持政策

1. 资金支持

对入选的双创人才，3 年内省级财政给予 50 万元或 100 万元的创新创业资金资助，其中用于个人补助的不得低于 30%，并不得抵扣工资待遇；已获得“双创博士”或“江苏特聘教授”的，在原资助金额基础上补足至 50 万元或 100 万元。

对入选的双创团队，3 年内省级财政给予 300 万～800 万元的人才经费资助，其中用于团队成员补助的不得低于 30%，并不得抵扣工资待遇，各相关主管部门给予 300 万～3 000 万元的项目经费资助。如属世界一流水平的双创团队，或由省政府直接组织建设的省级重大科技创新平台急需引进的团队，将采取一事一议、特事特办的方式，给予特别支持。

对入选的双创博士，2 年内省级财政给予 15 万元的创新创业资金资助，其中用于个人补助的不得低于 50%（科技副总类、产业教授指导博士类不低于 30%），并不得抵扣工资待遇。

2. 项目推荐

优先推荐申报国家“千人计划”“万人计划”，优先推荐申报省“科技企业家培育工程”、省“333 工程”等计划，优先向金融机构、担保公司、风险投资公司推荐融资项目，享受江苏省各地、各部门制定的引进高层次人才相关优惠政策和待遇。

3. 配套服务

按照国家、省引进高层次人才的有关政策，为引进的高层次人才提供工作条件、签证、落户、医疗、保险、税收、配偶安置、子女入学、驾照转换等方面的支持与服务。

1.1.14 科技企业能否从“军民融合专项行动”中受益?

【答】:

用科技富国强军，是我国一直追求的目标。推动军民融合发展，是党领导国防建设和经济建设一贯的指导方针。

2015 年 3 月，工业和信息化部印发了《军民融合深度发展 2015 专项行动实施方案》，4 月上中旬工信部还召开了军民融合专项行动启动会，军民融合发展进入快车道。

根据《实施方案》，2015 年工信部将编制军民融合“十三五”规划，还将发布 150 项

“军转民”项目和100项“民参军”技术产品信息，支持不少于20个重点军工技术项目转化和产业化。

《实施方案》还明确了12项具体任务，其中包括编制新材料产业健康发展指导意见，加强超材料在武器装备上的应用，并开展碳纤维技术成熟度评价试点等。

科技型企业从《实施方案》专项行动中的受益情况如下：

一是军民之间信息将更加透明。军民之间信息“不对称”一直是广大民营企业甚至一些军工企业反映最为强烈的问题。对此，工业和信息化部、国防科工局将联合印发2015年度“军转民”和“民参军”《目录》，持续推进技术信息公开。

完善国家军民结合公共服务平台功能和运行机制，研究建立与军队总部机关、地方政府和军工集团的数据共享机制、信息分级分类发布机制，为军地双方提供更为便捷的信息服务。

二是“民参军”的渠道将更加顺畅。全国拟在深圳、上海、江苏、河南等地组织开展“民参军”政策法规培训活动，帮助民营企业了解相关政策和参军途径。

科技企业可就“民参军”事宜与当地相关主管部门联系。国家会同有关方面，简化“民参军”准入审查程序，推进武器装备科研生产许可和装备承制单位资格联合审查；组织开展军民融合技术成果展示交流活动，搭建供需对接平台，帮助民营企业参与军需用品科研生产。

三是对军民融合的支持力度将加大。进一步聚焦重点领域，发挥好部内工业转型升级资金、相关科技重大专项资金、民机民船专项等资金的引导作用，加大对“军转民”和“民参军”项目、军民结合产业发展等的资金支持力度，引导更多社会资金进入军民融合发展领域。

此外，每年工信部会组织专家确定一些军用特色技术领域和民用优势技术领域，有针对性地面向涉军企事业单位、民营单位征集技术产品，经专家评审确定入编项目，年底予以印发。“军转民”《目录》每年收录项目在150项左右，“民参军”《目录》每年收录项目约100项左右。

考虑到“军转民”《目录》的用户主要是有关地方政府部门、民营企业和科研单位等，因此除以文件形式印发外，还通过工业和信息化部官方网站、国家军民结合公共服务平台等渠道对社会公开发布。“民参军”《目录》的用户主要是有关政府部门、军工企事业单位和军队科研系统等单位，因此主要以文件形式进行定向推送。

1.2 创业策划

当创业决定在你心中生根发芽之时，你就是这个计划的项目经理。凡事预则立。作为一个项目经理或是产品经理，请开始着手包装你的创业产品。

1.2.1 想创业，我们要做好哪些准备工作?

【答】:

创业是令人兴奋的事，因为创业可以实现我们的理想。创业成功，我们会在财富和精神上得到极大的满足。创业也是让人饱受煎熬的事，因为创业是个艰辛的过程，要经历很多困难，甚至失败的风险。

当我们下定决心准备创业时，我们需要做好哪些准备工作呢?

首先，创业者在心理上要做好准备。创业者要有坚强的创业意志，“创业意志”好比“亮剑精神”，不仅是精神层面的东西，在很大程度上还起着精神变物质的作用。

其次，创业者对创业的困难和风险要有充分的认识。很多创业者在创业初，凭着一腔热血和激情去创业，对创业困难和风险缺乏足够的认识，在一连串的困难面前失去创业的信心，导致失败。

最后，在实际创业过程中也要做好充分的准备。创业是个务实的过程，不能仅仅停留在意志和认识等层面。创业必须是干出来的！在创业中，每一步没有做好，都有可能导致失败。

在创业前，要做好以下几点：

1. 准确定位

寻找到合适的创业项目，对创业者来说至关重要。在创业前一定要搞清楚，自己的优势在哪里，自己能做好什么。结合实际情况，有的放矢，去寻找一个最合适的项目。最怕的就是在创业前觉得什么都可以做，在开始做的时候发现又做不了。准备定位，寻找合适的项目是创业成功的一个重要前提。

2. 做好计划

凡事预则立，不预则废。在创业前，做一个完整全面的计划是很有必要的，做好创业计划是取得成功的重要因素之一。认真编写商业计划书和创业计划书，将各种资产或财务信息等都规划好列示清楚；同时对于企业以后的发展战略、扩张路径，都要在创业计划书中做出全面部署。把创业计划书作为创业指南，按照创业指南一步一步扎实地做好每一项工作。

3. 论证计划

创业计划做好后，在实施前还要进行论证计划。在论证创业计划书时，必须要请熟悉行业的专家根据创业的真实准备情况等进行可行性论证，审核创业意愿在相关行业是否能够基本实现目标，以此降低创业风险，提高创业成功几率。

4. 组建团队

创业准备工作一切就绪后，还需要一个团队来共同奋斗。在创业之初，要有一个核心团队，一般在三四个人。团队成员对创业有共同的认识，能精诚团结，同心协力。在团队成员的搭配上，尽量能做到优势互补，发挥出每个人在不同领域的特长，如有专门负责管理的，有专门负责技术的，有专门负责市场的等等。

1.2.2 “三证合一”制度下，如何办理企业登记及变更登记？

【答】：

注册登记是成立公司的必经手续，在“三证合一”制度下，如何办理企业登记及变更登记？我们可以从《江苏省“三证合一”登记管理实施办法（试行）》中寻找到相关答案。

一、注册登记相关事宜

（一）合并申请表格，实行一表申请。将工商登记申请书、组织机构代码登记申报表、税务登记申请表整合为《企业三证合一登记申请表》（以下简称申请表）。申请人申请企业注册登记时只需填写一张申请表。企业申请设立登记时，申请表无需加盖公章，由拟任法定代表人（负责人、执行事务合伙人）签字即可。

（二）简化申请材料，实行档案共享。申请人向工商、质监、国税、地税提交的申请材料重复的，申请人只需提交一份。申请材料由综合窗口复印或扫描成档案影像，原件由工商保存，档案影像共享给质监、国税和地税。质监、国税、地税需要查询申请人提交的申请材料原件的，工商部门应当予以配合并免费提供查询。按照国务院注册资本登记制度改革要求，不再要求申请人向国税、地税提交验资报告或评估报告。

（三）简化审查环节，实行信息互认。工商、质监、国税、地税共同审查的申请材料和登记事项，工商部门已经审查的，其他部门不再重复审查。

（四）优化审批流程，实行“一窗收件、数据共享、并联审批、核发一照”。综合窗口根据公布的收件标准统一收件，并将申请人填报的信息录入平台，同时将申请材料传递给工商、质监、国税、地税（以下简称四部门）。四部门依法审查申请材料，登记核准（或确认）后生成的营业执照信息、组织机构代码、税务登记证号统一推送至平台。申请人的申请信息与四部门核准信息通过平台实现共享。综合窗口统一向申请人发放加载组织机构代码、税务登记证号的营业执照和有关通知书，完善相关材料签字确认手续。需要收缴旧照（证）的，由综合窗口统一收缴后，交回发照（证）部门。

（五）申请材料的收取。综合窗口收到“三证合一”登记申请材料后，对申请人提交的工商登记、组织机构代码登记、税务登记申请材料进行初审。对申请材料齐全的，应当当场向申请人出具收取材料凭据，并视业务办理情况，审查并退回有关原件。对申请材料不齐全的，应当当场告知申请人需要补正的全部内容。不能当场告知需要补正全部内容的，应当当场出具收取材料凭据，并在2个工作日内告知需要补正的全部内容。

二、变更登记相关事宜

对已实行“三证合一”登记的企业，以及符合“三证合一”登记条件、但在本办法实施前已办理营业执照、组织机构代码证、税务登记证的企业，有下列变更登记（备案）情形的，适用本条规定。

（一）企业名称、类型、住所（经营场所、营业场所）、法定代表人（负责人、执行事务合伙人、投资人）、注册资本（金）、经营范围、营业期限（经营期限、合伙期限）发生变化的，在办理工商变更登记的同时，应当办理组织机构代码变更登记和税务变更（或设立）登记。

1. 综合窗口收取“三证合一”变更登记申请材料、并将相关信息录入平台后，将相关材料进行复印或扫描，按工商登记、组织机构代码登记、税务登记申请材料要求，将申请材料分别传递给四部门窗口。（对未实行“三证合一”登记的企业申请三证合一的，收回原组织机构代码证、税务登记证并分别传递给质监、国税、地税窗口）。

2. 工商窗口收到变更登记申请材料和平台推送的变更申请信息后，对提交工商登记申请材料齐全且符合法定形式的，作出准予变更登记的核准意见，将核准登记信息上传至平台。

3. 质监窗口收到变更登记申请材料和平台推送的工商核准变更登记信息后，办理组织机构代码变更登记，将组织机构代码变更登记核准信息发送至平台。

4. 国税窗口、地税窗口收到综合窗口传递的变更申请材料和平台推送的工商核准变更登记信息、组织机构代码变更登记信息后，对申请材料符合法定形式，且不涉及税务登记机关调整的，以及变更经营范围不涉及办理国税注销登记手续的，办理税务变更登记，将税务变更登记核准信息发送至平台（对不需要办理国税登记的，由国税登记窗口将相关意见反馈给平台）。

5. 综合窗口收到四部门窗口发送的变更登记信息后，应当及时通知申请人，颁发加载原组织机构代码、税务登记证号的营业执照和有关登记通知书，统一收缴旧照（证），交回发照（证）部门。

6. 对因住所（经营场所、营业场所）变更涉及税务登记机关调整的，综合窗口向企业颁发工商准予变更登记通知书，同时将国税窗口、地税窗口发送的要求企业到原税务登记机关办理税务手续（迁移、注销）的意见告知申请人。

申请人持工商部门核发的准予变更登记通知书及税务登记机关要求提供的相关材料，到原税务登记机关办理税务手续（迁移、注销）手续。

申请人持原税务登记机关出具的同意迁移或注销通知书，向国税窗口、地税窗口申请设立税务登记，国税、地税作出税务设立登记并将设立登记核准信息发送至平台。

综合窗口收到四部门发送的变更登记信息后，应当及时通知申请人，颁发加载原组织机构代码、新税务登记证号的营业执照和有关登记通知书，统一收缴旧照（证），交回发照（证）部门。

7. 对因经营范围变更涉及办理国税注销登记的，综合窗口向企业颁发工商准予变更登记通知书，同时将国税窗口发送的要求企业到原税务登记机关办理国税注销登记手续的意见告知申请人。

申请人持工商部门核发的准予变更登记通知书及税务登记机关要求提供的相关材料，到原税务登记机关办理国税注销登记手续。

综合窗口收到企业提交的原税务登记机关出具的《注销税务登记通知书》和相关

材料后，颁发加载原组织机构代码、地税登记号的营业执照和有关登记通知书，统一收缴旧照（证），交回发照（证）部门。

8. 对因经营范围变更、税收政策调整涉及新办国税登记的，需办理国税设立登记。

（二）公司股东或股权发生变化的，在办理工商变更（备案）登记的同时，应当办理税务变更登记。

1. 综合窗口收取“三证合一”变更登记申请材料、并将相关信息录入平台后，将相关材料进行复印或扫描，按工商登记、组织机构代码登记、税务登记申请材料要求，将申请材料分别传递给工商、国税、地税窗口。

2. 工商窗口收到变更登记申请材料和平台推送的变更申请信息后，对提交工商登记申请材料齐全且符合法定形式的，作出准予变更登记的核准意见并将变更登记信息上传至平台。

3. 国税窗口、地税窗口收到综合窗口传递的变更申请材料、工商窗口通过平台发送的核准变更（备案）登记信息后，办理税务变更登记并将变更登记信息上传至平台。

4. 综合窗口收到工商、国税、地税发送的变更登记信息后，应当及时通知申请人，换发加载原组织机构代码、税务登记证号的营业执照和有关登记通知书，统一收缴旧照（证），交回发照（证）部门。

（三）企业开户银行及银行账号、财务负责人（会计）、办税人、从业人数、电话等发生变化的，仍按原税务变更登记程序，由企业到中心国税窗口、地税窗口办理。

1.2.3　所谓“只选对的，不选贵的”原因何在？

【答】：

广告界有句话叫“只选对的，不选贵的”，换位到创业，也是同理。最火的互联网应用，未必适合你。你要做的，只是选择能成就企业的项目。

选定一个项目，对创业者来说，就是跨出了第一步。随之而来的努力是否有回报，要取决于项目选择。

这里的合适与否，是指创业者自身与创业项目能否相得益彰。一旦项目选择不合适，则创业不成功是必然。对于创业项目的筛选不妨参考以下几点：

1. 最大限度利用自身已有资源

选择合适自身条件的项目，能够使得项目实施中创业者自身资源充分发挥作用。无论是产品研发还是从事商业活动、服务业，包括技术服务等高端服务业，创业者都应该有相应的知识、技能和经验的积累。

如果是做产品,要有一个研发的成果;如果是做技术服务,要拥有相应的专业技术;如果是进行商业经营,那么要有选定的商品和相应的渠道。

总之,要有明确的自身资源可利用,才有起步的基础,并赖以生存和发展。同时,创业者所能整合的资源应能致使企业占有比较优势。

比如说做产品的,有没有条件做到技术领先、成本更低、功能更强、服务更优,从而体现出优势。比较优势的存在,孕育着成功。反之,很难找到市场的切入点。

2. 脱离实际力所不逮

一般说来,高技术项目是十年磨一剑。

技术的开发者在本行业是有所造诣的,成功不仅是依靠一时的灵感就能得来。

对于大众创业,创业者不一定都能掌握高技术。因此,脱离创业者的实际情况,包括团队的能力和条件,一味追求高大上的项目,可能会力所不能及,导致项目的搁浅。

3. 避免隔行如隔山现象

俗话说做熟不做生,跨行业必然有重新学习的过程,否则没有任何优势可言。如今,很少有哪个项目是可以直接复制的。

如果想复制技术,除了专业条件外,还会有知识产权保护的问题,如果想复制一种商业模式,则更加不易。小米的成功模式我们能够复制吗?开网店的模式可以复制,就像一般开公司一样,但内容呢?还是应在自身条件的基础上,予以创新突破比较靠谱。

4. 能做成的才是好项目

所谓"合适",还要结合"创业成功"的概念来看。除了成为上市公司,成为新崛起的明星企业以外,凡是从无到有、从小到大、健康成长、稳定发展的企业都应该在创业成功的企业行列。

因此,不仅高大上的项目是好项目,能成功的就是好项目。所以,选择适合自身条件的创业项目,并且能做成,更具有现实意义。

当然,选择好适合自身发展条件的项目,只是一个重要的前提。至于项目的全面论证,还包括市场需求、业务模式、经营模式、盈利模式等等众多因素,这些需要认真探讨和策划。

1.2.4 是追逐"风口",还是逆流而上?

【答】:

有一个问题是无法回避的。当加入创业大军,是反其道行之,还是追逐"风口"热潮?该避开"锋芒"么?比如某知名公司进军了智能家居行业,创业者还能不能再做这类项目?

一方面，强如 BAT 等规模的企业在开发能力和市场能力方面，必然遥遥领先。对创业企业来说，这是不利因素。如果创业项目同类同质，其结果显然不会好。

另一方面，知名企业既然进入，说明这个行业大有可为。这意味着拥有更大的公共空间，即便腾讯在社交网络所向披靡，但陌陌照样分得一杯羹。

换言之，大企业的开发式公共平台，又给创业者提供了选择的方向。有朝一日被“收编”，何尝不是一种创业成功？

这里还得理一理“风口”“热点”的概念。比如电商、互联网金融、众筹等等，似乎是时下浪潮。在这些领域创业，有什么利弊？还能再做吗？

对于上述疑问，一是，新兴热点行业企业虽然崛起很快，但是要想覆盖中国全部市场不是易事，仍会留下巨大市场空间。

其次，实践表明，最先介入的企业中，会有一批企业成为铺路石，只是为后续的企业积累了经验和教训。

第三是问题的焦点，并不在是否为热点。关键在于项目是否准备好了，团队是否有驾驭项目的能力，有没有市场的切入点。

1.2.5 创业“战士”，如何寻找你的“战场”？

【答】:

商场如战场，上“战场”前，你有必要了解它。

创业之路能否走通，关键是市场的认可度。成功的企业都一样，能够牢牢把握市场，供销两旺。创业困境或失败多与打不开市场有关。因此，市场决定着企业的走向，在准备创业之时，要做好市场功课，对市场有足够预见。

1. 市场调研的思路和方法是一门学问

市场调研贯穿企业经营决策全过程当中。不管具体调研方法如何，但科学的设计、按步骤进行缺一不可。创业之初，应进行项目调研，作为项目启动的参考。在没有经验的情况下，不能以偏概全，应逐一进行多维度观察。

2. 市场调研的成本必不可少

创业之初，人力、物力、财力相对比较紧张，但前期调研投入不能没有。投入和产出相辅相成，企业各类项目都要有调研。除了产品外，服务项目也一样存在市场问题。

3. 市场是现实的、具体的

结合项目实际进行市场研究，注意项目的特性。对于具有准入门槛的项目，更要进行针对性的调研，探好路。相对市场容量大的项目而言，对市场容量小的项目更要有足够的重视。

小众产品，看似没有竞争，其实竞争更加激烈，有“生”的希望，更有“死”的可能。关键就是一句话，你提供的产品或者服务，一定要有人接受，市场很确切，才可行。

4. 市场也是可以引导的

要知道，需求是能够创造的。足够强的企业有引导市场的能力。有企业推出了QQ平台，才有了大家的应用；有企业开发了“微信”平台，才有了“微信”的火爆；有企业不断推出一代又一代的智能手机，才有了大量的粉丝。

但是，引导市场的能力更源自于对市场透彻的研究，而不是凭空产生的。不能奢望一个没有把握市场能力的企业，天生就能做出引导市场的惊人之举。为了不打无把握之仗，充分做好做足市场调研是必须的。

1.2.6 如何利用好创业“根据地”？

【答】：

各类科技企业孵化器，是多数创业企业赖以生长的载体，它是企业的“根据地”。目前，孵化器数量和规模有了空前的扩大。

孵化器孵化培育创业企业成效显著，科技企业孵化器的活力和发展空间巨大。在孵化器事业发展较快地区，已形成区域科技孵化服务体系，并创建了新业态的孵化器。

1. 了解孵化器

“孵化器是以促进科技成果转化、培养高新技术企业和企业家为宗旨的科技创业服务载体。孵化器是国家创新体系的重要组成部分，是创新创业人才培养基地，是区域创新体系的重要内容。”简言之，孵化器是创业企业所在的场所，能够得到各种服务的地方。

2. 熟悉孵化器的各项服务

孵化器通常提供的服务有：(1) 提供孵化用房服务；(2) 协助办理企业工商注册服务；(3) 创业咨询服务；(4) 培训服务；(5) 创业辅导；(6) 投融资服务；(7) 协助落实各项优惠政策；(8) 协助企业的知识产权工作；(9) 提供专业技术平台服务；(10) 协助企业引进人才；(11) 物业服务，等等。

孵化器能够为创业企业提供优良创业环境，降低初创企业成本。

3. 了解专业技术平台建设情况

孵化器不断趋向专业化，相继扩展了各类专业技术公共平台，为创业企业提供专业设备设施和测试的条件。

类似创客空间的孵化器，带有加工车间和工作室功能，并拥有开源软硬件开放实验室。“创客”可以利用开源硬件和互联网，将各种创意变为实际产品。甚至可以将完成的产品原型，直接委托产品孵化平台优化，或是小批量生产加工。专业技术平台为各种形式的创业提供了条件。

4. 了解孵化服务的全过程

孵化服务链条正在延伸。在孵化载体基础上向后延伸，解决企业孵化成功后的出口问题，形成了企业加速发展加速器。

向前延伸，解决预孵化以及育苗问题，促进了创业苗圃的发展。形成了“创业苗圃＋孵化器＋加速器”的发展模式，即孵化服务载体全链条模式。创业企业可获得全过程服务。

5. 创业企业和孵化器是互动的

创业企业以孵化器为依托，孵化器以企业的成长为荣，同时两者也能分享共同努力的成果。因此，创业企业应该和孵化器结缘、交朋友，尤其是要寻找适合自身专业发展的孵化器，找到合适的物理空间。

1.2.7 团队创业有哪些优势？

【答】：

团队创业是相对个人独自创业而言的，由两个或两个以上创业者组成团队共同创业。综合相关资料，团队创业的优势大致有以下几个方面：

1. 团队创业能量更大

创业团队由具有技能互补的创业者组成，具有相同的创业精神、共同的愿景和创业目标、共同的利益关系，遵守共同的规则，是能为企业的成长和发展而努力的共同体。团队创业与个人创业相比，优势明显，单打独斗的模式远不如团队创业走得远。通常所说只有全能的团队没有全能的个人就是这个道理。

2. 团队创业能优势互补

在高新技术创业的企业，领军人物大多数是技术的拥有者，掌握技术的同时还是经营好手的情况不多，因为不懂经营、不懂办企业而终止创业的情况常有。而成功的创业企业，其团队成员都是十分优秀的，团队成员所做的贡献是互补的，也是举足轻重的。

3. 团队创业抗压能力强

团队成员是一群志同道合的人，不仅仅有共同的利益目标，更是一起追梦的人。由于团队中每个人都有一定的资源，在遇到困难时，大家能在一起想办法，用集体的智慧去解决问题。在遇到市场风险、生产风险和经营风险时，风险可以分摊到每一个人身上，每个人承受的压力要小，但总体的抗压能力强。

1.2.8 众人拾柴火焰高，创业合作经营怎么做？

【答】：

很多人都是和相互熟悉的、志同道合的朋友合作创业。在创业初期，合伙创业有一些优势，但是当企业发展到一定阶段，合伙经营也会出现不少问题。

经营企业如在商海里行舟一般，必须要有个好的“领航者”，才能在商海里顺利航行。那么，合伙经营的“领航者”该怎么做呢？

1. 掌控经营决策权

民主式经营，适合于已经经营稳定的企业，民主决策能保证大家的公共利益不因为个人的专断而受到伤害。创业型企业在市场机会面前，必须要能快速出击，抓住机遇获得发展，所以在经营决策方面，创业者必须要能当机立断，不能因为犹豫不决而错失良机。

在合伙经营的创业阶段，必须要有一个掌握决断权的人，这样才不会在遇到问题时，出现不能决断的情况。当然，在做决断时，也要综合考虑合伙者的意见和建议。

2. 尊重合伙人的参与方式

在创业时，可能有的合伙人有一些很好的资源，但他不想全身心地投入创业。由于在创业初期，企业有很多不确定性，对于一些创业意愿不强的人来说，完全投入创业中也是不现实的。这时作为主要创业者，最好能尊重合伙人的参与方式。

因为一方面，在创业初期需要利用合伙人的一些资源；另一方面，在创业初期很多基础性的工作，如客户的拜访、产品的推销等也都需要有一定资源的人来做。

尊重合伙人的合作意愿，恰当地使用合伙人的资源，是创业初期的理想选择。如果不能与合伙人融洽相处，在创业初期将会承受很大压力。

3. 愿意与合伙人分享利益

经过一段时间的创业，企业产生了利润，合伙经营的“领航者”要愿意与合伙人分享利益，不能把利益全部抓在自己手里。虽然在合伙过程中每个人的职责和工作不同，但是大家对企业的发展都起到了重要作用，要能按照每个人的贡献，公平地分配利润。

当然，从企业的长远发展来看，不能把利润全部分完，应该留一部分资金作为企业的发展资金。这样既可以防止分完利润后部分合伙人离开的情况出现，也能够为企业的长远发展做准备。

4. 能让公司变得更职业和充满想象力

合伙创业成功后，在以后的经营中让公司变得更加正规化是主要经营者的首要任务，要建立完善的用人制度和薪酬制度，让职员充满安全感和自信心。随着公司的发展，公司对人才的需求也将增多，薪酬制度是吸引人才的一个重要因素，完善的用人制度是公司良性发展的重要保障。

公司要能给员工一个美好的愿景，让他们有所期待，让他们感觉到能和公司一起成长。企业"领航者"要有很强的号召力，能调动员工的积极性和创造性，让员工有主人翁的感觉，做好本职工作。

1.2.9　合伙创业的"雷区"有哪些？

【答】：

合伙创业能够有效地整合资源，分散创业的压力，降低创业的风险，提高创业的成功率。因此，有不少人在创业时都选择合伙创业。

合伙创业有成功的，也有失败的。成功时相互满意，皆大欢喜；失败时彼此埋怨，分崩离析。

在选择合伙创业时，有以下几方面的"雷区"需要合伙人时刻警惕。

1. 以亲密度来选择合伙人

在创业伙伴的选择上，我们大多希望能和亲朋好友一起创业，创业成功时，大家也能有福同享，所以这种合伙模式在社会上很常见。但是，亲密朋友并不一定就是理想的合作伙伴。

理想的合作伙伴不仅要求彼此熟悉、知根知底，而且要求双方在想法上有共性，在能力和性格上有互补性。默契的合作者，能够在长期合作中成为知心朋友，但知心朋友并不都能成为最好的合作伙伴。所以，在选择合伙人时，不能仅仅以亲密熟悉作为选择的标准。

2. 口头协议代替书面合同

很多合伙创业者认为，在合伙时大家齐心协力把事情做好就行，很多事情只是口头上说一下达成一致就行了，没有签订合同。这一方面是因为签订合同比较麻烦，另一方面也因为签订合同显得有些生分。

虽然口头协议显得既方便又温情，但没有书面合同，往往会埋下隐患。一旦产生了矛盾纠纷，没有可评判的依据，就会相互扯皮，互不认账，反而更加伤害感情。因此，在合伙时，要以规范化的标准来制定合作中的合同。

3. 合伙者人人是老板

在合伙创业的团队中，虽然每个人都可以被看做老板，但是在实际经营管理中，要有一个核心人物对企业负主要责任，在遇到问题时能起到指挥者和掌舵者的作用。

在日常工作中，要防止合伙人以老板的身份自居，不做实事，乱下命令，导致员工无所适从，不知道听谁的。

合作虽然是集合了各方力量，但不能混淆了合伙人的角色。对于每个人的位置、角色、职权，都要有明确的划分，防止越权、混乱的情况发生。所以，不能每个合伙人都是老板。

4. 平均分配利润

合伙创业，同甘共苦，平均分配利润看似公平，实际上会造成不公平。因为利润的分配必须要与贡献相匹配，如果不匹配就是不公平。

由于每个合伙人在拥有的资源、能力等方面不尽相同，对企业的贡献也会有大有小，所以在分配利润时，绝不能按人头平均分配，而应该按合伙人所出的资金、技术、客户资源、劳动等综合因素来制定分配标准。

1.2.10　如何做好创业初期的老板？

【答】:

合伙人谈好了，一个创业的“我”，该如何管理？

优秀的企业管理者，并不是耗费大量精力在细节上的人，而恰是那些“什么都不做”的人。

作为企业管理者，在公司创业期，主要是抓好人和财两个方面。创业期间的管理体制，要讲究简单和务实，制定相应管理制度手册，如员工手册、考勤制度、奖惩条例、薪资方案等方面的条文，并根据公司自身特点，有针对性地去制定。在财务方面，报销制度、现金流量以及制定预算、核算和控制成本，也是需要考虑的。

一个企业管理者，在创业期间的管理应注重以下方面：

1. 组建一个小型管理团队

不论企业规模大小，企业里面的所有事情都不可能由老板全部管理。所以，要在企业内部组建一个管理团队，列明每个人管理的工作内容，由管理团队进行日常工作的管理，重大问题须向老板汇报，由老板亲自决定。老板要经常与管理团队进行交流，了解企业的最新动态。

2. 强调管理的时效性和有效性

管理的主要目标是让企业能够更高效地发展。在初创期企业规模较小，遇到问题时可以由老板直接决定。下属管理人员把工作中发生的问题向老板反映，按照老板的意图及时进行解决就可以了。老板对企业经营中出现的问题要及时解决，并且给出的解决方案要能有效地解决问题，不能避重就轻，绕过问题。

1.2.11　如何挖掘人脉金矿？

【答】：

我们常常说到人脉，貌似有人脉，就好做事情。那么，究竟什么是人脉？又该如何积累人脉资源？

简单来说，人脉即人际关系。人脉资源，是一个企业重要的资源之一。利用手上的人脉，去挖掘更高含金量的资源，是创业者必须要掌握的技能。

多数人的人脉资源观念仍然停留在工业经济时代。由于中国传统的人际关系存在无法进行管理、整合等原因，所以大多数都在处理人际关系，而不是管理人脉资源。

目前，中小企业及个人几乎得不到有效的外部人脉资源整合服务。“只有将关系上升为资源，才能进行管理、挖掘和整合。”人脉资源的积累，对创业者来说很重要。积累人脉资源，秘籍在下面。

1. 要乐于助人

在社会上与人相处时，要相互帮助。做企业的人在与上下游企业相处时，要有助他人成功的心态，在生意上能帮助他人的，尽量帮助他人，如在资金上给予便利，帮助介绍客户等。

给朋友一点帮助，也许在以后，我们也会得到朋友的帮助。帮助别人渡难关，助人成功，是积累人脉的一个法宝。

2. 要慷慨大方

在生意场上，为人要豪爽大方，最忌讳小肚鸡肠，斤斤计较。这里说的慷慨大方不等同于挥霍浪费。

与人合作时，不能把每一分利润都抓在手里，要让别人也有利可图。只有当你能为别人提供价值时，别人才会联系你。这样才能形成良好的合作关系，进而形成有价值的人脉资源。

3. 重友谊投资

一般都说生意场上无真正的朋友，为了经济利益，大家都在相互争夺，各不相让。

如果我们能把生意和生活分开，对朋友能注重情感而非利益，用真心交友，其实还是会交到一些真心朋友的。

友谊有时比金钱更有用,所以在友谊方面,要多多投资。有时间可以约三五好友,小聚一下,不谈生意,只聊人生。

正所谓"黄金有价,情谊无价",通过友谊积累的人脉是最牢靠的人脉。人脉资源有时不仅仅是用来利用的,而是可以相互分享成果的。

1.2.12 忘记创业导师的威力了?

【答】:

创业导师,是孵化服务过程中应运而生的产物。在政府有关部门的倡导下,在各类创业孵化协会、联盟和孵化器的共同努力下,各地形成了创业导师队伍。

导师团队,主要由高校相关专业的教授、企业家和创业成功人士组成,为创业企业提供免费的咨询、辅导,形成了大量可以利用的资源。创业企业可以主动借力创业导师,以获得各种帮助。别忘记,和他们的碰撞威力无穷。

1. 免费的社会回馈

目前的创业导师,就其身份而言,或为人师表,或经营企业有成,或岗位职责所在,一般不追求对自身的回报,而是充满了回馈社会的热情,成为了宝贵的资源。创业者没有成本只会得益。导师辅导企业成长的案例已经有很多。

2. 辅导形式多样

导师辅导工作形式多样,有相对集中的会议辅导,有一对一或一对多的小范围指导。工作是有序开展的。孵化器一般都有导师参与服务程序,形成了联络员制度,提供了组织保障。联络员的作用是对需求加以汇总,穿针引线匹配资源,创业者可通过联络员联系导师,主动借力。

3. 指导并非替代

设立导师队伍,是培育创业企业的重要帮扶手段,是"大手拉小手"的一种办法。导师的指导往往是一种"点拨",是在分析创业企业问题基础上,提出合理化的建议。指导是对某些经营策略的意见,甚至是对技术改进的建议,或是企业管理经验的传授。创业团队和导师之间可以建立长期的联系,但是,导师的工作是指导,实际工作还要由创业者来完成。

4. 寻求合作最佳

有一种情况的出现,对创业企业来说是很有利的,就是创业企业与导师企业所属一行,产品有上下游关联等情况。导师愿意参与合作或投资,这就将给创业者带来大好的机会。争取与导师企业合作,争取共赢,成功的几率更大。

1.2.13 如何讲述你的商业模式?

【答】:

商业模式选取,在企业创业之初和发展中必须多加关注。

清晰的商业模式,有助于描述企业的运作方式和价值实现。如何清晰、简洁地阐述商业模式?

“商业模式画布”是特别值得推荐的方法。这个画布工具,可以帮助你和团队探讨一切商业模式的要素。这个画布,也是风靡世界的“精益创业”的方法论基础。

商业画布构成如下:

<table>
<tr><td colspan="2" rowspan="2">重要伙伴</td><td colspan="2">关键业务</td><td colspan="2" rowspan="2">价值主张</td><td colspan="2">客户关系</td><td colspan="2" rowspan="2">客户细分</td></tr>
<tr><td colspan="2">核心资源</td><td colspan="2">渠道通路</td></tr>
<tr><td colspan="5">成本构成</td><td colspan="5">收入来源</td></tr>
</table>

具体内容包括:

(1) 客户细分——用来描述公司为之创造价值的人群(包含不同需求的客户群体)。

(2) 价值主张——具体阐述公司的价值主张(如何通过提供产品和服务为你的客户创造价值)。

(3) 渠道通路——阐述公司向客户传递价值主张的主要方式(如何与客户互动)。

(4) 客户关系——描述公司目前所有已经建立起来的客户关系类型(客户关系的关联模型)。

(5) 收入来源——清晰地介绍公司的盈利方式(如何通过定价机制获取商业价值)。

(6) 核心资源——描述用来创造、传递和获取价值的基础构件(公司商业模式运作所必需的重要条件)。

(7) 关键业务——描述为了确保商业模式良好运作所必须要做的重要事情(业务单元及业务流程)。

(8) 重要伙伴——说明谁是影响你商业模式有效运作的重要途径(产业链)。

(9) 成本构成——列出为客户提供产品及服务所需耗费的各项必备开支(价值链)。

每家创业企业在经营前对以上九大模块问题的思考,都有助于创业者不断完善和修正自己的想法。在实际运作过程中,也可以不断结合公司发展状况,对以上模块进行反思与提高。

1.3 创业融资

从咖啡间到写字楼,到处都是天使投资人的影子。这是一个创业不缺投资的年代,但对于任何一个创业者而言,用什么样的姿势去拿钱,仍是生死大事。

1.3.1 企业融资有哪些"姿势"?

【答】:

企业融资"姿势"包括企业获取资金的方式、手段、途径和渠道。从融资主体角度划分,融资方式分为外源融资和内源融资,外源融资包括直接融资和间接融资;从资金来源渠道划分,企业融资分为股权融资和债权融资。

1. 外源融资 VS 内源融资

外源融资是企业通过一定方式,向企业主体以外的其他经济主体筹集资金,吸收外部资金转化为投资。具体包括国家财政补贴、银行借贷资金、非银行金融机构资金、相关企业资金、居民个人资金等。

内源融资是企业通过转化自有资本及权益为其投资。具体包括初始投资形成的股本、折旧基金以及留存收益(包括各种形式的公积金和未分配利润)等。

内源融资具有自主选择、融资额有限、融资成本低、抗风险强的特点。外源融资相比内源融资更具高效性、有偿性、高风险性、灵活性。外源融资与内源融资在一定条件下是可以相互转化的,如将企业外部资金通过股权融资转化为企业股本。

考虑到外源融资的成本代价,创业企业在资金筹措过程中,一定要高度重视内部积累,不能盲目增加外源融资。内源融资应当是企业优先考虑的融资渠道,内部融资能力是外部融资资金供应者评判企业信用的因素之一。内部融资的能力决定了外部融资的规模和风险。通常是在内部融资不能满足企业需求时，才考虑通过外部融资渠道来解决资金问题。

2. 直接融资 VS 间接融资

融资者所融资金按是否通过金融中介分为直接融资和间接融资。

直接融资是指资金直接由供应者转移至需求者，转移过程中没有中介的参与，如通过出售股票和债券使资金流入企业。直接融资具有直接性、长期性、流通性的特点。

间接融资是指资金由供应者通过银行等金融中介转移至需求者，转移过程中金融中介的职能是将分散的资金聚集起来，然后供应给资金需求方，金融中介对资金具有经营权利。间接融资有间接性、可逆性、短期性的特点。

3. 股权融资 VS 债权融资

企业融资按照资金的来源渠道不同，可以分为股权融资和债权融资。

股权融资是指企业通过出让部分或全部股权以换取资金的融资方式。股权融资所获得的资金无需偿还，但投资者的股权可以流转交易。该方式主要在企业创办初期或增资扩股时采用。

债权融资也叫债券融资，是有偿使用企业外部资金的一种融资方式，包括银行贷款、银行短期融资（票据、应收账款、信用证等）、企业短期融资券、企业债券、资产支持下的中长期债券融资、金融租赁、政府贴息贷款、世界金融组织贷款和私募债权基金等。债权融资所获得的资金需要企业承担资金利息。

1.3.2 企业不同发展阶段的融资特点如何？

【答】：

结合企业生命周期，各个阶段融资特点如下：

（1）种子期。创业者可能只有一个创意，或一项尚停留在实验室的科研项目，本阶段所需资金不多，应主要靠自有资金、亲朋借贷，也可吸引“天使”投资者投资，或向政府寻求一些资助。

（2）初创期。企业需要一定数量的“门槛资金”，所需资金往往较大。由于没有经营和信用记录，从银行申请贷款的可能性甚小。这一阶段的融资重点是吸引股权性的机构进行风险投资。

（3）成长期。企业需要大量的流动资金来提高生产力，购买更多的生产设备和研发器材，以扩大产品的生产规模。此阶段要充分利用负债融资，同时还需要通过融资组合的形式，多方筹集资金。

(4) 成熟期。企业经营已比较稳定，市场前景也比较明朗。此阶段企业投资风险较低，企业发展已达到最稳定的状态，融资能力也得到了进一步的提高。在融资渠道多样化的有利局面下，企业可以选择长期融资方式或并购、回购、借壳上市等激进型融资方式。

(5) 衰退期。企业产品占有一定的市场份额，但主营产品面临着市场份额逐渐减少、盈利能力逐渐减弱、债务偿还能力下降等诸多问题。此阶段企业可采取自有资金与资产证券化相结合的基本融资策略，以改善企业资产负债结构和现金流状况。

1.3.3 "进钱"之前，做好哪些准备？

【答】:

当资金就在城门下，创业者该想些什么？

1. 恰当的融资理念

创业企业在融资时，要有恰当的融资理念，具体包括：

(1) 这是一场资本经营的故事。资本是一种以赢利为目的并对其进行买卖(经营)的商品。资本经营要求融资收益大于融资成本，只有收益大于成本的融资才是有意义的，否则融资将是徒劳甚至是一种负担。

(2) 现金流即企业生命线(现金为王)。现金流是企业生产经营的血液，是企业具有资产流动性和变现性的基础。对企业来说，最重要的就是有效使用现金和资本。

在现金为王的今天，现金流量和营运资本管理的方法及技术变得尤为重要。企业的所有经营活动，其财务本质都是现金流动的过程。现金流量不足，将直接导致企业财务危机甚至破产。

(3) 资金时效性。货币时间价值是指货币随着时间的推移而发生的增值，是资金周转使用后的增值额。基于这一差异，不同时间点上的价值不具有可比性。因此，必须通过现值计算或终值计算，将其调整折算至同一时点上才可进行比较。

(4) 权衡风险与收益。市场经济下，收益与风险总是形影不离的。高收益活动必然伴随着高风险，而低风险活动必然无高收益。因此必须在收益和风险间进行权衡，追求安全就不要指望高收益，追求高收益也不能忘记高风险。

2. 融资拍板准则

(1) 融资是要赚钱的。融来的钱是否能够给你带来更多的钱？这是在融资前首先要考虑的问题。只有经过深入分析，确信利用筹集的资金所产生的预期总收益大于融资的总成本时，才有必要考虑融资问题。

(2) 融资规模要量力而行。多大的胃口决定多大的饭量。融资过多,会造成资金闲置浪费,并导致负债过多,风险增加,即"吃得太饱会撑";融资不足,又会影响企业投资计划以及其他业务的正常开展,即"吃得太少又会饿"。因此,应根据资金需求、企业自身条件以及融资的难易程度和成本情况,量力而行确定融资数量。

(3) 融资成本越低越好。用最少的代价获取最大的收益,同样是融资活动的不二法则。融资成本是决定企业融资效率的关键因素,对于企业选择哪种融资方式有着十分重要的意义。

(4) 匹配融资期限。借小钱办眼前的小事,借大钱办将来的大事。融资期限的选择,主要取决于融资的用途和融资人的风险偏好。一般来讲,流动资产宜选择各种短期融资方式;长期投资或购置固定资产,适宜选择各种长期融资方式。

(5) 选择最佳出手时机。在最需要钱的时候最快得到,在最可能得到钱的时候以最小的代价得到。融资决策是系统信息分析后的结果。融资决策要有超前预见性,要能及时掌握各方面信息,科学预测政策、市场、环境等变化趋势,积极寻求并及时把握住各种有利时机。

(6) 保有对企业的控制权是融资边界。债权融资不会改变股权的比例,但是股权融资会导致股权的稀释。企业控制权和所有权决定谁说了算,谁说了算又决定企业的战略、方向以及生产经营、利润和股东利益。因此放弃控制权一定要慎重,但也不能一味固守控制权不放。

(7) 融资是为提高竞争力。融资不仅是要实现带来资金的目的,最好还要能够带来管理、人才、资源、市场等更多的利益。因此,除了均可解决企业资金需求外,不同融资方式对于企业的信誉、产品市场份额,乃至获利能力影响大不相同。因此,应选择最有利于提高企业竞争力的融资方式。

(8) 寻求最佳资本结构。股权融资与债券融资的资金成本各不相同,不同的融资方式形成不同的资本结构,直接影响资本成本,进而影响企业的市场价值。一般来说,只有当预期普通股利润增加的幅度超过财务风险增加的幅度时,借债才是有利的。

1.3.4 在融资过程中,我们要准备哪些内容?

【答】:

企业对融资渠道的选择,首先要了解、搜集各类潜在资金提供方的基本情况,做到知己知彼才能有的放矢。想要有针对性地做好融资准备,逐个思考下面的问题:

(1) 资金供给方一共有哪些(有多少"金主")? 各类资金供给方之间有哪些区别

和联系（“金主”之间有什么相同与不同）？各资金供给方提供资本的使用期限是多久？

（2）每一类资金供给方的钱是怎么来的？他的钱准备怎么花？花到哪里？

（3）每一类资金供给方对借钱企业有什么条件要求？

（4）每一类资金供给方的风险控制手段有哪些？

（5）每一类资金供给方的工作程序是什么？

在此基础上，对各类资金提供者按照融资可能性进行分类排序，即：最可能提供资金者—经过努力可能提供资金者—不可能提供资金者。

排序后我们再分析本企业的吸引力，重点关注下述因素：

（1）企业或项目所在的行业，不同资金供给方的投资重点不同。（我是谁，谁在乎我）

（2）融资规模大小。（要多少钱）

（3）融资的成本要求或对股权的要求。（花多大的代价）

（4）自身具备的条件与核心优势，如抵押物、无形资产、市场和管理水平等。（凭什么）

（5）融资的时间要求，不同机构的工作程序。（多久）

此外，在融资工作沟通中，企业要做好、做足融资准备工作。具体包括：

（1）融资主体的选择与重构。以什么身份作为融资方很重要。当有多个企业可选择时，一般应选择规模较大、营业期限较长、现金流量较大、符合政策支持、报表结构良好、知名度较高、与资金方联系紧密的企业作为融资主体。当没有符合条件的企业时，可考虑通过组建企业集团、公司分立、与其他企业合并等资本运营手段重构融资主体，以满足资金方的要求。

（2）报表完善与重组。报表是企业的门面，门面装点得“漂亮”与否决定投资者投资兴趣的大小。因此，一般要根据会计师、融资顾问或资金供给方的意见对企业财务报表进行完善与重组。

（3）融资渠道资源储备与公关。融资工作进行之前，要对融资渠道进行选择、了解和跟踪，并为储备、维护融资渠道进行公关活动。一般应将短期和长期、债权类和权益类、内部和外部资金渠道紧密结合，要统筹规划，树立互利共赢、长期合作的意识。

（4）融资机构和团队建设。随着创业企业发展壮大，应建立健全各类组织机构，包括融资岗位、融资部门。为融资事宜成立专门的部门，用专业的人来专心做一件事。

（5）资金、资产和资本管理技术。根据企业总体目标和相关战略制定长期的资本运营目标，借助融资中介机构进行资本运营，借助信息化手段改进资金管理方式，加强融资危机管理。

1.3.5 是否有判断融资渠道和融资方式的不二法门?

【答】:

在你看如下公式前,请记住公式不过是参照体系。一个对你最佳的融资渠道和方式,只有你和你的团队才清楚。

资金需求总量=流动性资金需求量+偿债性资金需求量+投资性资金需求量

投资性资金需求量=固定投资资金需求量+资本运营资金需求量+投机资金需求量

外部资金需求量=资金总需求量-内部资金来源

内部资金来源=折旧+自然增长的负债+新增留存收益

依据不同的融资需求、融资渠道,常见的组合方式有:

(1) 长短期资金组合。期限长的资金用于项目投资,期限短的资金用于临时周转或短期投资。

(2) 债权股权资金组合。权益性资金用于项目投资,债权性资金用于临时周转或短期投资。

(3) 高低成本组合。高成本的资金用于弥补临时性资金需求,低成本的资金用于置换高成本的资金或作为企业铺底流动资金。

(4) 内外资金结合。缺少资金时,首先向内部要资金,其次才是外部筹措资金。

1.3.6 决定融资,那么怎样配置组成部分?

【答】:

当确定了使用组合式融资,其比例关系又是一件棘手的事情。我们知道,股权融资与债权融资体现了不同的产权关系。

股权融资会分散企业的控制权,甚至会使控制权发生转移。股权融资会对企业的生产经营产生直接影响,对股东的利益分配也会产生影响。所以,一般情况下尽可能考虑债权融资。但是,债权融资也有融资成本高、融资额度有限等缺点。

债权融资的成本与融资期限直接相关。融资期限越长,融资成本越高;融资期限越短,融资风险越高。所以,要根据资金的需求情况,选择合理的融资期限。当用于补充流动资金时,一般采用短期融资;用于购买固定资产或长期投资时,一般采用长期融资。

当出现以下情况时,企业就应该考虑股权融资:

(1) 企业无法满足债权融资的要求,如没有相应的抵押物;

(2) 企业项目属于高风险、高收益性质,债权人要求的收益率超过企业的承载能力,或股东希望能够分散风险;

(3) 出于战略发展的需要,通过引入实力强大的股权投资者来提高行业的竞争力。

综上所述,股权融资和债权融资对企业的发展都是必不可少的,企业应该从自身实际情况考虑股权融资与债权融资的比例。

1.3.7 一旦融资,企业要付出哪些代价?

【答】:

一旦融资,企业必然要付出一定代价,即融资成本。融资成本包括融资费用和使用费用。

融资费用是企业在筹集资金过程中发生的各种费用,如向银行融资时的抵押物评估费、登记费、公证费、担保费、贴现费、手续费等,发行股票、债券时支付的注册费、代办费、审核费、承销费等。

使用费用是企业因使用资金而向其提供者支付的报酬,如向股东支付的股息、红利,向债权人支付的利息、债息,向出租人支付的租金等。由于融资费用与融资额几乎同时发生,因此可将融资费用视为融资额的抵减项。

1. 常见融资成本的计算公式

(1) 权益融资成本

优先股融资成本=优先股年股利/(优先股实际融资额－实际融资费用)

普通股融资成本=普通股年股利/(普通股实际融资额－实际融资费用)

(2) 债务融资成本

银行借款的融资成本=借款利息×(1－所得税率)/(银行借款实际融资额－融资费用)

企业债券的融资成本=债券债息×(1－所得税率)/(债券实际融资额－融资费用)

(3) 综合融资成本

综合融资成本 = $\sum$(各种融资形式的融资成本 × 该资本额占总资本额的比例)

2. 融资成本的重要性

一是融资成本对投资具有决策依据的作用，融资成本是一项投资是否可行的取舍标准。

二是融资成本影响着企业对于融资渠道和方式的选择。

三是资本结构直接取决于企业的融资成本。

3. 融资成本的比较

首先，在企业外部融资中，债务融资成本一般低于股权融资成本。一方面，股权投资者所获股利是一种税后收益，而债权人所获利息可作为营业利润扣除项目；另一方面，股东的收益不确定性高，又是企业破产的最后索偿人，风险大，自然要求更高的报酬率。

其次，在债务融资中，短期债务融资成本一般低于长期债务融资成本。原因包括：资金的时间价值不同，长期债务使债权人面临更高的经济周期波动及信用或违约风险。

1.3.8 到底要不要使用股权融资？

【答】：

我们知道，创业时期经常提到A轮、B轮融资。那要不要使用股权融资呢？我们得从其优劣势说起。

1. 股权融资优点

(1) 可以作为企业的本钱。股权资本没有固定到期日，无需偿还，是企业的永久性资本。这对于保障企业最低资本需求、促进企业长期持续稳定经营具有重要意义。

(2) 可以建立良好信誉。股权资本作为企业最基本的资本，代表了公司的资本实力，是企业与其他单位开展经营业务、进行业务活动的信誉基础。同时，股权资本也是其他融资方式的基础。

(3) 企业财务风险较小。股权资本不用在企业正常运营期内偿还，不存在还本付息的财务风险，可以根据其经营状况和业绩好坏，决定向投资者支付多少报酬。

(4) 有助于加强企业管理。引入有资本运作经验和资源优势的机构，通过投资人投资后提供的增值服务，能够完善公司治理结构，全方位提升管理水平，促进公司走上资本市场。

2. 股权融资的缺点

(1) 资本成本高，股权融资的资本成本要高于债务融资。这主要是因为股权投资相比于债权投资不具有可偿还性，风险更高，所以投资者要求的报酬也更高，企业的资本成本由此也高于债权融资成本。

（2）控制权易分散。利用股权融资，投资者的增加会引起股权结构变动，导致企业控制结构改变，从而分散控制权。

（3）信息沟通与披露成本较大。投资者或股东作为企业的所有者，有了解企业经营业务、财务状况、经营成果等权利。企业需要通过各种渠道和方式加强与投资者的关系，保障投资者的权益。

因此，中小科技企业选择股权融资时，一定要全盘考虑企业控制权问题，既不能过度关注控制权，也不能忽视控制权对企业发展的影响。

1.3.9　初创科技企业，如何打动“天使”？

【答】：

对于给你的企业投放“第一桶金”的机构来说，他们的确是你的“天使”，但风险投资不同于传统的股权投资，其投资的目的并不是为了获得企业的所有权，不是为了控股，更不是为了经营企业，而是通过投资和提供增值服务，把投资企业做大，然后通过公开上市（IPO）、兼并收购或其他方式退出，在产权流动中实现投资回报。

对于高科技创新企业来说，风险投资是一种昂贵的资金来源，但也是少数可行的资金来源。银行贷款虽然相对便宜，但银行贷款回避风险、安全第一，高科技创新企业难以得到此类贷款。

那么，该如何获得“天使”们的青睐？

（1）管理团队。新兴技术行业的团队基本上决定了公司成败，公司以较为务实的态度经营，在得到行业机会的同时，得到风投青睐的机会就会更多。

（2）商业模式。商业模式始终是风投机构重点关注的话题。企业管理者需要将产品和渠道模式巧妙地组合在一起，强化自身竞争力，并形成企业特有的商业模式，从而在行业中脱颖而出。

企业吸引风投机构可采取的举措有：

（1）加大技术创新投入，利用资源优势，实现产品和服务升级，形成具有独特创意和高成长性的项目，并对项目的技术可行性、经济性进行必要的论证，这是吸引风险投资的关键。

（2）进行管理创新和制度创新，提升管理水平，强化管理团队，明晰产权，完善财务管理制度，使企业运作更高效、更规范、更透明。

(3) 与投资者合作,本着平等互利、友好协商的原则,主动协助风险投资管理和退出,维护其合法权益,建立友好关系。

1.3.10 私募股权融资很火,科技型创业企业怎么能拿到?

【答】:

私募股权融资是指有融资需求的企业在相关中介的协助下,直接与特定投资人(包括跨国公司、产业投资基金、风险投资基金等)接触,经过双方协商一致,以出让部分股权的形式,获得投资人投资的融资行为。其准备工作包括六个步骤:

1. 签署协议

如果选择引入私募投资,那么首先应寻找一家投资银行(或融资顾问)签订服务协议,协议包括投资银行为企业获得私募股权融资所提供的整体服务。

2. 组建团队

在与投资银行签订服务协议后,融资企业和投资银行组建专职团队,准备相关的私募股权融资材料。

3. 材料准备

私募股权融资需要的材料主要包括:

(1) 私募股权融资备忘录,即公司的简介、结构、产品、业务、市场分析、竞争者分析,等等。

(2) 历史财务数据,即企业过去 3 年审计过的财务报告。

(3) 财务预测,即在融资资金顺利到位后企业未来 3 年的销售收入以及净利润的增长。

4. 目标估值

在准备好材料之后,企业应在投资银行的帮助下,设立一个目标估值,即企业愿意让出多少股份来换多少资金。而一般企业私募股权融资所出让的股份不超过 25%,尽量减少股份的稀释,以保证企业管理层掌握企业的控制权。

5. 具体商谈

投资银行会把企业的融资材料同时发送给多家私募机构,并且就该项目融资事宜进行详细讨论,使最优秀的私募机构能对企业产生兴趣。

企业准备工作完成之后,就要开始正式与私募机构进行接触以及实际操作。在对方资金打入企业账户之前,企业和私募股权投资机构之间还有 9 个步骤。

（1）双方会谈

在确定接受哪家私募投资后，投资银行会安排私募机构代表与企业家进行会谈。投资银行通常会派一些核心人员参加会议，给企业家介绍私募机构的背景，帮助企业家回答私募机构的问题，并且总结与所有私募机构的会议，列出明细对比，让企业家更容易选择。

（2）实地考察

在面谈之后，私募机构会实地调查公司产业，如工厂、店铺或者其他办公地点。在这一阶段，企业家一定不要参加，可以派相关的人员进行陪同。但是投资银行会全程陪同私募机构，保证解答他们的所有疑惑。

（3）获得投资意向书

考察之后，依然对企业有兴趣的私募机构会对企业发出投资意向书，也就是一份初步的投资合同。这份合同会定义公司的估值，以及一些具体条款(如出让多少股份、股份的类型等)。

（4）竞价

如果企业可以获得多份投资意向书，那么就能形成相当于拍卖形式的竞价，经过私募机构之间的互相角力，企业可以获得最好的价格。

（5）谈判

投资银行会与企业家共同与私募机构谈判，帮助企业家获得最好的价格和条款。

（6）决策

在得知各个投资机构开出的条件后，由企业家决定接受哪个私募机构的投资，并且正式签订投资意向书。

（7）尽职调查

在签订投资意向书之后，私募机构会对企业进行尽职调查。此时投资银行将会协调组织整个过程，并保证双方的相关工作人员可以顺利合作。

（8）最终合同

在尽职调查结束之后，私募机构将会给企业发出最终投资合同；而后企业将会与私募机构谈判，并就存在异议的地方进行沟通。

（9）资金到账

在签署最终合同之后，私募机构的资金会在15个工作日内打到公司的账户上。而在投资后，私募机构会向企业要求至少一个董事的席位，以此监督控制企业发展过程。

1.3.11 如何成功获得银行贷款?

【答】:

银行贷款是一条常规的融资之路,如何成功获得贷款,须从创业公司本身说起。创业型中小型科技企业常见的特点包括:

(1) 轻资产运营,盈利主要不依赖于大量的资产投入,以流动资产为主;

(2) 资产负债率低,资本结构以权益性资本为主;

(3) 毛利率较高,净利率主要取决于营收规模对期间费用的覆盖;

(4) 业绩呈非线性波动趋势,盈利水平主要取决于营业收入的成长,业绩增长具有爆发性;

(5) 人力成本和研发成本投入巨大,是其主要支出;

(6) 股权结构较为复杂,大部分高科技公司有员工持股计划。

中小型科技企业会计核算的典型问题包括:

(1) 出资不规范,高科技公司存在大量知识产权相关的无形资产出资,往往存在各种历史遗留下来的出资瑕疵;

(2) 销售收入确认原则不规范;

(3) 随意计提和摊销费用,研发支出的费用化和资本化处理较为随意。

结合该类企业的特点,要想融资到位,企业不仅要做包装,还要打造自身的持续经营能力,要重点提升以下能力:

(1) 营业收入的增长率以及未来的预期增长率;

(2) 提高研发支出和职工薪酬的投入占营业收入的比率;

(3) 提升门槛,降低先进技术的可替代性;

(4) 合理资本化研发支出;

(5) 有效的股权激励政策;

(6) 持续有效的盈利模式。

融资难的大环境在短期内尚难有效改观,中小企业更多地需要从自身着手,理顺项目的方方面面,据此对项目进行包装。在商业计划书中既要写明企业的实际情况,也要明确企业的长远发展规划,让投资者不仅看重企业的现在,更要看重企业的未来;不仅要实现自身融资成功,更要实现项目推介方与投资方"双赢"。

1.4 股权结构

任何一家现代公司，都无法回避财富分配，也就是股权结构安排。

1.4.1 哪些人不应该成为公司原始股东(合伙人)?

【答】:

1. 资源提供人

早期创业，需要借助很多资源以助公司的发展起步，往往容易给资源提供人承诺股权，把资源提供人、帮助人变成公司合伙人。

公司价值需要创业团队长期投入大量时间和精力去经营和实现，故而对于那些只是承诺提供资源，但不全职参与创业的资源提供人，建议公司优先考虑给予项目提成和分红，而不是设定股权。

2. 兼职人员

对于技术类、营销类、资源类等重要人员，由于其为不全职参与创业的兼职人员，建议公司按照外部顾问给予报酬。

3. 普通员工股权

过早给普通员工股权，公司股权激励成本会很高，且激励效果很有限。对公司的价值认可度不高，即使给单个员工5%的股权，可能都起不到激励效果，甚至认为公司是在忽悠、画大饼。

但公司如在中后期（比如B轮融资后）给员工股权激励，那么5%的股权就能激励很多员工，并且激励效果特别好。

1.4.2 合伙人不拿工资算股份好么？

【答】：

不好。对于创业早期，有些人认为不拿工资的创始人可以多拿一些股份，作为不拿工资的回报。这不是一个解决问题的好办法，你无法计算究竟应该给多少股份作为回报才是合适的，并且会成为今后争议的导火索。

换一种方式，创始人给不拿工资的合伙人记工资，等公司的财务宽松时，再补发工资。

1.4.3 股权与贡献怎样平衡？

【答】：

合伙人拿到公司股权是一次性到位的，但贡献却是分期到位的，容易造成股权与贡献不匹配的问题。

对冲风险的办法是：

（1）在创业初期设置期权池，给股权结构预留调整空间。

（2）股权分期成熟与回购的机制，可以对冲这种不确定性风险。

1.4.4 如何用股权激励团队？

【答】：

股权激励，一方面可以留住公司的核心人才，使他们和公司利益趋同，共享公司发展带来的利益；另一方面也是公司战略规划落地实施的重要抓手。

因此，我们在确定股权激励的考核指标时，应该关注的是公司战略规划中的目标体系。如财务类指标中的销售收入和净利润等指标，非财务指标中的市场占有率、合作伙伴的数量等（与公司的行业相关）。而公司的绩效考核指标，一般来说是公司战略目标的分解，更加细化和具体，按照季度或月度进行考核，与薪酬挂钩。

所以，我们建议如果公司的激励对象较少，可以从绩效考核指标中选取关键性指标来替代股权激励考核指标。但是如果激励对象人数较多的话，我们还是建议在公司战略规划目标中，选取考核指标。

1.4.5 企业为什么要进行股权激励？

【答】：

在开始股权激励前，创始人都会问，采取股权激励的依据是什么？

股权激励是一种交易的过程。

老板们用股权作为标的，也就是以企业长期发展的参与和受益机会，以及共享企业的控制权，来和被激励对象进行"交易"，从而获得被激励对象们的专业技能，还有对企业的忠诚，形成新老股东共治局面。

作为交易，就需要有交易的标的和交易对手。

企业能否搞股权激励的第一个前提是，作为交易标的的企业的股权要有价值，这是一个估值的问题。

首先，从宏观层面上判断企业所处行业是否有发展前景，企业处于行业价值链的哪个环节，总体发展前景如何。

其次，从微观层面看，企业自身经营状况以及盈利水平高低、定价能力高低等，这些都是判断企业的股权是否有价值的因素。

当然，关键还要看激励对象如何判断企业股权是否有价值。他们作为企业内部人员，对于企业的股权是否有价值，应该有着更直观的判断。

第二个前提是，企业是否存在有价值的激励对象。

企业搞股权激励，分钱分权，一定是希望激励对象分担企业经营的责任和压力，更希望他们能够从执行者的身份和心态，向所有者和决策者的角色转换。

因此，也要看看企业内部是否有这样的人，他们具备一定的经营管理能力，品行俱佳，经过一段时间的培养，能够担当起企业的经营管理者的角色。这样搞起股权激励来，先扶上马送一程，效果会更加明显。

上述两个因素是缺一不可、相辅相成的。

1.4.6 所有企业都能使用股权激励？

【答】:

我们认为，股权激励适用于各种所有制类型的企业。只要企业的实际控制人愿意以股权作为对价，来交换激励对象的专业技能及对企业的忠诚，不论是民营企业还是国有企业，不论是上市公司还是非上市公司，都可以实施股权激励。

只不过，前几年国资委由于担忧国有资产流失问题，叫停了国企的股权激励。上海市已出台了“上海国资国企改革 20 条”，再次鼓励国企推出股权激励计划，所以国企的股权激励也再次破冰了。

1.4.7 股权激励后，如何避免其影响创始股东的控制权？

【答】:

股权激励实施之后，股权开放了，公司的治理结构也将发生变化，这就意味着一扇封闭的门打开了。在这个过程中，如何保障公司大方向依旧，如何保证创始股东对公司的控制权，需要创始人在设计股权激励方案时系统筹划。

如果公司是有限公司，对于通过股权激励方式获得的股权，可以约定为限制性股权。即拥有除投票权以外的全部股东权利，投票权委托给创始股东代持。这些可以通过制定《股权管理办法》来规范，同时对于这类股权的流动和退出机制进行规定，以保证有限公司“人和”的特点。

如果是股份有限公司，那么可以考虑在股权激励过程中授予激励对象优先股。优先股类似于债权，收益固定。

如果公司未来要上市，可以安排以合理的价格转化为普通股，获取资本市场带来的资本收益。

通过这样的制度设计，创始股东的控制权会得到有效的保证，公司也会走在正确的道路上。

1.4.8 股权激励能给创业公司带来什么？

【答】:

股权激励作为一种长期激励手段，可以为企业吸引并激励优秀核心人才。它能充分调动他们的工作积极性，可以为企业构建一个具有共同价值观，充满活力的、忠诚的、团结奋进的核心团队，并推动企业的可持续发展。这些是股权激励本身可以为企业带来的好处。另外，股权激励往往还是企业战略实施落地的重要抓手。

当然，我们也不要神话股权激励，把一些不切合实际的功能强加给股权激励本身。如有的企业想通过搞股权激励，用远期收益替代即期收益，期望降低即期的人力成本。实际上股权激励不能够代替薪酬、奖金等其他激励方式，我们也不能期望画饼充饥。

还有，不要期望给了激励对象股权，员工就会自觉加班，无怨无悔。股权激励实质是等价交换，股权换取奉献，但是也是有限度的。

再就是不要期望股权激励能够立竿见影，一股就灵，让企业全面提升，要知道股权激励只是个“药引子”。

1.4.9 员工期权激励要经历哪些阶段？

【答】：

员工期权激励会经历四个阶段，即授予、成熟、行权、变现。

授予，即公司与员工签署期权协议，约定员工取得期权的基本条件。

成熟，是员工达到约定条件，主要是达到服务期限或工作业绩指标后，可以选择掏钱行权，把期权变成股票。

行权，即员工掏钱买下期权，完成从期权变成股票的一跃。

变现，即员工取得股票后，通过公开交易市场出售，或通过参与分配公司被并购的价款，或通过分配公司红利的方式，参与分享公司成长收益。

1.4.10 若是员工行权，是否要将其变更为股东？

【答】：

员工的变动可能会非常频繁，而且在工商局进行股东变更的时候，手续会非常复杂。因此，不建议将行权的员工直接变更为公司股东。

这个时候可以操作的形式主要为：由创始人代持和成立一家合伙公司，来代持员工股份。

1.4.11 有合伙人股权退出，怎么办？

【答】:

设定好“游戏规则”，如约定在一定期限内（比如一年之内），股权由创始股东代持。

如股东中途退出，公司或其他合伙人有权进行股权溢价回购，包括离职合伙人未成熟、甚至已成熟的股权。

如离职不交出股权，可约定离职不退股需要支付高额的违约金。

1.4.12 假如合伙人离婚，股权如何处理？

【答】:

原则上，婚姻存续期间的财产是夫妻共同财产，但双方可另行约定财产的归属。因此，配偶之间可以约定一方放弃对公司股权主张任何权利。

1.4.13 合伙人决定“撤退”，怎样友好“回购”股权？

【答】:

遇到合伙人决定退出，公司对合伙人股份回购时，可以根据合伙人的贡献，按照一定的价格全部或部分收回股权。

企业可以参考合伙人退出时的股权价格基数、股权溢价或折价一定倍数来确定具体的收购价格。比如，可以考虑按照合伙人掏钱买股权的购买价格，予以一定溢价回购。如退出合伙人按照其持股比例，可参与分配公司净资产或净利润的一定溢价；如按照公司最近一轮融资估值，以一定折扣价回购。至于选取哪个退出价格基数，不同商业模式的公司会存在差异。

按照合伙人退出时可参与分配公司净利润并以一定溢价回购，可能会因为公司资产负债表不好，而使合伙人退出时被“净身出户”。按照公司最近一轮融资估值的价格回购，公司又会面临很大的现金流压力。因此，确定具体回购价格，需要根据公司商业模式做具体的分析，既让退出合伙人可以分享企业成长收益，又不让公司有过大现金流压力。

1.5 财税筹划

创业神殿三盏灯，人、财、事，一家创业公司不能缺少财务智慧。

1.5.1 初创小公司，要有专业财务人员么?

【答】:

创业公司调查发现：一部分规模较小的公司，常常经朋友介绍聘请兼职的会计人员，或素质较低的专职兼打杂的会计人员。

这类会计人员处于无序管理状态，其业务水平、诚信状况无法规范。此外，聘用单位也不能保证以低成本得到应有的服务，甚至严重影响小企业的发展壮大。因此，在公司创立初期，如果不想重点培养自己的财务人员，我们建议将财务工作全权委托代账公司。

初创企业或中小企业，若能选择一家优秀的代账公司，可有效降低企业开支、节约经营成本。同时，还能享受高水平和规范化的会计全程服务，有利于加强企业财务基础并提高整体管理水平，且能合理保证纳税申报及时准确。一家优秀的代账公司，等于多个优秀的财务顾问。

那么，代账是不是一代就省力省心呢?

代理记账公司一般对税收和财会法规有较多的了解，能及时掌握相关规定的变化。但是，代理记账行业发展的时间并不长，本身行业健全度还不够，许多代账公司的服务水平也不高。如果企业对于选择的代账公司不了解，选择了服务质量不佳的代账公司，很可能就会导致记账过程不规范、不真实。因此，企业要想省心省力，就必须加强辨别，与优秀的代账公司合作。

优秀的代账公司能严格按照会计核算要求，做好记账、算账、编制会计报表等日常工作，还能协助委托单位搞好管理，当好参谋。

优秀的代账会计能根据委托单位的规模和经营特点，建立一套科学适用的财务分析指标体系；能定期对委托单位的盈利能力、偿债能力、营运能力等进行分析评判，为企业经营决策提供参考信息。当然，企业要想获取有用的信息，就必须正确看待代账，要关注与代账公司的长期沟通及合作。

1.5.2 数字未必可靠，初创公司财务管理关键点在哪里？

【答】：

企业在初创期、成长期、成熟期、调整期等不同的成长阶段，其财务管理的重点不同。财务管理大致可分为记账、控制、分析、资本运作以及向财务要效益五个递进的阶段，初创企业一般涉及记账和控制两个阶段。

第一阶段，记账。

初创企业人员少，业务简单，从产品、业务单元、地域方面来说，管理点少而单一，营运资金规模小。这个阶段容易产生的问题是：由于会计人员水平有限，往往缺乏严格的审核环节，核算归属、记账准确性和规范性差，有潜在的资金安全隐患；另外，业务上的灵活性导致财务上存在许多账外项目，账目不能真实反映整体经营状况。

该阶段财务管理的重心为：制定会计制度，规范账簿登记与报表编制；明确出纳、会计的岗位职责；盯住现金流动；管住支票本和印章；分清现金和利润的关系；掌握估算现金流量的方法。

因此，可以聘请实务经验丰富的会计人员或机构定期审账调账，规范科目设置、核算归属、对账、单据凭证账簿，并且建立简单的财务控制措施，如费用标准、借款限额、报销制度等等。

第二阶段，控制。

成长期企业面临较大范围的市场、产品线、组织等方面的扩张。这个阶段容易产生的问题是：由于资金、货物的运作量不断增大，企业面临的风险相应增加，产生资产损失的可能性也急剧扩大；同时，公司人员、地域管理点快速增多，加大了资金调配、费用失控的风险。

该阶段财务管理的重心为：强调资金、资产等安全，确保准确记账和核算；广泛参与到业务流程的控制之中，紧贴业务，建立一套财务控制制度，从资金、存货、信息、账务四个方面保障企业内部安全。

因此，企业可以聘请既懂管理又懂财务，并具有良好大局观和系统思维的专业人士，或通过聘请专业咨询机构来搭建财务控制平台。

1.5.3 我的初创公司经常用现金收款或走个人账户，是否安全？

【答】：

在为各类企业做财务咨询时，常常发现一些公司在动作中，常常自觉或不自觉地将个人账户作为资金流转账户。

例如：有的出纳将个人账户作为备用金账户，提取备用金时将款项转入个人账户；员工报销或备用金零星支付时，从个人账户转给收款人；业务员上门收款后，将收到的现金先存入自己的账户，或让付款方直接打入自己的账户，等累积到一定金额时，再提现上交或转账到公司账户。

以上行为都有可能导致承担意料不到的法律责任，最常见的法律风险有：

(1) 刑法责任，包括职务侵占罪和挪用资金罪。

(2) 税法责任，包括偷逃税罪，即公司老板收入了本应入到公司账户的钱视为公司分红，偷逃了本应缴纳 20%的个人所得税。

(3) 民法责任，即公私财产混同可能导致对外承担责任变成无限连带责任。

因此，无论企业发展到什么阶段，不仅不能将老板的账户用于公司事务，也不能为员工提供这种便利。

银行账户使用方面，要充分注意以下事项：

(1) 按规定使用银行结算账户，确保银行结算账户的安全。不得出租、出借银行结算账户，不得利用银行结算账户套取银行信用，更不得利用银行结算账户谋取利益。

(2) 公司重大事项变更时应及时报请开户银行。重大事项主要包括：

① 企业名称更改，但开户银行及账号不改变的，应及时向开户银行提出银行结算账户的变更申请，并出具有关部门的证明文件。

② 企业法定代表人或主要负责人、住址以及其他开户资料发生变更时，应及时通知开户银行。

③ 撤销银行结算账户的，应向开户银行提出申请。

除此之外，我们还必须认真贯彻国家财经法律、法规，维护财政纪律，严格执行收支两条线，尽量避免坐支。按照《现金管理暂行条例》及其实施细则的规定，开户单位支付现金，可以从本单位的现金库存中支付或者从开户银行提取，不得从本单位的现金收入中直接支出(即坐支)。如果因为特别原因需要坐支现金的，企业必须向开户银行提出申请并办理相关审批手续。

1.5.4 有创意、有客户，公司为何连年亏损？

【答】：

作为一名企业家，想要获得成功，不需要是一个财务专家，但必须朝着财务熟练的方向不断努力，必须花时间了解哪些指标对业务最重要，必须考虑如何衡量和改善关键指标，并一直为之努力。

对一家连年亏损的企业，管理者可以从分析利润表着手，详细分析各项利润的增减变动情况，以找出各项业务的盈利状况和变化趋势；应分析利润结构变动，以发现企业持续盈利的能力及亏损的原因；应分析影响利润的因素，以发现利润形成的合理性及改善亏损状况的措施。

针对中小型企业，建议采用以下方式开展分析工作：

1. 收支结构分析

从阅读利润表可以了解到：利润是以收入为起点，依次扣除营业税金、成本、期间费用（含营业费用、管理费用、财务费用），再加上其他业务利润和营业外收支净额后计算得出。

构成利润总额的各项要素，都会对利润总额产生影响。因此，应对其结构进行分析，以找出对利润影响较大的积极或消极因素，以及这些因素的影响程度。常见的分析方法包括：

（1）收支系数法

计算公式为：收支系数＝主营业务收入/成本费用（成本＋期间费用）。这个公式表示，每支出1元成本费用可获得的收入量。

假设其他业务利润和营业外收支为零，当收支系数大于1时，表示每支出1元成本费用即可以获得利润。也就是说，当成本费用占收入的比例越低，获利能力就越大。收支系数法可以分析出收支的配比度，初步判断收支的合理程度。

（2）成本结构比例法

计算公式为：成本结构比例＝成本项目支出额/成本总额。

通过分析各成本项目支出（工资、职工福利费、折旧费、修理费、低值易耗品摊销、业务费、租赁费等）所占比重，重点控制和关注比重较大的项目，并通过历史比较和同行业比较，找出差距，进行改善。

2. 利润结构分析

公司的利润结构，可以从以下三个方面分析：

（1）从构成利润总额的要素分析

计算公式为：利润构成比重＝利润构成项目/利润总额。利润总额由主营业务利润、其他业务利润、期间费用（营业费用、管理费用、财务费用之和）、投资收益和营业外收支净额构成。

作为企业，主营业务利润水平及比重，代表着企业的持续创利能力。通过分析利润构成项目分别占利润总额的比重，重点控制和关注较大项目，并通过历史比较和同行业比较，找出差距，进行改善。

（2）从创造效益的业务分部、地区分部进行结构分析

计算公式为：业务利润比重＝某业务利润/利润总额、地区利润比重＝某地区利润/利润总额。

通过分析各业务或各地区对公司利润总额构成的结构分析，可以比较不同业务或不同地区的重要地位；通过分析结构比例的变化，可以寻找导致结构变化的因素和影响程度。

3. 多因素变动分析

多因素变动分析通常采用的分析方法是连环替代法，也称因素替代法。即通过顺次逐个替代影响因素，计算各相关因素变动对指标差异的影响程度。具体应用如下：

假定某项财务指标 P 受 a、b、c 三个因素的影响，存在的计算关系为 $P=a\times b\times c$；设基期指标 $P_0=a_0\times b_0\times c_0$，报告期指标 $P_1=a_1\times b_1\times c_1$，则 P_1-P_0＝指标差异。

报告期与基期数的差异 P_1-P_0 即为分析对象。应用连环替代法顺次逐个地计算即可得出 a、b、c 三个因素的变动分别对指标 P 变动的影响。需要说明，当分析某一个因素时，需将其余因素暂时当作不变的因素。

4. 企业盈利能力分析

盈利能力是指企业通过经营活动获取利润的能力。

企业盈利能力增强，带来的现金流入量越多，给予股东的回报就越高，企业价值也越大。分析和评价企业盈利能力的常见指标有：毛利率、总资产报酬率、净资产收益率等。

（1）毛利率

计算公式为：毛利率＝（主营业务收入－主营业务成本）/主营业务收入。

毛利率水平反映了企业的获利能力。它是企业实现利润总额的起点，也是企业承担营业费用、管理费用、财务费用等期间费用的能力。通过毛利率分析，掌握毛利和期间费用两个因素对利润总额的影响。

(2) 总资产报酬率

计算公式为:总资产报酬率=净利润/总资产平均余额=收入净利率×总资产周转率。

由公式可以看出,总资产报酬率取决于净利润水平和总资产周转速度。通过与行业数据和历史数据对比分析,可以发现企业的管理薄弱环节。

(3) 净资产收益率

计算公式为:净资产收益率=净利润/所有者权益平均余额。

通过对该指标的分析,可以反映出所有者投资的获利能力;可以为企业的投资者提供获得投资回报的信息;可以充分反映企业经营者对受托资产的经营成果。

1.5.5 创始人是否要阅读财务报表?

【答】:

答案是不但要读,而且一定要读懂。

通俗点讲:资产负债表,是判断你的资产中有多少真正是你自己的,有多少是通过负债转化而来的。资产负债表的左边,看到的全是资产,是可以用的资源;它的右边,是为了解释左边而存在的,说明左边资产的来源。

利润表主要说明税后利润产生的过程。作为老板,不能只盯着利润,因为常常看到表上有不少净利润,可是账上钱却没了。所以老板需要紧紧盯住银行账户上的钱,以及想想有没有钱还债,有没有钱给员工发工资,有没有钱购买生产资料等等。具体的净利润和现金流的解释如下:

(1) 净利润是利润总额中按规定交纳了所得税后公司的利润留成。

计算公式为:净利润=利润总额×(1-所得税率)。

净利润是一个企业经营的最终成果,净利润越多,企业的经营效益就越好;净利润越少,企业的经营效益就越差;净利润大于0,说明公司在盈利。

(2) 净现金流量是企业在一定会计期间内,按照现金收付实现制,通过一定经济活动(包括经营活动、投资活动、筹资活动和非经常性项目)产生的现金流入、现金流出及其总量的总称。

计算公式为:净现金流量=经营活动产生的净现金流量+投资活动产生的净现金流量+筹资活动产生的净现金流量。

净现金流量大于0,说明公司现金及现金等价物的总量在增加。

从定义可以看出:净利润和净现金流量不一样,净利润大于0时,净现金流量不一定大于0;相反,净利润小于0时,净现金流量也不一定小于0。净利润指标界定的基础是权责发生制;净现金流量指标界定的基础是收付实现制。两个指标既有重大的不同,又存在着内在的确定性联系。

那么,一家企业拥有多少现金才算合理?

传统观念中,企业应该拥有一定的流动资金,这些资金至少可以维持6个月的运营支出。但是,随着资金管理的进一步深化,我们建议加强现金流管理,整体分析企业的成本费用情况。

企业需及时更新完善现金流预测方案,充分考虑应急反应的时间期限,把各种可能情况涵盖在方案中,预测各种方案下的现金需求数量。

当现金不足时,要想办法确保有足够时间融资;当现金多余时,同样要想办法使用现金,如分红、加大研发投入、委托贷款、并购等等。总之不能干坐在钱上,要集中注意力,抓住时机,干一些正确的事情。

1.5.6 税务稽查来了,我们该怎么办?

【答】:

税务稽查,是税收征收管理工作的重要步骤和环节,是税务机关代表国家依法对纳税人的纳税情况进行检查监督的一种形式。税务稽查的依据,是具有各种法律效力的税收法律、法规及各种政策规定。具体包括日常稽查(有计划地检查管辖范围)、专项稽查(检查特定行业、纳税人、税务事宜)和专案稽查(以立案形式检查)。常见的税务稽查范围包括:

(1) 专项检查和行业整治。每年国家税务总局都会出一个文件,确定全国税务机关当年的稽查工作重点。

(2) 区域专项治理。由各省、市税务机关自行确定,发现本地某行业、某地区、某税种有严重偷逃税款隐患的,就组织一个阶段的专门检查。

(3) 重点税源企业。

(4) 举报案件及突发事件。

(5) 主管税所、专管员觉得有偷逃税款嫌疑的企业。

(6) 财务或经营情况出现巨大波动,或有重大涉税事项,比如突然出现巨额亏损、申请金额较大的税收减免,还有大型企业营改增、注销,等等。

针对税务稽查事项,企业财务人员能做的只有四条:

一是该提供的工作便利尽可能提供,账簿、凭证、各类报表、工资表、合同等等,尽可能按照稽查人员的要求提供。

二是做好配合工作，不要存在抵触对抗情绪，也别跟稽查人员要小聪明，要尊重对方的工作，但是没有必要害怕。

三是做好自查自纠工作，自查自纠出现问题与被税务局查出来，性质还是有很大区别的。所以，接到稽查通知后，抓紧时间自己把账过一遍，觉得哪少交了就主动补上，避免被处罚。

四是做好现场沟通反馈，稽查底稿要复印、核对要认真、应对要及时、措施要得当，做到有礼有节，有理有据。

1.5.7　享受了研发费用加计扣除政策优惠，财务上怎样体现？

【答】：

《企业所得税法》第三十条第（一）项所称研究开发费用的加计扣除，是指企业为开发新技术、新产品、新工艺发生的研究开发费用，未形成无形资产计入当期损益的，在据实扣除的基础上，按照研究开发费用的50％加计扣除；形成无形资产的，按照无形资产成本的150％摊销。按照《企业所得税法实施条例》第六十七条规定："自行研发的无形资产摊销期不得少于10年，即研发费用加计扣除政策可以在以后10年内享受；对于费用化的研发费用，加计扣除如果形成亏损可以享受5年。"

在实际执行过程中，由于财务人员对研发费用加计扣除的范围、申报环节和具体要求等不够了解，再加之会计核算与税法规定存在一定差异，常常造成企业在确定研发费用加计扣除范围和申报纳税过程中出现问题。现对应注意的几个问题进行整理：

1. 注意研发费用加计扣除范围

企业会计核算研发费用执行的主要依据是《财政部关于企业加强研发费用财务管理的若干意见》（财企〔2007〕194号），该意见列举的企业研发费用的范围比较宽泛。

而税法规定的允许税前加计扣除的研发费用，其执行的主要依据是《企业研究开发费用税前扣除管理办法（试行）》（国税发〔2008〕116号）和《财政部、国家税务总局关于研究开发费用税前加计扣除有关政策问题的通知》（财税〔2013〕70号）。通过比较，研发费用加计扣除的范围，在会计核算与税法规定之间主要存在以下差异：

（1）外聘研发人员的劳务费用

在会计核算中，这部分费用允许计入研发费用。但是在税务处理上，可计入加计扣除的研发费用仅限于在职直接从事研发活动人员的工资、薪金、奖金、津贴、补贴、社会保险费和住房公积金。外聘研发人员的劳务费用虽然是为研发项目而发生，但不可加计扣除。

（2）房屋的折旧和租赁费

在会计核算中，研发费用的范围包括房屋的折旧费和租赁费。但是在税务处理上，可计入加计扣除的研发费用指专门用于研发活动的仪器、设备的折旧费或租赁费，房屋的折旧和租赁费不在加计扣除范围。

（3）与研发活动直接相关的管理费用

在会计核算中，与研发活动直接相关的管理费用，包括技术图书资料费、资料翻译费、会议费、差旅费、办公费、外事费、研发人员培训费、培养费、专家咨询费、高新科技研发保险费用等。但是在税务处理上，除了技术图书资料费、资料翻译费可享受加计扣除外，其他的费用都不属于加计扣除的范围。

（4）其他相关的研发费用

在税务处理上，加计扣除的研发费用更多的是强调与研发项目相关的直接支出，注重专属性。如专门用于研发活动的软件、专利权、非专利技术等无形资产的摊销费用，专门用于中间试验和产品试制的模具、工艺装备开发及制造费。

若上述无形资产、模具、工艺装备等开发制造费，在进行新产品、新技术、新工艺研发的同时，还用于其他产品的生产经营活动，则不能享受加计扣除。

（5）从有关部门和母公司取得的研究开发费专项拨款

企业取得国家财政拨款，并纳入不征税收入的研究开发费用，以及从有关部门和母公司取得的研究开发费专项拨款，在计算研发费用加计扣除时应予以剔除。

2. 注意研发项目确认的立项要求

在会计核算层面，研发费用指企业在产品、技术、材料、工艺、标准的研究、开发过程中发生的各项费用。

对研发项目的立项基本无门槛，只要企业内部管理层认可就可立项。而税法规定的税前可加计扣除的项目，仅限于企业从事“国家重点支持的高新技术领域”和国家发展改革委员会等部门公布的《当前优先发展的高技术产业化重点领域指南》中的研究开发活动。

3. 申请研发费用加计扣除须把握三个环节

根据规定，企业享受研究开发费用税前加计扣除政策一般包括项目确认、项目登记和加计扣除三个环节。

具体地说，项目确认环节是指企业研究开发的项目需向政府（省辖市、县及县级市）科技部门或经信委申请项目确认，政府科技部门或经信委进行审核并出具《企业研究开发项目确认书》后，由政府科技部门或经信委等部门连同申请资料一同提交同级主管税务机关。

项目登记环节是指税务机关取得《企业研究开发项目确认书》后，对无异议或不予登记的项目，向企业出具《企业研发项目登记信息告知书》，告知项目登记号或不予登记的原因。

加计扣除环节是指已取得税务机关登记并发放《企业研究开发项目登记信息告知书》的企业，享受研究开发费用加计扣除时，应在企业所得税年度纳税申报前按规定进行备案。在企业所得税年度纳税申报时，企业对已经登记的研发项目所发生的研发费用，享受税法规定加计扣除优惠政策。

4. 注意报送相关涉税资料的要求

根据规定，对企业申报研究开发费用加计扣除的资料包括：税务机关发放的《企业研究开发项目登记信息告知书》《研究开发项目可加计扣除研究开发费用情况归集表》《研究开发费用支出明细表(委托开发项目填报)》；如果是集中开发项目，需同时报送研究开发费用决算表、费用分摊表和实际分享收益比例等资料；还需具有资质的中介机构出具的专项鉴证报告。

5. 注意汇缴申报的纳税调整

企业实际发生的研究开发费用在年度中间预缴申报时，允许据实扣除。在报送税务机关备案确认后进行年度汇缴申报时，才能对符合税法要求的研发费用进行加计扣除，调减当期应纳税所得额。

因此，纳税人在预缴申报时不得自行加计扣除。若纳税调整后的所得小于零，其因享受加计扣除而形成的亏损额或扩大的亏损额，可以按税法规定在其后的5年内进行弥补。

1.5.8 做企业同样不忘理财，如何开展税收筹划?

【答】:

税收筹划，作为纳税人的一种理财手段，可以为企业带来直接的经济效益，但也存在筹划不当违法偷税漏税的风险。以下是一些经验总结：

1. 技术转让收入

《关于技术转让所得减免企业所得税有关问题的公告》(国家税务总局公告2013年第62号)中提到：“可计入技术转让收入的技术咨询、技术服务、技术培训收入，是指转让方为使受让方掌握所转让的技术投入使用、实现产业化而提供的必要的技术咨询、技术服务、技术培训所产生的收入。”

确认技术收入应同时符合两个条件：一是在技术转让合同中约定与该技术转让相关的技术咨询、技术服务、技术培训；二是技术咨询、技术服务、技术培训收入与该技术转让项目收入一并收取价款。

《企业所得税法实施条例》规定，企业技术转让年所得在500万元以下的，免征企业所得税；超过500万元的部分减半征收企业所得税。需要提醒的是，新《企业所得税法》取消了原《企业所得税法》对技术咨询、技术服务、技术培训、技术承包等技术性服务收入免征所得税的规定。

因此，在500万元以内的高新技术企业技术转让收入，财务人员应及时到科技局和税务机关办理相关手续，争取免税。

2. 招待费

《企业所得税法实施条例》第四十三条规定："企业发生的与生产经营活动有关的业务招待费支出，按照发生额的60%扣除，但最高不得超过当年销售（营业）收入的5‰。"

新税法对招待费的税前扣除采取两头限制的方式，即业务招待费的发生额只允许税前列支60%，同时最高额不得超过当年销售（营业）收入的5‰。

那么，如何才能做到在限额以内既能充分列支，又能尽量减少纳税调整事项呢？

经过研究发现：企业应尽可能增加营业收入，提高税收扣除基数；应寻找最佳平衡点，以达到业务招待费税前扣除最高限额；应做好费用筹划，详细梳理招待费用明细，严格费用标准，准确分类归集。

3. 宣传广告费

从事软件开发、集成电路制造及其他业务的高新技术企业，从事高新技术创业投资的风险投资行业，自登记成立之日起的5个纳税年度内，经主管税务机关审核，广告费可以据实扣除。

上述高新技术企业、风险投资企业以及需要提升地位的新生长型企业，经报国家税务总局审核批准，企业在拓展市场特殊时期的广告支出可以据实扣除或适当提高扣除比例。

1.5.9 "小发票，大风险"，有没有？

【答】：

"发票"是财务人员最司空见惯的物件，是最熟悉不过的业务了。但是，你可不要小看它，发票是凭证，反映企业经营的业务情况，就是这一张小小的发票暗藏着玄机，忽视它可是要出大事的！我们要做好“五看六避”。

一看发票质量。假发票质地较差，用的纸张是普通纸，其印刷字体、荧光度与真发票相比都有质差，无税务水印防伪标志，即使有也印刷不清或印刷突出。

二看发票是否作废。有的已经在工商部门注销的单位，其税务发票未全部收缴销毁。此类发票若被不法经营者使用，不但经营者逃避了税款，也为某些单位伪造经济业务提供了方便。

三看发票刮擦奖区。假发票覆盖层较薄，且质地硬滑不宜刮出奖区隐藏文字，假的商品销售发票奖区覆盖层背面没有重叠“8”字码。

四看发票代码。通过咨询税务机关，可以核查出发票代码设定的含义和单位税号，再与具体印刷发票单位和发票开具单位的地理区域、服务类别相比对，可以核实发票真假。

五看发票内容。假发票存在内容印制不全或不规范的问题，可以通过互联网查询或根据税务机关提供的各类发票彩色票样核对发现。

一避假发票。假发票分为两类：一是发票本身就假，属市场上倒卖的非税务机关监制的假发票；二是发票本身是真，但反映的经济业务是假，属伪造经济业务事实的假发票。

二避篡改发票。目前公认的虚假经济业务开具的发票内容多为“办公用品”“电脑耗材”“打印纸”“烟、酒、茶”等。

三避套开发票。分开填写发票存根联、记账联、报账联，报账单位可通过在限定额度内随意填写金额以达到多报账的目的。

四避近似限额发票。比如千元版发票，开具金额可达到999元。此类发票可通过银行查询、实物查证、询问排查等方法确立疑点。

五避号码异常发票。发票号码连号或一项经济业务连开多张发票，断号号码间隔大或者时间长。

六避单位异常发票。一是频繁使用同一销售单位开具的各类商业发票；二是小商店大发票；三是多张餐饮或差旅发票一次报销。

1.5.10 初创企业财务风险，主要有哪些？

【答】:

初创企业财务风险主要集中在筹资、投资和运营环节，每一位创业老板必须做到心中有数。

1. 筹资要量力而行

不同来源、不同渠道的资金，会有不同的成本、不同的风险。公司筹集资金时，必须量力而行，实现不同融资渠道之间的平衡、民间融资与机构融资之间的平衡、直接融资与间接融资之间的平衡、内源融资与外源融资之间的平衡、短期资金与长期资金之间的平衡以及不同生命周期之间的平衡。

衡量融资情况，我们常常用财务杠杆来反映。财务杠杆越大，股本收益率越高，相应财务风险也越大。最优的融资情况，是在做好多个平衡后，量力而行得到的资本结构。

2. 投资要准确无误

公司可投资存货等短期项目，也可投资固定资产等长期项目。投放短期投资可以提高资金流动性，从而增加公司变现能力和偿债能力，但是会降低公司的获利能力。而资本投资项目一般需要数年甚至十几年的时间实行计划和实施，由于资金时间跨度长，未来投资报酬不确定，从而增加了公司的风险和不确定性。

衡量投资情况，我们常常用投资报酬率来反映。最优的投资情况，是在做好流动性、获利性等多因素平衡后，形成精准无误的投资结构。

3. 运营要勤俭节约

在运营过程中，企业常常超储积压存货、增加应收账款。存货流动性差，一方面占用了企业大量资金；另一方面企业必须为保管这些存货支付大量的保管费用，导致企业费用上升，利润下降。

长期有库存存货，企业还要承担市价下跌所产生的存货跌价损失及保管不善造成的损失，由此产生财务风险。在应收账款管理中，企业普遍存在只注重销售业绩，盲目赊销，造成应收账款失控，相当比例的应收账款长期无法收回，直至成为坏账，从而增加企业运营风险。

衡量运营情况，我们常常用运营周期来反映。最优的运营情况，是在做好销售、生产等多因素平衡后，尽可能缩短运营周期。

1.6 创业管理

创业是生活的一部分，我们只把它当作一种工具来用。创业需要管理，也是如此。

1.6.1 我们创业了，都是“兄弟”还要管么？

【答】：

几个兄弟一起创业，起初精力要专注于资源整合、商业模式构建。但一家公司“管与不管”从来不是问题，区别只是如何管。

当然企业还没有发展到足够成熟时，管理重心和焦点问题怎么处理，有没有万能式管理解决方案，需要探讨。可是请记住，有人的地方就有江湖，你们创业了，是一个组织，没有管理什么都不是。

1.6.2 一起创业就叫创业团队?

【答】:

你带着几个同学、朋友开了一家公司,此时此刻,你们就是创业团队。

创业团队,至少要有两个及以上的人组成。你们彼此间有利益关系,彼此合作承担创业责任,当然你们自然是企业管理群体。

狭义上讲,当你和几个朋友有同样目的、一起分享创业收益、承担创业风险,便是创业团队;广义上讲创业团队还包括与创业过程有关的各种利益相关者,如风险投资家、专家顾问等。

创业团队成员主要有初始创建者、核心员工、董事会、专业顾问,一个创业团队要有机会识别、机会开发、机会利用等方面的高能力。

创业团队组建“预警”:(1) 创业者有自我评估,确认团队成员相似性与互补性角色安排的能力;(2) 选择合作伙伴,拥有一致的价值观取向。

创业团队:一是集体创新;二是分享认知;三是共担风险;四是协作进取。

1.6.3 一个创业团队如何“养成”?

【答】:

再伟大的梦想,也要有人去实现。

所以,请记住创业是个从无到有的过程,需要付出无限的努力。面对变幻莫测的市场竞争,要成就伟大的创业梦想,光靠一个人的努力是不够的。只有一个创业团队的“养成”,才能让你梦想软着陆。

既然你们是一个团队,那么,风险与收益一同分担。这句话的意思是,莫要辜负与你同甘共苦的伙伴。

是否持有公司股权是衡量创业者与打工者的本质区别。对于创业者来说,通常先投入资金持有公司一定比例的股权,然后要全身心地付出才能从企业未来的收益中获得回报。给同伴的回报,是让其与你共同抱有对未来的期望,这是团队“养成”的必要条件。

在开始创业前,对创业团队的构成需要优先考虑。根据创业背景的不同,有几种方式可以考虑:

1. 个人创业

个人创业对应的是一种自由职业的模式,既不增加社会负担,又能够做自我感兴趣的事情。很多智力型、创意型、咨询服务型的知识型工作在某种程度上属于这种类型。

个人创业最好能有相对稳定的产品或服务接受方，这样便于创业者个人专注于自身擅长的领域，并维持自身的生存发展。

2. 单独创业

单独创业并不意味着做个体户式的创业，而是公司由一人独自投资发起成立（考虑到中国《公司法》的要求，通常象征性地找一位绝对信得过的亲朋好友做合资人）。

这种创业的前提是个人风险承受力高，具有所进入行业的行业背景与人脉，初期创业者能够完成主要的业务工作，能够快速招聘到所需的员工，毕竟公司要进一步发展，员工将日益扮演主要的力量。

单独创业的优势是企业决策简单，把股东间潜在分歧的影响降到最低。但单独创业的致命弱点是创业资源有可能不足，决策容易犯错误，也容易导致独断专行的弊端。

3. 合伙创业

这里的合伙不是指合伙制企业的合伙人，而是指公司制企业的合伙创业人。合伙创业是当今创业的主要形态，由于现代市场经济的主体是组织化运作的企业，组织能高效运作的前提是具有不同能力的各种人士的组合创造协同互补的效应。

合伙创业的优点在于能力互补且风险共担，创业合伙人都具有促进企业成功的不同方面的关键能力，这也是合伙的前提。同时，合伙人必须要有风险共担、利益共享的共同价值观。

合伙创业的缺点主要在于合伙人之间未来的冲突风险。

合伙创业的一大关键是合伙人中的领导者非常重要，创业团队只能在一个核心下开展工作，多核心的创业团队是不稳定的，未来一定会分崩离析。这一方面既是股权构成的比例问题，领导者必须绝对或相对控股，这样才能保证核心的权力；另一方面也是对领导者领导力的考验，领导者的业务能力并不一定要绝对突出，但是作为团队领导者，其人格魅力、感召力和坚持态度必须是所有创业者中最突出的，这样才能真正凝聚整个团队的力量。

4. 融资创业

融资创业在创业资本市场相对发达的今天相对容易实现。

这种方式本质上从企业设立之时起，其创业团队便由两部分共同构成：一是只投入资金的投资者（天使或 VC），二是全身心投入的创业者。

对投资者来说，未来的最终期望将是升值退出。对创业者来说，通过投资人资金的引入能帮助其尽快实现创业的梦想。

这种模式通常对创业者有非常高的行业背景或者独特创意的要求。优点是能有效降低创业的风险和个人经济的压力，但缺点是公司发展步伐与决策受投资者的影响很大。通常这种企业需要保持快速的发展步伐，一旦脚步放缓，则很有可能导致双方严重的分歧。

创业团队的组建很多时候是渐进明细的过程。所以企业在创立之初，便要考虑到今后的股权变更与扩展问题，有意识地考虑今后团队的变化，并预留部分股权空间给未来的优秀核心人才或者关键的资源引入。当然这种扩展是有前提的，那就是新人或资源的加入一定能给企业带来或创造更大的价值。

1.6.4 创业之初有哪些用人之道？

【答】：

选伙伴，“组团打怪”只是第一步。

识人之道、用人之道，才是创业团队能量最大化的途径。创业期用人之道的要义是：

1. 有能者居之

在创业期，企业都会面临事情多、人手少的问题。有能力的人，要让他承担更多的工作，这样企业才能发挥出每个人的最大价值，让每个人都贡献出最大的力量。依靠能力作为用人的标准，也是企业发展的一个重要原则。

在创业初期就要养成这种良好的企业文化，在公司形成一个报酬与能力直接相关，以能力来确定晋升的体制。

2. 用人不疑

初创企业能找到合适的人才确实不容易。在创业期使用人才时，要给以其一定的权限，要敢于放权，让员工能放开手脚去做事情。创业期对老板和员工来说，都是一个艰难的时期。老板要用真诚去打动员工，这样员工才能为企业全力去工作。

企业早期的市场都是靠员工拼搏出来的，早期的员工对企业的贡献也是较大的。企业老板要有选对人才的眼光，选定之后就要坚信不疑。要对员工有耐心，有信心。

1.6.5 你的创业“小王国”怎么搭班子？

【答】：

团队有了，你的创业“小王国”需要搭班子管理运作。

组织架构的设立与企业营收目标是相辅相成的。现在的市场环境一夜千里，所以对创业企业来说，必须要能快速地适应变化。对于企业来说，要有自己的“独门秘籍”，同时又能从容应对环境的快速变化。

因此在组织架构设计中，初创企业要尽量避免传统的过于职能化的部门设计，打破传统部门壁垒森严的格局。需引入项目化的运作模式，使得组织能更加富有弹性，并能适应未来的调整。

传统的架构是按职能作部门划分的，比如市场部、研发部、运营部等。引入项目化机制后，职能部门除了日常的职能型、事务型的工作，更重要的是配合企业当前的战略需要，为适应各种客户的需求，配合到各种项目组的实施中。

1.6.6 创业后的“任督二脉”用什么打通？

【答】：

一个创业公司，如同意欲习得顶级武学的高手。突破自我的临门一脚，是打通“任督二脉”。

企业文化，是一个企业所共同认同和遵循的价值观、信念和行为方式，也是创业公司起飞的“任督二脉”。

一般说来，企业文化可以从理念、制度、行为和物质四个层面来说。

理念层面是企业文化的核心部分，是确定企业的愿景、价值观和经营理念的重要指导。

制度层面是规范和管理企业的重要标准。企业各项用人制度，能保证企业发展的人才储备；企业各项管理制度，能实现企业安全生产。有什么样的制度，就会形成什么样的企业文化。

行为层面是企业文化的一个重要体现。高级管理者的行为，对企业文化的形成有直接的影响。高级管理者要带头做榜样，在企业形成良好的示范作用。

物质层面主要包括企业的办公环境、雕塑、内刊、宣传栏等一切可见的能够体现公司文化的东西。

从四个层面出发，打通“任督二脉”，得一把把地添柴加火：

(1) 理念层。最好能组织提炼公司的文化理念，然后用团队活动来分解理念。

(2) 制度层。完善公司各项制度，形成一切按制度办事、一切有制度可依的企业文化。

(3) 行为层。公司管理层的行为能够给下属员工带来很好的示范作用，在公司要培养用实际行动说话、办实事的企业文化。

(4) 物质层。作为创新企业文化,最为重要的是把员工的互动参与度做起来,而不是流于形式的拓展等。

1.6.7 豁然通畅,如何给企业找条快车道?

【答】:

“任督二脉”一通,眼前一片开朗,但大路、小路、快速道无数,如何选条快车道呢?这便是公司发展战略的选择问题。

通常说创业企业三年一道坎,创业公司“C轮死”。企业能够至少坚持三年,并最终迈过一道道坎的实属少数。对于创业低成功率有清醒的认识后,那么便要慎重地去考虑公司的发展战略。

按管理大师迈克尔·波特的竞争战略理论,公司在竞争市场上的成功要在低成本、差异化和聚焦这三种基本战略上找准定位并获得竞争优势,才有可能成功。

对于创业企业而言,低成本战略通常非常有挑战。低成本往往是规模化效应带来的结果,大规模生产对于初创企业是未来而非现状,所以通常不现实。初创企业除非能以更低的成本,做出市场上不合理高价产品的替代品,即具有性价比,否则很难快速建立低价的优势。

差异化是和创新紧密相关的战略。差异化要求做出与众不同的,能带来独特价值的产品或服务,这是创业企业成立和发展的机遇所在。尤其最近20年来的互联网时代,大量的有别于传统时代的产品和服务被创造出来,带来市场一轮又一轮的洗牌,本质上都是市场不断差异化的迭代产物。

聚焦是特别适合创业企业定位的战略。企业初创时,时间、资金、精力等各种制约企业生存与发展的因素都非常有限,一定要专注于做最有价值的工作。现在市场上成功的企业,往往在创业之初都能体现出专注且小而美的特征。

当今时代是VUCA时代,即Volatility(易变性)、Uncertainty(不确定性)、Complexity(复杂性)、Ambiguity(模糊性)的时代。为了适应这种变化的环境,要求企业在制定战略时,要具有足够的适应性和敏捷性。突出地反映在战略周期不宜过长,计划经济时代那种5年甚至10年的长周期计划在当今时代已经很难适应。建议5年以上的目标,更多的是以愿景和使命方式体现,创业者需要更加关注1～3年的中期战略,以及每季度或半年的短期目标。

1.6.8 驶入快速路，创业企业“目的地”在哪？

【答】：

一开进快速路，创业企业马上要问自己的“目的地”在哪，就是常讲的市场。

任何一家企业，当它从创业产品投放市场的那天开始，就已经对市场份额享有占有权，区别只在于市场份额所占有的高低。所以，从这一角度而言，创业者要学会把握市场，并采取措施牢牢地占领市场，然后逐步拓展市场，这无疑是企业定位的第一原则。因此，企业在进行市场定位战略时，应当对这一原则谨慎再谨慎，同时又要敢想敢做。该出手时就出手，往往有出奇制胜之妙。

发现市场，就是企业通过市场调研，了解市场上客户的需求，针对现存产品的现状，确定出自己产品的定位。要根据实际情况，大胆创新开发出更适合客户需求的新产品，并用各种营销手段把其推向市场。通过发现市场，把新产品推向市场是企业获得成功的关键一步。很多企业都是通过一个产品，形成一个品牌，最后走上成功之路。

发现市场后，企业要发挥出自身的优势，以最快的速度来生产产品、占领市场。一旦错失占领市场的先机，企业就会面临很大的竞争力。

市场的潜在需求被发现时，可能还在朦胧中，市场上还没有相应的供给。作为创业企业，要敢于创造出一个新的需求，进而形成一个新的市场。一种未知的需求一旦被创造出来，一个无形的市场也就形成了，从而使企业的可持续发展问题也随着市场的形成与拓展而被解决，这即是所谓的制造市场。

要制造市场，创业者需要用心“练内功”。一方面，科技的进步力量无穷，一个充满活力和想象力的人文环境，是制造之始。另一方面，客观不确定因素不可忽视，特别是一些产业结构变动和科技周期影响。

对于创业者主观因素而言，创新是制造市场的源泉。因为制造市场是在把握市场和发现市场后再采取行动的，它不同于企业初始阶段的挤占市场，而是企业必须通过自己的想象力去创造新市场，同时引导消费需求。可以这么说，制造市场是企业对自我的一种否定，不因循守旧，是对消费者加以善意的消费诱导。

1.6.9 创业企业到达“目的地”后，怎么做？

【答】：

快速路的转弯标识出现，创业企业到达第一个“目的地”——在纷繁复杂的机遇面前，如何挑选？

1. 表面市场机会和潜在市场机会

在市场上，企业要能分清表面的机会和潜在的机会。产品尽量往潜在的市场需求方向靠拢，这样才能持久地生存下去。未被满足的需求一般都是表面市场机会，企业应该寻找那种隐藏在某种需求后，未被满足的潜在市场机会。

2. 行业市场机会和边缘市场机会

每个企业都有它特定的经营领域。出现企业经营领域内的市场机会，称为行业市场机会；对于在不同企业之间交叉的机会，称为边缘市场机会。

企业一般都会对行业市场机会很重视，希望在行业里能够分得一杯羹。但是创业企业在资金、经验等方面都比较欠缺，在激烈的行业竞争下，获得成功的概率较低。所以，对于行业间的边缘市场机会，创业企业可以重点考虑。边缘市场机会一旦被抓住，也能形成一个比较稳定的市场，企业也能获得较为稳定的利润。

3. 目前市场机会与未来市场机会

在目前市场环境中出现的机会，被称作目前市场机会；而那些在目前市场上并未表现出大量需求，仅仅表现出一部分人的消费意愿，但通过市场研究和预测分析，将会在未来实现的机会，则是未来市场机会。

两者并没有明显区别，只是在于时间先后顺序和从可能转变为现实的客观条件是否具备。

一般来说，企业从发现有利的市场机会到推出产品，总是需要一定时间的。如果企业能提前预测到这种机会的出现，早做准备的话，就缩短了这一时间过程，获得领先优势。

市场细分之后，选择目标市场，主要有以下几种策略：

1. 集中性策略

企业将全部优势放在一个子市场，快速形成产品，动用一切手段把产品推向市场，并快速占领市场。对于创业企业来说，这种策略十分有效，它能使企业在短时间内获得市场知名度。

2. 差异性策略

创业型企业在资金和能力方面都存在不足，对于十分看好的多个市场，可以选择两个以上的市场作为目标市场，分别向每个市场提供有针对性的活动。最好能够使两个市场相互促进，发挥出协同效应，充分发挥出企业的现有资源和能力。

对于创业企业，一般不建议选择较多子市场，两个足以。最好两个市场能有效协同。选出目标市场以后，还要依据目标市场的市场潜力和竞争环境对其进行评估。

(1) 市场规模。对创业者来说,市场规模是创业者从目标市场所获得的业务量。市场规模大,企业的潜在业务量就大。做好产品是创业者的主要目标,通过产品的认可来实现规模的扩大。

(2) 发展潜力。一个规模小的目标市场,如果有发展潜力,也是具有吸引力的。创业企业要在潜力市场上下工夫、谋发展。一旦潜力市场被激活,企业也就会快速成长起来。

(3) 服务成本。不同市场中的购买期望值不同,所以为不同的目标市场服务,成本也就不同。创业企业在服务成本上要在保持成本适中的前提下尽快实现优质服务。创业者要做好前期没有利润,甚至亏损的准备。

1.6.10 “创业号”机车驶上快车道后,如何盈利?

【答】:

你的“创业号”机车在快速路上往返奔驰,那么利润从何处而来?一个企业价值创造的过程,便是价值链再造。

在市场经济下,任何企业生存与发展的根本在于创造价值,或者从财务角度来看,最终要实现盈利。价值的创造过程,按管理大师迈克尔·波特的价值链模型,应该包括以下内容:

企业盈利的过程,包括产品或服务创造过程和价值的传递过程,并通过最终客户购买获取相应收益。所以对于企业来说,在创造并传递价值过程中,每一环节都需要加以重视,但是这并不意味着企业必须永处最佳状态。尤其是初创企业,要在价值链中最大化自身优势,通过社会分工和外包,把价值最小或者自身并不擅长的部分,通过社会上更专业的服务商来提供。

1.6.11 想盈利,怎么让“产出”加速度?

【答】:

当知道如何赚钱后,每个创业者都会思考,怎样实现“产出”加速度。所谓兵贵神速,对于创业企业,就是要敏捷。

敏捷,是一种能适应外部环境变化的新管理方法,其作用与重要性正日益超越软件行业与项目管理。其正逐步发展成为通用理念,尤其对于互联网时代的创客们,由于创业所处的高风险、内外部环境快速变化等状况,敏捷化的创业管理显得尤为重要。

敏捷宣言：

个体和互动高于流程和工具

工作的软件高于详尽的文档

客户合作高于合同谈判

响应变化高于遵循计划

敏捷原则：

(1) 我们最重要的目标，是在最短时间内交付有价值的服务使客户满意。

(2) 即使在开发后期也欢迎需求变更。敏捷过程利用变更为客户创造竞争优势。

(3) 采用较短的项目周期(从几周到几个月)，经常性地交付可工作软件。

(4) 业务人员和开发人员必须在整个项目期间内每天一起工作。

(5) 围绕富有进取心的个体创建项目，提供他们所需的环境和支持，信任他们所开展的工作。

(6) 不论团队内外，传递信息效果最好且效率最高的方式是面对面交谈。

(7) 可工作的软件是度量进度的首要指标。

(8) 敏捷过程倡导可持续开发，发起人、开发人员和用户要能够长期维持稳定的开发步伐。

(9) 坚持不懈地追求技术卓越和良好设计，从而增强敏捷能力。

(10) 以简洁为本，它是极力减少未完成工作量的艺术。

(11) 最好的架构、需求和设计出自于组织团队。

(12) 团队定期地反思如何能提高成效，并相应地调整自身的行为。

尽管敏捷思想源自软件行业，但用产品替代文本中的软件，也可以适用于其他行业的产品开发。

敏捷思想特别重视相应客户需求与环境变化，通过短周期频繁迭代的模式，来适应和优化开发流程。如果能够以人为本来开发产品，那么更容易开发出对客户有更高价值的产品。

1.6.12 有大把的“产品”如何卖出去?

【答】:

通过敏捷思想，大把的产品服务摆在创业者面前。如何卖出，需要关键的市场营销策略。

成功的企业光有产品或服务远远不够，只有让客户认知并接受该产品或服务，并且最终愿意支付购买费用，才能真正实现价值。所以在整个企业运作体系中，如何有效开展市场营销工作，是企业成功的关键。

经典的营销讲究“4P”（产品、价格、推广、渠道）策略，即便放在互联网时代的今天，该理论也不过时。

由于现在是互联网时代，要做好营销推广，一定要把握线上与线下推广两条线。尽管在具体的创业领域中，工业品、消费品、有形产品、无形服务、线上服务、线下服务等具体业态会有所不同，但线上线下推广都不可或缺。

线上推广，通常分为付费推广与非付费推广两种方式。典型的付费推广为搜索引擎（尤其是百度）关键词搜索竞价排名，还有各种类型的门户型网站（新浪等）的付费广告推广。

搜索竞价是典型的精准营销，根据客户的搜索提供相应的信息，通常推广效果非常直接。由于效果越好的渠道，其支付的推广费用越高，所以事先一定要规划好付费推广费用资金，并及时做推广效果评估。

随着微博、微信等社交媒体的普及，通过社交媒体进行非付费推广显得更为重要。社交媒体的典型特征是口碑营销，所以营造话题、激发共鸣就成了该类营销成功的关键。

非付费推广，虽然可以节省付给营销平台的费用，但是无论是企业招聘专门员工做这块，还是外包给专业公司做，综合来看，花费在非付费营销推广方面的人工成本并不低。

线下推广，对于企业获取潜在客户关注也不可或缺，尤其行业间或客户间的交流机会，比如宣讲、会议、论坛、展会、交流等形式。这块工作相对网络营销而言更传统些，每次传播的受众通常也有限，但是线下推广的最直接好处是可以面对面交流，这是最直接的向客户进行展示的机会。

管理上，针对市场推广这块，很多成功的企业创始人在创业初期往往在这方面亲力亲为（比如乔布斯）。这样便于获得第一手市场信息，也能不断改进产品和服务，且便于企业发展后组建专门的营销团队来强化这方面的工作。

1.6.13 如何相待“上帝”？

【答】：

卖出了一批又一批产品，创业者也有了“上帝”，我该如何相待？

与营销推广工作侧重于销售前的信息传播相比，客户关系管理（CRM），则更加侧重于客户销售过程与售后服务。

客户关系管理,并不意味着一定要上马一套CRM软件,重要的是树立客户至上的理念,建立客户成本和提高质量服务的意识。

通过市场推广获得潜在客户需求,到最终实现客户对公司产品或服务的购买,这之间存在着转化率的漏斗效应。比如10个咨询量,最终只转化成2~3个成交量。加上之前获取咨询量的成本,使得每一个最终成交量对于企业来说都尤为珍贵。

为了有效转化客户并长期维护客户关系,对企业而言,富有成效的销售队伍和售后队伍尤为重要。

对于销售人员,除了具备沟通能力、谈判技巧外,关键是了解客户需求,洞察客户的要求重点,并提供相应的产品或需求服务方案。

对于售后人员,除了耐心细致服务外,非常重要的是有二次销售意识,使老客户不断产生新需求,为企业带来持续价值。

客户关系管理需要有效把握"二八原则",即:咨询量中的20%可以成为客户,客户中的20%具有持续购买能力。

1.7 知识产权

知识是生产力，是企业最大的投资。创业时代，也是知识产权愈发重要的年代。

1.7.1 创业企业只有专利，没有注册资本，怎么办？

【答】：

新《公司法》第二十六条规定：“有限责任公司的注册资本为在公司登记机关登记的全体股东认缴的出资额。”

由此可看出，新《公司法》已将注册资本从原先的实缴登记制修改为现在的认缴登记制。即公司股东可以自主约定认缴出资额、出资方式、出资期限等，并记载于公司的章程中。这样企业在初创时无需筹集较多资金，同时降低了企业初创成本，有效提高有限资本运营效率。

虽然新《公司法》降低了企业成立时注册资本的要求，但并不意味着股东之间的约定可以不履行或不按期履行。在出资期限截止前，股东都应按章程的约定补缴相应的出资。

新《公司法》第二十八条又明确规定："股东不按照前款规定缴纳出资的，除应当向公司足额缴纳外，还应当向已按期足额缴纳出资的股东承担违约责任。"

由此可知，股东迟早都要缴足出资。若股东还有专利等无形资产，出资方式就有更多选择，使得股东在成立公司时，缴足注资变得更容易。

新《公司法》第二十七条规定："股东可以用货币出资，也可以用实物、知识产权、土地使用权等可以用货币估价并可以依法转让的非货币财产作价出资；但是，法律、行政法规规定不得作为出资的财产除外。对作为出资的非货币财产应当评估作价，核实财产，不得高估或者低估作价。法律、行政法规对评估作价有规定的，从其规定。"

若专利权利人没有足够的货币资金投入注资，则完全可以通过拥有的专利实现投资入股，达到目标注册资本的愿望。而通过无形资产增资入股的好处也非常明显：

首先，无形资产增资入股是合法行为，在注册资本的比重理论上可以达到100%，没有垫资的风险，解决了股东货币资金不足的困难。

其次，股东通过无形资产增资入股，不仅无需缴税，而且可以节省一大笔货币资金，并把有限的资金投入到企业真正需要的环节中去，快速提升企业的发展。

再次，真正将无形资产资本化，不仅提升了公司的形象和实力，而且可以增强市场对企业的信任度，为企业获得更多竞争机会，比如"招投标"。

最后，从财务角度看，无形资产等知识产权资本化后，可以进行摊销，使企业每年账面利润合理减小，从而达到合理避税的目的。

1.7.2 只有专利"新鸟巢"，如何招来资本"金凤凰"？

【答】：

看了上一个问题的回答，大家对这个问题，应该马上就能联想到通过专利来作价入股与出资方合作。

比如你们可以协商通过成立一个新公司，来实施你的专利技术。成立时你将专利技术评估后作价入股，对方则拿出一定的货币资金入股，你们双方的股本比例总和为100%。

但要想实现专利作价入股，需要注意以下几个问题：

第一，投资入股的专利必须是所有权，不能是使用权。

目前全国除少数几个地区在试点专利使用权入股外，基本都是以专利所有权出资入股。因为使用权的转移，可能会受到许可协议的限制。

第二，投资入股的专利，必须是获权且有效的专利。

由于专利权是要国家知识产权局根据《专利法》的要求，进行审查后才能授予的一项法定垄断权，因此在没被授权前只能称为专利申请，此时还不是真正意义上的专利权，不具垄断市场的价值。同时授权的专利还必须是有效的，不能是失效的。因为失效的专利就进入了公共领域，不再具有排他的性质。

第三，专利必须经过评估才能实现入股。

虽然新《公司法》对出资的要求已改为认缴制，但对专利等无形资产入股的要求还是没有变的。

《公司法》第二十七条规定："对作为出资的非货币财产应当评估作价，核实财产，不得高估或者低估作价。法律、行政法规对评估作价有规定的，从其规定。"

第四，作为出资入股的专利权在实现入股后要转移到被投资方去。

换句话说，专利权人完成专利的投资后，要办理专利权转移手续，将专利权转移到今后实施的经济主体中，才能算真正完成专利权的出资入股。

1.7.3 创初企业品牌价值飙升的秘诀是什么？

【答】：

要建立品牌价值，并非一朝一夕。需要经营者提供的产品和服务，长期受到消费者的认可和信赖；日积月累地形成对品牌的认知度、好感度、忠诚度等好评感受，最终使品牌成为企业的一种宝贵的无形资产。

因此，品牌的建立并非是一件容易的事。初创企业要建立品牌价值，不仅需要一定的耐心和投入，同时也需要制定适合自身的品牌发展策略。

1. 申请商标

品牌形成的基础，首先是要有自己的注册商标，要有区别于同类经营者产品和服务的标识。

《商标法》第八条规定："任何能够将自然人、法人或者其他组织的商品与他人的商品区别开的标志，包括文字、图形、字母、数字、三维标志、颜色组合和声音等，以及上述要素的组合，均可以作为商标申请注册。"

在中国只有注册商标受到《商标法》的保护，而侵犯注册商标专用权的行为是违法行为，严重的还会触犯刑法。由此可知，注册商标是品牌价值的重要保障，也是区别于其他品牌的重要标识。

2. 定位创新

初创企业的生命力就是创新，一味靠低价做同质化的产品和服务是没有出路的。技术创新是企业存在和发展的基础，尤其是科技型初创企业更要注重技术创新。

通过新技术，生产新产品，树立新品牌，是技术型企业发展的基本路径。企业对品牌的建立必须以技术为主导，将技术创新作为企业生存发展的不断追求。如苹果公司对智能手机的不断技术创新，制造了一代又一代的新型通信终端，也创造了卓越的品牌价值差别优势。

3. 建立品牌文化

品牌文化，是企业产品在销售中逐步形成的文化积淀。代表了消费者对产品的认知和情感，是品牌与传统文化以及企业个性形象的总和。

树立品牌文化是一个长期的过程，在这个过程中将企业品牌理念通过各种途径有效地传递给消费者，进而占领消费者的内心，使消费者对企业的理念、文化、形象进行认同。

4. 价值评估

品牌价值是公司实力的一种体现，产生品牌产品、树立企业品牌价值是企业发展的目标和动力。通过扩大品牌影响力，提升顾客品牌的满意度，坚定顾客品牌的忠诚度，来实现品牌价值的提升。

通过对品牌价值的评估，不仅可以对具体品牌的价值进行量化，而且可以通过各个品牌价值的比较，更直观地了解名牌企业的状况。企业品牌价值的提升也可以吸引外部资金对公司的投资热情。

1.7.4 有人想买断我的软件著作权，但我想自己创业，怎么办?

【答】：

首先要认识到，这是好事儿。说明这款软件很有市场。

对方要买断你的软件，基本可以理解为购买该软件的所有权，这使得他们变成该软件新的权利人，从而达到支配该软件获利的目的。根据《计算机软件保护条例》第8条的规定，软件著作权人享有下列各项权利：

（一）发表权，即决定软件是否公之于众的权利；

（二）署名权，即表明开发者身份，在软件上署名的权利；

（三）修改权，即对软件进行增补、删节，或者改变指令、语句顺序的权利；

（四）复制权，即将软件制作一份或者多份的权利；

（五）发行权，即以出售或者赠与方式向公众提供软件的原件或者复制件的权利；

（六）出租权，即有偿许可他人临时使用软件的权利，但是软件不是出租的主要标的的除外；

（七）信息网络传播权，即以有线或者无线方式向公众提供软件，使公众可以在其个人选定的时间和地点获得软件的权利；

（八）翻译权，即将原软件从一种自然语言文字转换成另一种自然语言文字的权利；

（九）应当由软件著作权人享有的其他权利。

软件著作权人可以许可他人行使其软件著作权，并有权获得报酬。

软件著作权人可以全部或者部分转让其软件著作权，并有权获得报酬。

上述条款中除了（一）、（二）、（三）是人身权外，其余都是财产权，即可以获利的民事权利。因此，如果软件著作权人一旦将该软件所有权卖给对方，自己将没有权利再去靠该软件盈利，除非得到受让方的许可。

有一个两全其美的办法，就是软件著作权人先成立公司。

由于软件公司是典型的轻资产企业，投入不大，但收益可观。所以成立时完全可以通过软件著作权作价入股，再加上一点货币资金即可实现。公司成立后，将该软件著作权转移至公司名下，然后再以公司的名义与对方签订软件许可合同。

许可合同一般分独占许可、独家许可和普通许可。其中，独占许可是只有被许可人可以实施该软件，许可人都不可以实施；独家许可是除了被许可人可以实施该软件外，只有许可人可以实施；普通许可就是除了被许可人可以实施该软件外，不仅许可人可以实施，许可人还可以许可第三人实施。

因此，原权利人成立的软件公司要想销售该软件，最好采用独家许可或普通许可的方式，具体采用哪种方式由许可方和被许可方商定。总之，最后的许可方式应该是一种共赢的结果。

最后请权利人注意，许可合同也好，转让合同也罢，签订完后，最好拿去向国务院著作权行政管理部门认定的软件登记机构登记备案，以防不必要的纠纷。

1.7.5　怎么确认对方的专利真实可靠？

【答】:

作为投资方，当然要知道被投资的专利状况，必须真实可靠。

要做到确认，就必须做详细的分析，甚至是尽职调查。建议委托专业的第三方机构(如江苏五星知识产权服务中心)对其进行分析，目的是了解专利的质量到底如何，从而降低投资的风险。

首先，确定其中的核心专利技术，因为只有核心专利技术的价值是较高的，属于优质资产，值得投资。

其次，需进一步判断核心专利技术的法律因素、技术因素和市场因素。

法律因素包括专利的稳定性、可规避性、侵权风险等，这是判断专利质量的重要指标，也是影响专利获利能力的指标。专利之所以能在市场上获得超额收益，就是因为其排他性，而排他性的强弱主要来自专利的法律因素。因此，投资者需要根据法律因素的分析，判断专利垄断市场的能力以及是否存在诉讼风险等问题。

技术因素包括技术的先进性、成熟性和可替代性等，这是判断技术优劣的重要指标。技术是否领先，应与国内甚至国际同类技术进行比对，主要参考相关技术参数以及技术专家的意见。技术成熟性，决定着该技术对应的产品是否能走向市场。可替代性，表示能否被相同或类似技术取代的可能性。因此，投资者需要根据技术因素的分析，判断专利在行业中的地位，以及今后进入市场的可能性。

市场因素，更多的是分析专利技术对应的市场需求、竞争对手情况以及政策要求等指标。毕竟技术的价值首先来自于市场的需求程度，而竞争对手情况会影响市场份额，如有政策支持那就再好不过了。

这样，经过详细分析后，投资者基本对相关核心技术的状况有了比较全面的了解，对投资决策有了基本判断。

1.7.6　无形资产能用来注资么?

【答】:

无形资产是指企业拥有或者控制的，没有实物形态的，可辨认的非货币性资产。

无形资产具有广义和狭义之分。广义的无形资产包括货币资金、应收账款、金融资产、长期股权投资、专利权、商标权等，它们没有物质实体，而是表现为某种法定权利或技术。会计上通常将无形资产作狭义的理解，即将专利权、商标权等称为无形资产。

对于大多数技术型创业者来说，他们大都拥有发明专利，是否可以用发明专利出资注册新公司呢？回答是：当然可以！

《公司法》第二十七条规定："股东可以用货币出资，也可以用实物、知识产权、土地使用权等可以用货币估价并可以依法转让的非货币财产作价出资；但是，法律、行政法规规定不得作为出资的财产除外。对作为出资的非货币财产应当评估作价，核实财产，不得高估或者低估作价。法律、行政法规对评估作价有规定的，从其规定。”

无形资产出资注册新公司，主要有以下流程：

1. 新公司名称核准

要到拟注册公司所在地工商局办理公司名称核准，取得公司名称核准通知书。

2. 办理货币入资

《公司法》规定，货币资金不低于30%，需要在入无形资产之前办理货币入资。

3. 无形资产评估

无形资产评估机构的选择尤为重要。评估机构的资质和经验将影响无形资产增资的每一步，对增资成功与否起到重要作用。

无形资产评估机构要有资产评估资质，这一点可以根据评估机构的营业执照和资产评估资格证书来进行验证。仅有资质还不够，需要观察评估机构是否有无形资产增资评估经验，这一点可以从评估机构的客户名单及与评估机构人员交谈中得知。

4. 办理无形资产过户

根据工商局的规定，用于增资的无形资产必须是股东拥有的。所以在无形资产评估过程中或无形资产评估后，除专有技术（非专利技术）不需要到相关部门过户，其他无形资产均要到各自监管部门从股东名下过户到公司名下。此过程相当于货币增资中将货币打入银行账户。

以上四步完成，便可以到工商局办理无形资产入资手续。

1.7.7 出大事了，产品有人仿制，怎么办？

【答】：

首先不要冲动地进行维权，维权是最后的办法。

别人仿制你们的产品，说明你们的产品有市场，可以获得可观的收益。同时也要认识到，你也不可能把整个市场都占领。因此，首先考虑和对方谈判，许可他们制造、使用、销售你们拥有知识产权的产品。许可方式可灵活选择。

比如当对方拥有你感兴趣的技术或产品时，可以考虑交叉许可的方式，与对方谈判。所谓交叉许可，是指各方将各自拥有的知识产权使用权相互许可，互为技术供方和受方。在合同期限和地域内，合同双方对彼此的许可权利享有使用权、产品生产和销售权。各方的许可权利可以是独占的，也可以是非独占的。

双方权利对等，一般不需支付使用费。若对方没有什么值得交换的技术或产权，可以采取排他许可或普通许可的方式，和对方谈判。

关于许可合同,要明确许可类型、许可期限、双方的权利义务等一系列法律问题,最好请有经验的机构拟订许可合同。

若对方不接受上述要求,执意仿制,那就要准备维权了。这时要注意开始搜集证据,包括自己的权利证明文件、缴费凭证、许可合同等,以及对方的促销宣传材料、产品样品、产品销售合同、销售发票、视听资料等。维权途径主要包括向相关行政管理机关申请调解和处理以及司法诉讼。具体可以咨询专业维权机构。

1.7.8 好不容易研发成功并申请了专利,怎么还被告专利侵权?

【答】:

由于中国专利制度是先申请制,即同样的发明创造,谁先申请就归谁。因此,如果不在研发的时候仔细检索,看是否为已申请的专利技术,很可能研发的是已有的专利技术,那就存在侵权可能。

首先,要查明一些基本情况,比如侵犯的专利权是否存在;该专利权是否仍然有效;该专利何时申请的;该专利保护期到何时为止;该专利权人是谁;该专利权有无继承或转让等事项,以及这些行为是否符合法定手续。

更重要的是将研发的技术与专利权利要求进行对比,确定到底研发的技术有无实质性改进。

最好通过文献检索,查清在专利申请日之前,有无相同或相似的技术被记载在其他文献中,做到胸中有数,以便为在诉讼中变被动为主动打好基础。

其次,应对自己制造、销售的产品或方法进行分析对比,确认自己是否构成侵权;对方是否为真正的专利权人或专利权的合法继受人,或真正的利害关系人。

对方提出的发明创造,是否已获得专利权,是否仍在专利保护期内。

判断专利是否侵权,主要是发明专利与被指控的侵权产品两者在技术上是否相同或等同。由专利技术相关的专业人员对对方的专利进行认真研究,主要包括审阅专利的权利要求书,了解对专利内容的解释及范围或可能的各种等同物。

分析被指控侵权的专利在使用、制造、销售等方面是否属于《专利法》第六十九条规定的侵权例外的情况。

将对方专利权的技术与现有技术进行对比,弄清楚对方已获专利的有效性,看看该专利是否还在有效期内,是否被宣告无效。

通过以上几项内容的分析和对比,我们基本可以确定自己的专利是否对他人的专利构成侵犯。

最后,若自己实施的行为确属侵犯了他人的专利权,应和对方主动沟通,真诚道歉,以求得谅解,采取有效的方案化解专利纠纷。

如果不属于侵犯专利权,或对方的专利权并无专利性可言,可采取其他相应的对策,比如利用专利无效程序无效掉对方的专利。

随着市场机制越来越成熟,通过知识产权来维护自身市场利益的方式也会越来越多地被采用。在激烈的市场竞争中难免会遇到这种情况,但千万不要慌张,做到知己知彼,才能百战不殆。

1.7.9 知识产权如何直接变现?

【答】:

目前国内知识产权变现的途径主要有三种:融资、许可和转让。

1. 融资

融资,主要是指知识产权的质押融资。即债务人或者第三人,依法以其知识产权的财产权利出资,将该财产权作为债权的担保。

债务人不履行债务时,债权人有权依法以该财产权折价,或者以拍卖、变卖该财产权的价款优先受偿。在中国,有三种知识产权均可质押融资,但都有各自的主管部门和法律规定,具体如下表所示:

知识产权类型		主管机关	法律法规依据
专利权	发明、实用新型和外观设计专利	国家知识产权局(专利管理司)	《中华人民共和国专利法》《专利权质押登记办法》
著作权	文字、音乐、计算机软件等作品著作权	国家版权局(中国版权保护中心)	《中华人民共和国著作权法》《著作权质权登记办法》
商标权	注册商标(未注册商标无法质押)	国家工商行政管理总局(商标局)	《中华人民共和国商标法》《注册商标专用权质权登记程序规定》

权利人若想采取质押的方式,最好先咨询相关金融机构是否接受知识产权质押贷款业务,需要哪些条件和要求等问题后,再决定是否采取该途径。

2. 许可

许可,也是一种可以将知识产权变现的手段。即权利主体可以通过许可费获得收益。但能许可的知识产权一般都是有市场、有需求的,所以对许可的知识产权要求比较高。

而许可类型以及要注意的问题前述都有说明，在此不再赘述。

3. 转让

转让，是指在知识产权出让主体与知识产权受让主体之间，根据与知识产权转让有关的法律法规，双方签订转让合同，将知识产权的享有权由出让方转移给受让方的法律行为。出让方通过转让费获得收益。

具体采取哪种方式转让，应根据自身需要、交易成本、市场情况等因素综合确定。以专利质押为例，所谓专利质押融资，其实是担保物权的一种。

具体指债务人或者第三人，依法以其专利权中的财产权利出质，将该财产权作为债权的担保。债务人不履行债务时，债权人有权依法以该财产权折价或者以拍卖、变卖该财产权的价款优先受偿。

通俗地讲，就是将专利权作为质押物向金融机构(银行)申请贷款。这种方式有效缓解了中小微企业的融资难题。

2014 年，中国知识产权金融服务工作取得显著成效，全年专利权质押金额达 489 亿元，较上年增长 92.5%；惠及 1 850 家中小微企业，较上年增长 31.3%。

如果要申请办理专利权质押贷款，首先申请人必须是合法的专利权人。若是一项专利有两个以上的共有权人，需要提供其他共有权人同意质押的书面文件。

其次，要有两年以上和专利有关的经营业绩，有偿还贷款本息的能力。还要有良好的信用记录，如果是企业，则企业和法人等无不良信用记录。

满足以上条件后，就可以向当地贷款机构提出贷款申请。一般来说，专利权质押贷款的期限通常不超过 1 年，而贷款利率一般是在基准利率的基础上浮动执行。

需要注意的是，实现专利质押的最终环节不是金融机构的认可，而是专利权质押合同应当完成登记。质押合同可以是单独订立的合同，也可以是主合同中的担保条款。

根据《专利权质押登记办法》第七条的规定，申请专利权质押登记的，当事人应当向国家知识产权局提交下列文件：

（一）出质人和质权人共同签字或者盖章的专利权质押登记申请表；

（二）专利权质押合同；

（三）双方当事人的身份证明；

（四）委托代理的，注明委托权限的委托书；

（五）其他需要提供的材料。

专利权经过资产评估的，当事人还应当提交资产评估报告。

其他相关要求请参照《专利权质押登记办法》等法规。

1.7.10　其他公司使用我的专利技术生产产品并销售，怎么办？

【答】：

首先，要确定你的专利技术是不是其他公司正在使用的技术。

具体判断方法，可参照上面问题中判断是否侵权的办法。若该公司使用的技术的确落入你的专利保护范围，那么他们就侵犯了你的专利权。

当然，你也不必马上启动司法程序，可以参照之前的办法，先告知对方他们侵权的事实，然后和对方谈判。许可他们实施你的技术，同时开始搜集侵权的证据。若对方不接受许可的条件，那再启动司法程序，通过法律程序来维护自身的权益。

这里需要注意的是，由于对方已使用并生产销售，因此，你在判断是否侵权时，也要注意对方对该技术有没有申请相应的知识产权保护。若有，还需进一步判断彼此是否存在差异，你的技术是否会落入对方的保护范围。只有把相应的因素全都排除或确定了以后，才能进行后续的步骤，比如成立公司，许可实施等。

所以，前面对专利权定性的分析判断非常重要，具体可以咨询专业的服务机构来帮助你判断。

1.7.11　又招标了，我的注册资金貌似又不够，怎么办？

【答】：

目前，很多招标都设定注册资金的门槛。因为传统观念认为，注册资金是对企业技术的一种认可。这是一种信号，同时也标志着投标企业的实力。

但这样无形之中把很多有技术实力、敢于创新、刚创业不久且注册资金较低的企业拒之门外。以前很多企业为了迅速弥补注册资金的不足，四处借款来增资，不仅给自身带来很多还款压力，同时也增加了企业的风险。

办法一：之前的问题中已经说过，遇到这种情况，企业的股东可以用知识产权等无形资产来增资。这样不仅操作简单、风险低、成本低，而且可以长期递减企业所得税。

需要注意的是，具体操作中需要和评估机构确定被投资的无形资产类型和个数，争取用最小的成本实现注资。

办法二：吸引投资机构注资。

目前很多投资机构都在四处寻找投资的项目。若企业真如你所说成长性好，有较好的商业模式，知识产权也不错，完全可以试着和投资机构接触，吸引他们的投资来实现增资。

但带来的问题是原股东的股权将不可避免地被稀释，因此需要原股东权衡利弊做出相应的决策。

1.7.12 我是老师，专利以学校名义申请的，怎么使用？

【答】：

由于高校的教师有较强的科研能力和资源，所以这两年高校教师创业越来越普遍，但随之而来的问题也越来越多。高校教师在学校申请的很多科研成果，比如专利，都是以学校的名义申报的，因此学校才是真正的权利人。而根据中国知识产权相关法律的规定，未经权利人许可，任何单位或者个人都不得实施相关专利技术。因此高校教师创业，不能直接使用在学校申报的专利等知识产权。即使向学校申请许可或转让相关专利技术，也很麻烦，毕竟这都涉及国有资产的问题，而中国对国有资产的管理是很严格的。

在现有环境下，高校教师创业，首先要了解创业目标地区的政策。有些地区的政策会对高校教师和科研人员有较好的支持。比如南京的创业政策《科技九条》，该文件中说明了在宁高校科研人员创业享有的政策支持，相关条款如下：

1. 允许和鼓励在宁高校、科研院所和国有事业、企业单位科技人员（包括担任行政领导职务的科技人员）离岗创业，3年内保留其原有身份和职称，档案工资正常晋升。

2. 允许和鼓励在宁高校、科研院所和国有事业、企业单位职务发明成果的所得收益，按至少60%、最多95%的比例划归参与研发的科技人员（包括担任行政领导职务的科技人员）及其团队拥有。

3. 允许科技领军型创业人才创办的企业，知识产权等无形资产可按至少50%、最多70%的比例折算为技术股份。

高校、科研院所转化职务科技成果，以股份或出资比例等股权形式给予科技人员个人奖励，按规定暂不征收个人所得税。申请设立企业注册资金在10万元以下的，其资金注册实行“自主首付”办理注册登记，其余出资两年内缴足。

4. 允许和鼓励在宁高校、科研院所科技人员（包括担任行政领导职务的科技人员），在完成本单位布置的各项工作任务前提下在职创业，其收入归个人所有。

5. 在高校、科研院所以科技成果作价入股的企业、国有控股的院所转制企业、高新技术企业实施企业股权（股权奖励、股权出售、股票期权）激励以及分红激励试点。

设立股权激励专项资金，对符合股权激励条件的团队和个人，经批准，给予股权认购、代持及股权取得阶段所产生的个人所得税代垫等资金支持。

由此可知，在南京不仅鼓励高校科研人员保留编制出来创业，而且也鼓励把高校的科研成果折算成股份或收益与创业团队分享。

因此，高校的教师创业时可以与学校一起成立公司，学校用专利技术入股，今后由企业实施这些专利技术，产生的收益可以按照约定分配。

1.7.13　成果不适合申请专利，项目申报又要专利，怎么办？

【答】：

拿化学类专利来说，的确有别于机电类的专利。由于其领域的技术含量高，都是活动或微观层面的技术，不像机电类专利那么直观。因此在知识产权保护策略上，也略有不同。

像配方、组分等化工技术，的确可以通过技术秘密的方式来保护，但前提是企业有一套成熟的技术保密机制。因为一旦保密机制不健全，将自己的技术秘密泄露出去，甚至到了竞争对手那里，将会造成惨重损失。保密机制不仅包括对技术文件的保密，更重要的是对相关技术人员的管理和制约。中国创业公司在这方面能做好的不多，因此需要专业的服务机构协助。

由于化工类技术的特点，大都适合申请发明专利，而要保密相关核心技术还要达到专利授权的要求，就需要采取一些技巧。比如撰写专利文件时，可以使用最小公开换取最大保护这种技巧。

如果专利要解决的技术问题是合成某化合物，则对应的技术方案只要能合成该化合物即可。即使产率只有1%，远远达不到商业化标准，但对于该专利要解决的技术问题来说已足够。

对于竞争对手来说，即使使用了该专利，也无法对自己形成威胁。类似的技巧还有很多，建议企业咨询专业机构来申请适当专利，以达到自身的目的。

还有一个办法，就是通过可靠渠道购买相关专利。

随着中国近几年知识产权行业的繁荣发展，专利申请量越来越多，技术更新越来越快。很多企业拿到专利后，又申请了新的专利，原来的专利就想放入市场处理。这些专利大都获权2～3年，不需要付出较多的成本即可获得，因此对于创业者来说，这也不失为一种获取专利的选择。

1.8 法律风险

无规矩不成方圆，人生如此，创业同是如此。法律是创业者不可逾越的底线。

1.8.1 我们是一家科技型创业企业，可能遇到哪些法律风险？

【答】:

1. 法律风险的类型

（1）普遍性法律风险：法律、行政法规、部门规章、地方法规等。

（2）行业性法律风险：法律规范对于行业管理的特别规定。

（3）个别性法律风险：因企业特殊情况涉及的法律规范。

（4）合同文本法律风险：有未根据交易目的设计合同条款？合同有未实现利益最大化？

（5）交易过程法律风险：合同履行如何监管？采购是否按规定程序进行？各类合同审批是形式还是真正的风险控制？

（6）赔偿责任类法律风险：控股股东、发起人、股东；实际控制人、董事、监事、高管、清算组成员赔偿责任。

(7) 刑事处分类法律风险:危害公共安全罪——事故类、肇事类;破坏市场经济秩序罪——产品、走私、妨害管理秩序;破坏金融管理秩序、危害税收、侵犯知识产权、扰乱市场秩序等。

(8) 其他类型法律风险:企业并购风险等。

2. 法律风险可细分为诸多风险点

(1) 供应商及采购管理法律风险。

(2) 合同管理及文本法律风险。

(3) 产品质量及产品责任法律风险。

(4) 消费者权益法律风险。

(5) 知识产权法律风险。

(6) 广告宣传及产品表述法律风险。

(7) 销售及分销商管理法律风险。

(8) 人力资源管理法律风险。

3. 防范与控制措施

(1) 涉及范围及工作内容:制度、流程、有交易优势的合同等文本。

(2) 依据经验、假设优化流程、制度、文本等不同层面的设计。

(3) 战略层面:退避、分散、转移、传导、合法化;战术层面:承受、抑制、预防、全面防范。

(4) 最到位的防范需要企业的竞争优势和交易优势。

1.8.2 我们是一家科技型创业企业,如何依法引入战略投资机构?

【答】:

(一) 需要适度引进战略投资者,尤其在成长期公司的控制权不能旁落

案例:张家港某化工公司在企业发展的过程中,引进了多轮投资人,导致企业的实际控制人的股权比例只有40%,失去了对公司的控制权。后因市场环境及证券市场发生变化,未能如期上市,该公司的生产经营发生了困难。后各投资人纷纷起诉公司及实际控制人,导致该公司现在已经进入破产重整程序。

因此,在初创型公司引进战略投资者时,就应当注意公司的股权结构问题。在公司的高速发展阶段,不能失去对公司的控制权,否则,有可能会给公司带来灭顶之灾。

(二) 企业不同的阶段,应选择不同类型的战略投资者

从企业的生命周期看,其在不同阶段面临的问题和需求都不同;需要引进的战略投资者所起的作用亦不同。

1. 公司处于萌芽期时应当引进的投资人

企业初始创业时,其技术不完善,产品质量不稳定,市场前景不明朗,经营管理不规范,同时还缺乏创业资金。在这一阶段,公司应当引进天使投资,其会利用自身的人才及信息优势,为企业进行产业、产品、市场和风险等方面分析与研究,为企业提供有关产业及技术等方面的信息支持。

2. 公司处于成长期时应当引进的投资人

处于成长期的公司要进一步拓展市场,因此需要庞大的资金来为其快速发展提供支持。企业在此过程中,维护高速运转状态的专业经营与管理知识不足,各项管理制度得不到及时建立和完善;现有团队容易产生冲突,企业的发展潜伏着危机。此时,应当引进 PE,为企业提供财务与管理方面的咨询与服务,制定企业经营发展战略,为企业进一步发展提供资金融通;更主要的是积极帮助企业上市,这也为投资资金寻找到了合适的退出途径。

综上所述,科技创业企业引进战略投资者,可以贯穿于企业成立发展壮大的全过程,具体适用应当结合企业所需时机,在企业不同的阶段,应选择不同类型的战略投资者。

1.8.3 创业企业如何保护知识产权?

【答】:

及时申请专利,包括发明、实用新型、外观设计等,及时进行商标注册。否则,一旦被其他公司抢注,将会给企业带来巨大的损失。

与其他公司签订合作协议,需要请专业的律师进行审查,尤其要明确各自的知识产权范围。初创企业与大公司进行技术合作,要特别注意知识产权保护以及开发产品阶段的技术保密工作。

一旦遭遇侵权行为,则应当收集相关的证据,采用合法的手段维护自己的权益。目前我国的知识产权法律保护体系在不断地完善中,初创企业也要学会拿起法律的武器,保护自己的知识产权。

1.8.4 我国目前几部与知识产权相关的法律有何异同？

【答】:

我国目前涉及的与创业有关的知识产权法律有《专利法》《著作权法》《商标法》等。

1. 取得权利的方式、条件不同

(1) 专利权，只有当专利申请人向国家专利主管机关提出申请，并经该机关审批核准后方能产生。对于两个以上各自独立完成的、内容相同或近似的发明申请，中国《专利法》规定，专利权授予在先申请人，有些国家专利法规定授予最先发明人。

(2) 著作权，世界上多数国家，包括中国在内，采取自动产生的原则，著作权只强调作品表现形式的独创性。两个以上各自独立完成的作品，只要其思想内容的客观表达形式不同，即便思想内容雷同，也可以自动产生著作权。

2. 客体不同

专利权的客体，是具有新颖新、创造性、实用性以解决某一实际问题的新的技术方案；而著作权的客体是文学、艺术和科学著述创作的客观表达形式。

3. 权利的保护期限不同

《专利法》规定发明专利的保护期限是 20 年，实用新型和外观设计专利的保护期限均为 10 年；而《著作权法》规定公民作品的著作财产权的保护期限为作者终身及死后 50 年。

4. 立法宗旨不同、法律保护的内涵与外延不同

《专利法》是为了保护发明创造专利权，鼓励发明创造，有利于发明创造的推广应用，促进科学技术进步和创新，适应社会主义现代化建设的需要而制定的。

《商标法》是为了加强商标管理，保护商标专用权，促使生产、经营者保证商品和服务质量，维护商标信誉，保障消费者和生产、经营者的利益，促进社会主义市场经济的发展而制定的。

《著作权法》是为了保护文学、艺术和科学作品作者的著作权以及与著作权有关的权益，鼓励有益于社会主义精神文明、物质文明建设的作品的创作和传播，促进社会主义文化和科学事业的发展与繁荣而制定的。

5. 权利形成的程序及管理部门不同

专利工作由国家知识产权局及专利局承担；商标注册和管理工作由商标局承担；著作权的产生无需办理任何手续，著作权行政管理职能由国家新闻出版署和国家版权局共同承担。

6. 违法和侵权行为的法律责任不同

对专利、商标、著作权等权利客体造成侵犯和危害，可能同时构成行政、民事和刑事法律责任。

专利、商标、著作权等违法和侵权的行政责任存在着差异，民事责任基本趋同，刑事责任据情节不同而有所不同。

1.8.5 创业企业能不与员工签订劳动合同么？

【答】：

若不与员工签订劳动合同，会给公司带来巨大的潜在法律风险。

案例详情：

徐某于2010年7月进入某某置业公司工作，双方签订书面合同。约定合同期限自2010年7月1日起至2011年6月30日止。合同期满后，徐某仍在该公司工作，双方未续签合同。2011年11月30日，双方协商解除劳动合同。2012年2月13日，徐某向姜堰劳动人事争议仲裁委员会申请仲裁。仲裁委员会裁决，该置业公司支付徐某未签订书面劳动合同的双倍工资的50%，即22 000元。该公司不服提起诉讼，法院维持裁决。

案例分析：

《劳动合同法》第八十二条第一款规定，用人单位自用工之日起超过一个月不满一年未与劳动者订立书面劳动合同的，应当向劳动者每月支付两倍的工资。

本案双方签订的书面合同期限届满后，徐某继续在公司工作了5个月，但该公司未与其续签书面劳动合同，故应支付徐某2011年8月1日至2011年11月30日计4个月的两倍工资。因徐某已取得一倍的工资，所以该公司应支付另一倍工资22 000元。

案例启示：

签订劳动合同，不仅是用人单位的义务，同时也是保障用人单位用工权的一种方式。用人单位不签订劳动合同，自身用工也存在很大的风险。用人单位不与劳动者签订劳动合同的法律风险，主要体现在以下三个方面：

(1) 用人单位不签订劳动合同，存在向劳动者支付两倍工资的风险。

根据《劳动合同法》第八十二条第一款的规定，用人单位自用工之日起超过一个月不满一年未与劳动者订立书面劳动合同的，应当向劳动者每月支付两倍的工资。可见,用人单位应自用工之日起一个月内与劳动者签订书面劳动合同,否则,劳动者有权向单位主张未签订劳动合同期间两倍的工资。

(2) 用人单位不与劳动者签订劳动合同超过一年的,应当与劳动者订立无固定期限劳动合同。

根据《劳动合同法》第十四条第三款的规定,用人单位自用工之日起满一年不与劳动者订立书面劳动合同的,视为用人单位与劳动者已订立无固定期限劳动合同。《劳动合同法实施条例》第七条规定,用人单位自用工之日起满一年不与劳动者订立书面劳动合同的,自用工之日起满一个月的次日至满一年的前一日应当依照《劳动合同法》第八十二条的规定向劳动者每月支付两倍的工资;并视为自用工之日起满一年的当日已经与劳动者订立无固定期限劳动合同,应当立即与劳动者补订书面劳动合同。

用人单位在"视为已订立无固定期限劳动合同"的情况,仍应当与劳动者签订无固定期限的书面劳动合同。因此,自"视为"订立之日起到劳动者退休之前,用人单位与劳动者之间只存在解除劳动合同的问题,不再有终止的问题。而用人单位只有在出现法定理由的情况下,才能单方解除劳动者的劳动合同,否则,用人单位无权单方解除劳动合同。

(3) 不签订劳动合同,用人单位的商业秘密难以得到保护。

《劳动合同法》第二十三条规定,用人单位与劳动者可以在劳动合同中约定保守用人单位的商业秘密和知识产权相关的保密事项。对负有保密义务的劳动者,用人单位可以在劳动合同或者保密协议中与劳动者约定竞业限制条款,并约定在解除或者终止劳动合同后,在竞业限制期限内按月给予劳动者经济补偿。劳动者违反竞业限制约定的,应当按照约定向用人单位支付违约金。第九十条规定,劳动者违反本法规定解除劳动合同,或者违反劳动合同中约定的保密义务或者竞业限制,给用人单位造成损失的,应当承担赔偿责任。因此,用人单位可以与劳动者在劳动合同中约定保守用人单位商业秘密和知识产权的条款;对负有保密义务的劳动者,用人单位可以在劳动合同或者保密协议中与劳动者约定竞业限制条款,劳动者违反竞业限制约定的,应当按照约定向用人单位支付违约金。

如果用人单位与劳动者签订了劳动合同,则劳动者保守用人单位的秘密是其法定义务。但如果双方没有签订劳动合同、约定保密条款或保密协议,没有明确保密范围和法律责任,则用人单位就很难证明哪些属于商业秘密。因此,一旦出现劳动者泄露用人单位商业秘密的情况,用人单位的合法权益将很难得到切实的维护。

综上所述,用人单位和劳动者签订劳动合同,可以及时准确地处理劳动争议、强化双方的守法意识、保护双方的合法权益，从而减少劳动争议的发生。

1.8.6 创业企业在和员工签订劳动合同时，特别要注意哪些要点？

【答】：

不论何种公司，在签署劳动合同面前，一视同仁。

案例详情：

王某自 2007 年 10 月起在某广播电视局工作，负责电台编辑工作。双方签订的劳动合同内容为：

某广播电视局业余人员（主持人、通讯员）报酬协议

甲方：某广播电视局

乙方：王某

（1）乙方必须遵守新闻职业道德。

（2）乙方遵守甲方的各项管理规定。

（3）甲方按照考核结果及时按月支付乙方报酬。

（4）乙方有权提出终止本协议，但必须提前一个月时间告知。

（5）如乙方违反职业道德标准，或违反甲方有关管理规定，甲方有权终止本协议。

（6）乙方工作所涉及的知识产权归甲方所有。

（7）本协议有效期为签订之日起到 2008 年 12 月 31 日。

（8）本协议一式三份，本局人秘科一份，甲乙双方各执一份。

2009 年 6 月，王某领取了 2009 年 1 月至 5 月的工资 5 090 元后就没再上班，并于 2009 年 7 月 27 日申请仲裁，认为双方的协议不具备《劳动合同法》必备的条款，不是有效的书面劳动合同。其要求某广播电视局支付未签订书面劳动合同的双倍工资。仲裁委员会支持了王某的仲裁请求。某广播电视局不服诉至法院，法院维持裁决。

案例分析：

本案中用人单位与劳动者虽签订了书面合同，但合同的内容过于简单，不具备合同的必备条款，无法根据合同的内容确定双方的权利和义务，劳动合同并未成立。故法院判决某广播电视局向王某支付 11 个月的双倍工资。

案例启示：

（1）用人单位在与劳动者建立劳动关系时，不能以为只要签订了一个书面合同，就已经履行了法定义务。

(2) 不仅要坚持与劳动者签订书面劳动合同,而且要签订有效的劳动合同。一份有效的劳动合同要包括法律规定的必备条款,明确双方的权利和义务。

根据《劳动合同法》第十七条规定,劳动合同应当具备以下条款:

(一) 用人单位的名称、住所和法定代表人或主要负责人;

(二) 劳动者的姓名、住址和居民身份证或其他有效身份证件号码;

(三) 劳动合同期限;

(四) 工作内容和工作地点;

(五) 工作时间和休息休假;

(六) 劳动报酬;

(七) 社会保险;

(八) 劳动保护、劳动条件和职业危害防护;

(九) 法律、法规规定应当纳入劳动合同的其他事项。

同时,企业在与员工签订劳动合同时,还需要注意以下 3 点:

1. 劳动合同的签订时间

自用工之日起一个月内订立书面劳动合同即可。否则,用人单位须向劳动者支付双倍工资。自用工之日起超过一年未与劳动者签订书面劳动合同的,视为双方已经形成无固定期限劳动合同。

2. 劳动合同的期限

劳动合同的期限有三种:有固定期限的劳动合同、无固定期限的劳动合同和以完成一定的工作为期限的劳动合同。

所以用人单位与劳动者在签订劳动合同时,要根据双方的需求来协商确定劳动合同的期限。

同时,如果有约定试用期,试用期是包含在劳动合同期限内的;若劳动合同仅约定试用期的,试用期不成立,该期限为劳动合同期限。

以完成一定的工作为期限的劳动合同,或者劳动合同期限不满 3 个月的,依照《劳动合同法》规定该情形不得约定试用期。

3. 对非全日制用工要特别注意

(1) 非全日制劳动者,在同一用人单位一般平均每日工作时间不超过 4 小时。每周工作时间累计不超过 24 小时。

(2) 非全日制用工不得约定试用期。

(3) 非全日制用工小时计酬标准不得低于最低小时工资标准。

(4) 非全日制用工劳动报酬结算支付周期最长不得超过 15 日。

(5) 用人单位必须为劳动者缴纳工伤保险，否则发生工伤事故则要承担相关责任。

1.8.7 创业企业如何保证规章制度合法有效？

【答】：

即使是创业公司，规章制度的制定也一样不能不重视，制定程序及制度内容都必须合法。

(一) 案例

案例详情：

2009 年 4 月 13 日，赖某与某大型连锁超市公司签订了劳动合同，约定：赖某任营运部门总经理，如其严重违反劳动纪律、公司规章制度和双方有关约定的，公司可以立即解除合同。

2010 年 9 月，赖某作为营运部经理组织召开营销会议，会议当晚晚餐后，包括赖某在内的约 20 人到 KTV 唱歌，产生了 2 160 元的饮酒费用，经赖某审批同意，由各门店分摊报销了该笔费用。

2010 年 11 月 3 日，公司以赖某严重违法公司《员工手册》和《禁止滥用酒精和药物备忘录》规定为由，决定单方解除劳动合同。

该公司《员工手册》规定："任何同事在处理公司业务或在公司内或者附近驾驶或乘坐公司车辆时，如受到酒精饮品或者非法毒品的影响、正在喝酒、吸毒或者持有酒精饮品或非法毒品，都将被立即解雇"。

《禁止滥用酒精和药物备忘录》规定："……公司不鼓励饮用酒类饮品，亦不承担消费该酒类饮品的费用。遵守滥用酒精及药物政策，是决定续聘员工的一个条件。"

赖某不接受公司的解约决定。法院判决，公司单方解除劳动合同的决定缺乏依据。

案例分析：

本案中，《员工手册》《禁止滥用酒精和药物备忘录》规定了劳动合同被解除或者劳动合同延续的条件，涉及员工切身利益，应当经职工代表大会，或者经全体职工讨论等民主程序。

但公司制定该政策未依法通过民主程序，依法不能作为解除劳动合同的依据。据此，公司单方解除劳动合同的决定是缺乏依据的。

案例启示：

企业管理需要规章制度，但是制定规章制度必须要坚持民主。用人单位的规章制度，只有在满足实体合法和程序合法的情况下才有效。

用人单位的规章制度制定的程序，包括下面两个方面：

(1) 规章制度首先提交职工代表大会或者全体职工讨论，由职工代表大会或全体职工提出方案或意见。

(2) 用人单位的规章制度应该告知劳动者。许多用人单位并未意识到第二点的重要性。在员工入职之时，也只是将规章制度发给员工，有的企业甚至只是大概给员工讲解一下。

岂不知这样在发生劳动争议的时候，用人单位很难提供证据，证明已经将规章制度的具体内容告知了员工。

用人单位可以用作公示或告知的方法有很多，比如：签收，就是在员工入职之时可以让员工签署《规章制度签署单》；考试，在平时的工作评估时对此部分进行考核；层层培训，在对员工进行培训的同时加入规章制度的培训；传阅以及发放等。但无论采取何种方式，用人单位都应该保存好相关证据，比如签收单、会议纪要、培训登记、讨论情况等。

(二) 规章制度主要应包含哪些方面

从大的方面来说，规章制度主要应包括录用管理、合同管理、考勤管理、薪酬管理、休假管理、培训管理、调动管理、岗位考评、奖惩规定、离职管理等方面。

在实践中，规章制度的制定要重视以下两点：

1. 在规章制度的离职管理部分，应详细阐述员工办理离职手续的具体流程。

根据《劳动合同法》第五十条第二款的规定，劳动者应当依照双方约定，办理工作交接。此条仅对员工离职手续做了指导性的规定，用人单位应在规章制度中对离职手续进行具体、详细的规定，并应在员工登记表中或者劳动合同中约定："员工离职时，应按照公司规章制度办理离职手续。"以充分利用规章制度规范劳动者离职手续的办理。用人单位还应准确把握员工离职时工作交接的时间，工作交接应安排在劳动者提出辞职后的30日内或者在劳动合同到期之前的30日内，否则容易造成事实劳动关系。

实践中，还要特别注意员工离职时，经济补偿金及工资发放时间的区别。根据《劳动合同法》第五十条第二款的规定，用人单位依照本法有关规定应当向劳动者支付经济补偿的，在办结工作交接时支付。可以将法律规定的"办理工作交接时"理解为办理完毕之后或者办理过程中支付。但是，对于工资的支付时间法律却有明确的规定。根据《工资支付暂行规定》第九条的规定，劳动关系双方依法解除或者终止劳动合同时，用人单位应在解除或终止劳动合同时，一次付清劳动者工资。因此，用人单位应当根据法律规定在规章制度中对离职工资的交接进行单独的规定，而不能按照实践中经常采取的工资发放日期作为离职工资的发放时间。

根据《劳动合同法》第五十条第一款的规定，用人单位应当在解除或者终止劳动合同时出具解除或者终止劳动合同的证明，并在 15 日内为劳动者办理档案和社会保险关系转移手续。因此，用人单位还应该在规章制度的离职管理部分明确员工离职之时档案关系的转移时间以及具体办理程序。

2. 规章制度中的奖惩规定可以与工作交接相结合，这样用人单位可以更好地保障自己的权益。

在实践中，常常会出现劳动者既不配合用人单位的工作交接，也不领取当初离职时应领取的补偿金，此时用人单位该如何保障自身权益呢？

用人单位应在规章制度中明确规定："劳动者拒不配合用人单位进行工作交接的，属于严重违反规章制度的行为。"根据《劳动合同法》第三十九条第二款的规定，劳动者严重违反用人单位规章制度的，用人单位可以解除劳动合同。并且在此种情形下解除劳动合同的，用人单位无需支付经济补偿金。

这样劳动者一旦出现拒不配合的情形，用人单位就可以以此为由，解除劳动合同。这样会对劳动者产生两个方面的影响：(1) 对于原本有经济补偿金的劳动者，会丧失经济补偿金；(2) 对于自动辞职的劳动者，劳动关系终止的原因会由辞职转变为因严重违纪而被公司解除劳动合同，这对其以后的再就业会产生一定的影响。

1.8.8 竞业限制协议、保密协议很重要，哪些员工要签署？

【答】：

两种协议哪些人需要签署，不妨从具体争议说起。

(一) 什么是竞业限制

竞业限制，是指劳动者在终止或解除劳动合同后的一定期限内，不得在生产同类产品、经营同类业务或有其他竞争关系的用人单位任职；也不得自己生产与原单位有竞争关系的同类产品，或经营同类业务。

在竞业限制期间，用人单位需按月向劳动者支付经济补偿。劳动者违反竞业限制约定的，则应当按照约定向用人单位支付违约金。

案例详情：

王宏进入光洁公司从事保洁工作，双方签订劳动合同、竞业限制协议，约定王宏与光洁公司解除或终止劳动合同关系后3个月内，不得到与光洁公司有竞争关系的家政公司、物管公司等工作。

双方协商解除劳动合同后，光洁公司以王宏离职后仍继续从事保洁工作为由提起劳动争议仲裁，要求王宏支付违约金4 000元。经过仲裁和诉讼，法院终审判决光洁公司与王宏签订的竞业限制协议无效。

案例分析：

使用竞业限制的人员，限于用人单位的高级管理人员、高级技术人员和其他负有保密义务的人员。本案中，王宏从事保洁员工作，不应纳入竞业限制主体范围，所以光洁公司与王宏签订的竞业限制协议无效。

案例启示：

用人单位不得任意限制劳动者的择业权，与劳动者签订竞业限制协议应当合理、合法，违反法律规定扩大人员使用范围的行为无效。

在实践中，用人单位往往针对以下几类人员签订竞业限制协议：

(1) 高层管理者；

(2) 技术研发人员；

(3) 高级营销人员；

(4) 重要管理岗位的人员，如财务管理人员。

所以，并非任何员工都需签订竞业限制协议，仅仅是那些掌握了单位商业秘密的员工，才可能成为竞业限制的适体。而用人单位，则要承担证明该员工掌握了本单位商业秘密的责任。

(二) 签订竞业限制协议时有什么注意事项

案例详情：

徐某于2005年进入某公司任综合办公室主任，月工资为2 200元。双方最后一次签订的书面合同期限自2009年1月1日起至2011年12月31日止。

2008年4月28日，双方签订竞业限制协议，约定：徐某离职后，在竞业限制期限内，公司每月按照徐某平均月工资的35%支付经济补偿。未经公司同意，徐某在职期间不得自营或者为他人经营与本公司同类的行业；离职后2年内，不得到与公司生产或经营同类产品、业务有竞争关系的其他用人单位工作。

2010年7月，双方协商解除合同，徐某离开公司。因徐某向公司索要竞业限制补偿款，双方发生争议。法院判决公司按协议支付徐某竞业限制经济补偿。

案例分析：

徐某系公司综合办公室主任，属于公司管理人员，负有保密义务，双方签订的竞业限制协议合法有效。在徐某离职后，公司应按协议约定支付竞业限制经济补偿。

案例启示：

在与劳动者签订竞业限制合同时，应注意以下事项：

1. 明确竞业限制对象

竞业限制的对象不是全体员工，必须是企业中知悉商业秘密的员工。《劳动合同法》规定，竞业限制的人员，限于用人单位的高级管理人员、高级技术人员和其他负有保密义务的人员。

竞业限制是对劳动者就业权利的限制，故单位在与劳动者签订协议前，要明确是否有签约必要，不是所有劳动者都要签署。

2. 明确竞业限制的范围

竞业限制的范围，是指对劳动者再就业时的择业限制范围。《劳动合同法》规定，竞业限制的范围由用人单位与劳动者约定，但约定不得违反法律、法规的规定。

3. 明确竞业限制的地域

竞业限制的地域，是指对劳动者再就业时地域的限制。《劳动合同法》规定，竞业限制的地域由用人单位与劳动者约定，但约定不得违反法律、法规的规定。

4. 明确竞业限制期限

《劳动合同法》规定，竞业限制期限由用人单位与劳动者约定，但不得违反法律、法规的规定。同时规定，在解除或者终止劳动合同后，劳动者到与本单位生产或者经营同类产品、从事同类业务的有竞争关系的其他用人单位，或者自己开业生产或者经营同类产品、从事同类业务的竞业限制期限，不得超过两年。

这就意味着，上述特定的竞业限制协议的年限不得超过两年，否则超过的期限无效。

5. 明确补偿金的支付时间和支付标准

由于竞业限制合同限制了公民劳动的权利，因此，根据公平原则，企业必须给劳动者相应的经济补偿。

《劳动合同法》规定，对负有保密义务的劳动者，用人单位可以在劳动合同或者保密协议中，与劳动者约定竞业限制条款；并约定在解除或者终止劳动合同后，在竞业限制期限内按月给予劳动者经济补偿。《江苏省劳动合同条例》对竞业限制期限内的经济补偿数额有明确规定。

（三）哪些员工需要签订保密协议

保密协议，是指协议当事人之间就一方告知另一方的书面或口头信息，约定不得向任何第三方披露上述信息的协议。负有保密义务的当事人违反协议约定，将保密信息披露给第三方的，将要承担民事责任甚至刑事责任。

一般来说，与企业签订保密协议的员工包括：

1. 高级研究开发人员、技术人员、经营管理人员

他们或者掌握着企业的核心技术，或者担任企业的主要管理工作，掌握着企业的重要经营信息，他们是签订保密协议的主要对象。

2. 一般技术支持人员和关键岗位的技术工人

他们虽然不是最主要的人员，但是也有可能接触到企业的核心技术，企业也有必要与他们签订保密协议。

3. 市场计划、销售人员

他们是经营决策的实施者，了解企业的营销计划、客户名单，因此企业也会与他们签订保密协议。

4. 财会人员、秘书人员、保安人员等

他们都有可能由于岗位的原因而了解到企业的商业秘密，如果不与他们签订保密协议，他们很可能有意或无意地泄露企业的商业秘密。

总而言之，保密协议保守的是用人单位的商业秘密，因此用人单位只应当与接触、知悉、掌握商业秘密的员工签订保密协议，而不是普通员工或职工，更不能是全体员工。

当然，企业还应当根据自身的性质和情况，分析确定企业中的哪些人员掌握了商业秘密。对于某些不在保密岗位和技术岗位的普通员工，在工作中有意或无意获悉公司的商业秘密的，也应该列入保密主体的范围。

（四）签订保密协议时有什么注意事项

用人单位签订保密协议必须采用法定的书面形式，并且条款必须明确、清晰。签订的方式既可选择订立专门的保密协议，也可选择在劳动合同中约定相应的保密条款。用人单位应从以下四个方面来把握签订保密协议时的注意事项：

1. 必须严格遵循合同的公平原则。

根据《合同法》第五条规定，当事人应当遵循公平原则确定各方的权利和义务。公平原则是《合同法》的基本原则。保密协议要具有法律效力，必须与其他协议一样，首先必须遵循公平原则。在劳动领域中订立保密协议的法律依据是《劳动法》第二十二条的规定，劳动合同当事人可以在劳动合同中约定保守用人单位商业秘密的有关事项。所以，用人单位在与劳动者订立保守商业秘密的有关事项时，必须严格遵循公平、公正的原则，兼顾双方的利益。

2. 必须明确保密的范围，尽可能将保密的范围阐述详细。

由于每个企业都有其自身的特点，每个企业的商业秘密都不尽相同，即使是同一企业，处于不同的发展阶段时所持有的商业秘密也会有所变化。所以，用人单位在与劳动者签订《保密协议》时务必明确保密的主体、对象、范围和保密义务期限等。

对其中的保密主体还应进一步把握，除了技术岗位和保密岗位这两种明确的涉密岗位外，还有不承担保密义务的，但在工作中有意或无意获悉了商业秘密的一般员工，都应将其列入保密主体的范围，使其承担相应的保密责任。

3. 必须规范特殊方式的操作。

用人单位无论是采取竞业限制、脱密期保护还是其他特殊方式的操作，都应予以规范。采取竞业限制方式，需要注意约定的时间及补偿金的支付时间；采取脱密期保护方式，适用对象一般只限于掌握企业重要商业秘密的技术人员和管理人员。

用人单位对有关人员的脱密处理，可采取调换岗位、变更劳动合同内容等措施。对于脱密时间，一般不得超过劳动合同解除或终止前 6 个月。

4. 不能与劳动者约定违约金，只能要求劳动者赔偿损失。

根据《劳动合同法》第二十五条规定，除员工违反服务期约定或违反竞业限制义务两种情形外，用人单位不得与劳动者约定由劳动者承担违约金。因此，保密协议中不得约定员工泄露企业商业秘密时应当支付违约金，只能要求员工赔偿由此给企业造成的损失。

1.8.9 创业企业员工入职有“特殊关照”么？

【答】：

不能因是创业公司，便过于简化入职要求。

(一) 要进行充分详尽的入职登记

根据《劳动合同法》第八条的规定，用人单位有权了解劳动者与劳动合同直接相关的基本情况，劳动者应当如实说明。

可见，按照《劳动合同法》的规定，劳动者没有向用人单位主动告知的义务，用人单位要预防欺诈，必须主动向员工了解情况。那么，最便捷的方式通常是合理设计入职登记表，将用人单位想要了解的内容全部囊括其中。

劳动者如实告知的内容是“与劳动合同直接相关的基本情况”，主要是指劳动者的姓名、年龄、有效身份证件号码、家庭住址、健康状况、学历、工作经验、工作现状等情况；另外，单位可结合自身需求，将与劳动合同直接相关的基本情况更具体化。

（二）要进行审慎的入职背景调查

企业除要求劳动者在入职之初进行基本信息登记外，还应当尽到慎重审查的义务。主要有：

1. 入职材料真实性审查

用人单位如未慎重审查，使得劳动者以欺诈手段入职，将会导致劳动合同无效；对于因劳动者的过错而导致劳动合同无效，给用人单位造成损失的，劳动者应当按照《民法通则》所确立的实际损失原则，承担因其过错而对用人单位的生产、经营和工作造成的直接经济损失。

因此，认真审核员工材料至关重要，包括核实劳动者个人资料的真实性，比如学历证明、从业经历、职业资格、通讯住址等。必要的情况下，还要进行适当的调查，以尽到审慎义务。

2. 劳动合同解除或终止的审查

招用与其他用人单位尚未解除或者终止劳动合同的劳动者，给其他用人单位造成损失的，应当承担连带赔偿责任。

因此，招用劳动者时，要求其提供与前单位解除或终止劳动合同的证明，并保留原件。如尚未解除劳动合同的，应要求其原单位出具同意该员工入职的书面证明。

3. 竞业限制义务的审查

要求劳动者承诺未承担竞业限制义务，并向原单位进行核实，以免发生不可预测的诉讼风险。

（三）要尽到如实告知的义务

根据《劳动合同法》第八条的规定，用人单位招用劳动者时，应当如实告知劳动者工作内容、工作条件、工作地点、职业危害、安全生产状况、劳动报酬，以及劳动者要求了解的其他情况；用人单位有权了解劳动者与劳动合同直接相关的基本情况，劳动者应当如实说明。可见，劳动者与用人单位虽均有如实告知的义务，但两者在告知义务方面是存在区别的。用人单位必须主动履行告知义务，而劳动者是在用人单位主动询问时，才需履行自己的如实告知义务。若用人单位未询问，劳动者无需主动告知。

并且，根据《劳动合同法》第二十六条第一款的规定，以欺诈、胁迫的手段或者乘人之危，使对方在违背真实意思的情况下订立或者变更劳动合同的，劳动合同无效或者部分无效；第三十八条第五款的规定，因本法第二十六条第一款规定的情形致使劳动合同无效的，劳动者可以解除劳动合同；第四十六条第一款规定，劳动者依照本法第三十八条规定解除劳动合同的，用人单位应当向劳动者支付经济补偿。可见，若用人单位未履行告知义务，劳动者有权以用人单位未履行告知义务存在欺诈为由，主张劳动合同无效，用人单位还应向劳动者支付经济补偿。

（四）要及时与劳动者签订书面劳动合同

根据《劳动合同法》第十条的规定，建立劳动关系，应当订立书面劳动合同。已建立劳动关系，未同时订立书面劳动合同的，应当自用工之日起一个月内订立书面劳动合同。同时根据《劳动合同法》第八十二条的规定，用人单位自用工之日起超过一个月不满一年未与劳动者订立书面劳动合同的，应当向劳动者每月支付两倍的工资。用人单位违反本法规定不与劳动者订立无固定期限劳动合同的，自应当订立无固定期限劳动合同之日起向劳动者每月支付两倍的工资。可见，劳动合同未在用工之日起一个月内及时签订，用人单位既要支付劳动者两倍的工资，又可能造成用人单位与劳动者之间形成无固定期限劳动合同。因此，用人单位必须及时与劳动者签订劳动合同。

（五）单位的规章制度要进行公示

根据《劳动合同法》第四条第四款的规定，用人单位应当将直接涉及劳动者切身利益的规章制度和重大事项决定公示，或者告知劳动者。同时，在实践中，仲裁机构或人民法院裁判的依据是用人单位的规章制度内容和程序是否合法。只有内容和程序两项均合法，仲裁机构或者人民法院才对单位的规章制度予以认可。

（六）要全员缴纳社会保险

根据《劳动合同法》第三十八条第三款的规定，未依法为劳动者缴纳社会保险费的，劳动者可以解除劳动合同；同时根据第四十六条第一款的规定，劳动者依照本法第三十八条规定解除劳动合同的，用人单位应当向劳动者支付经济补偿。可见，社会保险的缴纳是用人单位的法定义务，用人单位未按规定为劳动者缴纳社会保险可能导致员工据此提出离职而要求用人单位支付经济补偿金的风险。因此，单位应当在员工入职时就社会保险的缴纳做好如下工作：

（1）对于新入职的员工，用人单位应当在30日内为其向社会保险经办机构申请办理社会保险登记，并按时足额缴纳保险费；

（2）对于已在外地缴纳社会保险的员工，单位应当要求其提供相应的参保证明或缴费凭据；

（3）对于员工拖延提交社保登记所需个人资料的，单位应以书面形式告知其拖延提交的法律后果，并要求员工在通知上签字确认。

1.8.10 创业企业有员工离职，需要关注哪些问题?

【答】:

(一) 尽量协商解决，并签订解除劳动合同协议

员工离职，是公司日常经营管理中的常见问题。规范离职流程，是避免离职员工与单位产生矛盾，甚至导致劳动仲裁的第一道防范措施。因此，无论员工是自行辞职，还是单位解除，均应当签订解除劳动合同协议。协议应当具备以下内容：

(1) 员工与公司之间的劳动合同履行情况，员工离职的原因等事实部分。因双方未出现争议，建议双方可以在协议上载明，系双方协商一致解除劳动合同。

(2) 员工与公司之间就履行劳动合同期间工资、加班工资、社保费用、住房公积金等均已结清，若需要支付经济补偿金的，亦需在协议中明确数额及支付方式。

(3) 明确双方就劳动合同无任何其他争议。

(二) 员工离职以后，公司应当按照法定程序办理离职手续

即使员工提交了辞职申请或者在未履行辞职手续的情况下即离开单位，单位也应当及时要求员工办理辞职手续。若是不及时办理离职手续，单位仍然需要承担相应的法律责任。因此，根据不同的情况，单位应当分别应对。

(1) 员工提交了辞职申请的，还是需要签订解除劳动合同协议，并办理相应的离职手续。

(2) 若员工在未履行辞职手续的情况下即离开单位，单位也应该结合本单位规章制度的规定，首先发通知给员工，通知其前来上班，否则视为旷工；其次，若其对通知不予理睬，再行发通知给员工解除其劳动合同；最后，还需办理离职手续，并将相关手续以书面形式送达给劳动者。

(3) 若员工不予配合办理离职手续，相关的通知及离职手续可以交其同住成年亲属签收；直接送达有困难时可以邮寄送达。如果被送达职工下落不明的，也可公告送达，即张贴公告或通过新闻媒介通知。自发出公告之日起，经过 30 日，即视为送达。但是用人单位能够以直接送达或邮寄送达方式而未用，直接采用公告送达的，视为无效。

(三) 用人单位应当合法履行劳动合同解除或终止后的附随义务

劳动合同解除或终止后，用人单位负有如下随附义务：

(1) 在解除或者终止劳动合同时，为劳动者出具解除或者终止劳动合同的证明。

解除或终止劳动合同的证明，是劳动者进行失业登记的必备条件。《劳动合同法》

第八十九条规定,用人单位违反本法规定未向劳动者出具解除或者终止劳动合同的书面证明,由劳动行政部门责令改正;给劳动者造成损害的,应当承担赔偿责任。

(2) 在15日内为劳动者办理档案和社会保险关系转移手续。

《劳动合同法》明确规定,劳动者依法解除或者终止劳动合同,用人单位扣押劳动者档案的,由劳动行政部门责令限期退还劳动者本人,并以每人500元以上2 000元以下的标准处以罚款。

1.8.11 初创企业履行合同时,有哪些问题需要谨记?

【答】:

(1) 履行合同应当高度重视"过程管理",强调"事中控制";

(2) 应高度重视合同履行过程中证据的收集和保管;

(3) 业务过程中不要收受对方的礼金、回扣、手续费等。

案例详情:

A公司在B公司买了一批总价款为40万元的计算机软件,双方在买卖合同中约定:B公司为A公司提供3年的免费维护。不久以后,A公司在使用这批软件的过程中遇到了一些问题,于是通知B公司给予技术支持。但是B公司在接到A公司的传真后,没有派人到A公司检查,也没有向A公司说明情况。当A公司派人到B公司通知该情况时,B公司才表示计算机出现问题是硬件问题,与B公司提供的软件无关,不属于保修范围,故没有派人到A公司检修。A公司不同意B公司的说法,于是以B公司没有履行合同为由,拒绝支付欠B公司的1万元价款。B公司为了要回价款,起诉A公司。

案例分析:

本案涉及的是有偿合同履行和责任承担问题。所谓有偿合同,是指当事人双方都在享有权利的同时,要承担对等价值的义务的合同,如买卖合同、租赁合同等。本案经法院审理认为,原告B公司既然和A公司约定3年免费服务,那么就应该履行该条款。在B公司接到A公司的传真后,没有及时派人检修也没有向A公司作情况说明,其行为属于履行义务有瑕疵。最终,法院驳回了原告B公司的诉讼请求。

案例启示:

(1) 合同中约定的条款都应当履行,没有有偿与无偿之分;

(2) 既然违约,就应当承担违约责任。

1.8.12 初创企业对外经营签订各类合同时，如何规避风险？

【答】：

在企业经营过程中，企业需要签订的合同很多，因而企业的合同管理能力相当重要。

案例详情：

发包方在《建筑施工承包合同》中，分阶段设定施工期限并赋予合同约束力，有利确保了工期。

合同规定：工程于1993年12月1日开工，具体以发包方下达书面开工令为准，工期为25个月，于1995年12月31日竣工交付使用。

合同具体规定：钻孔灌柱及围护工程，3.5个月；基础±0.00，3.5个月；结构封顶，10个月；装饰扫尾，8个月。

案例分析：

合同对工期的违约责任规定：因乙方的分阶段施工进度未达到本合同规定的计划要求，经甲方催促后乙方采取赶工措施仍无效果，甲方有权终止合同，由此造成的一切直接和间接经济损失均由乙方承担。在合同履行过程中，承包方在基础阶段施工时拖延了工期，发包方书面催促要求在30天内采取赶工措施并达到分阶段的形象进度，但30日期满承包方仍未实现目标。因合同约定很明确，发包方顺利终止合同，双方对承包方撤离现场及承担损失和善后处理很快达成一致。

案例启示：

合同的内容由当事人约定，一般包括以下条款：

(1) 当事人的名称或者姓名和住所。

(2) 标的；数量；质量；价款或者报酬；履行期限、地点和方式；违约责任；解决争议的签订及履行合同的法律注意事项等。

除特殊情况下有些合同条款模糊些，对“我方”有利外，一般情况下合同条款要全面完整、清楚明确，以免发生歧义。

合同文字如果含糊不清，约定不全面，在执行过程中，往往争议纷纷，扯皮不断，甚至遗祸无穷。

合同约定要全面细致，要考虑到各种可能出现的不利情形，做好事前防范。

1.8.13 在经营中的创业企业，如何应对诉讼？

【答】：

所谓“兵来将挡，水来土掩”，做好预防准备才是最佳应对。

（一）“事前预防”是应对诉讼的基础

（1）完善企业的各项规章制度，譬如建立完善合同管理制度，在签订重要的合同时，聘请专业的律师或者法务进行审查，避免在合同中存在较大漏洞；否则，将来一旦面临诉讼，会非常被动。

（2）企业各部门要加强配合，在合同履行过程中注意证据的保留及收集。即使合同的签订对公司非常有利，如果在合同履行过程中不注意保留相关证据，一样存在败诉的风险。

案例详情：

A公司项目经理部与B公司签订了加工定作合同，约定B公司为该项目经理部加工橡胶制品若干，合同中特别约定：“货款必须按合同所约定的账号结算，否则造成的经济损失，全部由定作方（即A公司项目经理部）承担。”合同履行中，A公司项目经理部按指定账户向B公司支付了货款10万元。2003年6月，A公司项目部在B公司的合同经办人C没有出具书面收款授权的情况下，以现金方式向C支付了15万元。不久，C从B公司辞职。B公司拒绝承认收到业务员C的15万元货款，由此引发诉讼。法院终审认定，合同约定货款必须向B公司指定账户支付，B公司未授权业务员C收款，C收款属于个人行为，因此判决A公司败诉，A公司向B公司支付货款15万元、违约金和利息。

案例启示：

该案件即是因为公司未能保留相关授权文书，且违反合同的约定进行付款，导致了最后败诉结果的发生。

（二）“事中应对”是应对诉讼的关键

（1）企业应积极应对诉讼与仲裁，避免不重视。诉讼与仲裁是一项专业性程度非常高的工作，尤其是如何答辩会对诉讼结果产生很大影响。目前实践中，企业在遇到诉讼案件时，往往认为自己非常有理，自行前往法院或者仲裁委进行答辩，易因处理不当而造成被动局面。

（2）寻求专业律师帮助，全面了解诉讼的法律风险，知己知彼。如果经过专业律师评估，认为企业证据不足，案件败诉风险确实很高，那么单位可以再进行调解，把诉讼的风险降到最低，以免造成更大的损失。如果评估认为单位证据充足，败诉风险低，则可以要求法院判决，以更好地维护企业的利益。

总之，企业应当根据每一个案件的具体情况，听取专业律师的建议，选择合适的诉讼方案，采取恰当的诉讼策略，将企业的风险降到最低。

（三）“事后总结”是对企业查缺补漏、规避风险的最后一环

通过发生的诉讼案件，查找到企业的管理漏洞，及时完善。

就已经出现的法律问题，提出相应的应对措施，并进行积极的改进。如果出了问题不总结，那么企业永远都会有法律风险。

如果企业能真正做好以上三个程序，对诉讼案件真正做到“事前预防、事中应对、事后总结”三个步骤，那么当企业再面对诉讼时，就能真正有效应对诉讼，切实维护企业的合法权益。

第二部分 创业案例

创业是条艰辛的路，没有什么捷径可走，但是却有经验可依。在创业的道路上，聆听别人的故事，从中受到启发，得到指引，对创业者来说是一件幸运的事情。

2.1 初创期案例

2.1.1 案例1：志同道合 结伴创业

志同道合 结伴创业

——南京墨博云舟信息科技有限公司创业案例

一、公司简介

2014年初南京墨博云舟信息科技有限公司注册成立，注册资本1 000万元。公司刚注册时，在智汇魔方一个不足100平方米的出租屋内，初始团队成员只有5个人。经过短短几个月的发展，公司搬迁到南京软件谷大数据基地，在一间300多平方米的办公室里办公，团队成员也接近30人了。

公司核心成员来自互联网、商业零售、通讯行业的领军企业，这是一支年轻富有激情的团队。公司基于大数据技术和O2O运营思路，为商业综合体、购物中心等商业地产行业提供一整套智慧O2O运营落地方案和服务，包括大数据生产采集、商管大数据分析、精准营销推荐引擎、室内地图服务引擎、室内定位和导航、WiFi新媒体认证广告平台、O2O会员中心、移动端原生APP/轻应用/微信平台/WAP定制开发和移动互联

网 O2O 联合运营支撑服务。

公司位于中国南京软件谷，是江苏省南京市“321 计划”重点扶持企业。公司致力于大数据商业智能的研究与应用，专业提供智慧商圈平台建设、业务运营、会员服务的一体化解决方案。

目前，公司已经完成多个项目的落地工作。在南通、苏州实现部分 O2O 项目落地，2015 年 2 月 2 日公司第一个全套 O2O 项目在南京虹悦城成功落地。项目获得使用客户、商家、用户的高度认可和商业地产业内的一致好评。

二、案例分享

当我们走进南京虹悦城商场时，我们可以享受到一系列智能化的服务，这正是互联网技术在购物中心应用的体现。互联网给我们的生活带来了巨大的便利，利用互联网技术进行创业，在目前十分流行。虹悦城 O2O 项目正是利用互联网技术创业的一个成果。创业出成果，是令人兴奋的，获得成功，是每个创业团队渴望的、追求的。但是，创业的过程一般都是比较艰辛的，都要经历很多苦难和挫折，虹悦城项目创业团队的创业经历也不例外。

志同道合谋创业

相对于 85 后、90 后霸道总裁的喧嚣，年纪处在“而立”和“不惑”之间的墨博云舟三个创始人显得要沉稳和从容得多。

朱戈、昂卫武和王涛相识多年，彼此意气相投，常常在一起指点江山和规划人生，三个人的经历都绕不开中兴通讯这个话题。

“我和老昂是十多年的同事了，刚进中兴时，他还是我师傅。”朱戈常常把这句话挂在嘴边。“我们啊，关系复杂得很，王涛是我的校友，朱戈和王涛又是老乡，我们仨又都是中兴的同事。”昂卫武总会笑着补充。

不仅如此，公司初期的骨干员工也多是他们中兴的同事好友。彼此认同、相互追随、共同奋斗，中兴出身的这个团队时时彰显着深厚的技术底蕴和舍我其谁的担当精神。

当南京最繁华的新街口房价只有每平方米 5 000 元时，朱戈进入中兴通讯第一个月的工资就是这个数字。而南京墨博云舟信息科技公司成立至今，作为总经理的他还没从公司里拿过一分钱工资。

即便这样，他却说：“创业太晚了！”他坦言，自己的身体不比年轻时活力四射。在中兴，他曾连续工作没合眼长达 60 小时，那是 2004 年，他才 26 岁。

昂卫武最为年长，也是技术专家，在中兴从事多年的移动通信和大数据技术研究。

工作起来可以用铁人来形容，有时是为了工程里的一个小瑕疵，为了整体工程使用的便利，有时是系统升级导回，有时是应用上线前的测评，只要是工作，他总是一个猛子扎下去，不解决问题不罢休。

王涛也是这个团队的成员之一，作为墨博云舟的副总经理，他在三个合伙人中年龄最小。2009年，他通过校招进入中兴通讯，电气工程的研究生从事通信行业多少有点吃力。由于大学教给人的是学习方法而非能够直接应用于实际的理论知识，一进中兴他就买了一本《通信原理》，边工作边琢磨。

当时王涛负责核心网产品的软件测评，而朱戈是中兴核心网技术业务专家，在业务上一有不懂的地方，他就向朱戈请教。2009年底，为了执行中兴通讯"大国大T(Telecom)"战略，朱戈便主动请缨申请赴澳洲，投身于中兴海外市场的开拓。

澳洲一行改变了朱戈和一群人的命运。在澳期间，一个关于创业的念想慢慢浮出水面。当时，朱戈常在网上和昂卫武、王涛等同事分享他的思考。澳洲有个华人论坛，在这个网站上每天有大量的生活问题被解答，网站帮助在澳洲的华人解决了很多问题，同时网站也能够盈利，互联网"我为人人，人人为我"的双赢模式吸引了他。

"问答＋盈利"的网站，长久地占据在朱戈脑海。澳洲能做，为什么中国不可以呢？一簇星火点燃了创业的大草原。思前想后，他决定回国创业。

2011年，从南半球回到北半球，不到一个星期他就将所有的工作顺利交接。随后不久，昂卫武和王涛也从中兴通讯离职，相继地，整个团队十几人都陆续从中兴出来。

建造自己的平台

为什么要创业？"一眼望得到头的人生不值得过。"王涛总结几个人讨论的结果。在中兴这个大平台，几个人也沉淀了一段时间，积累了很多经验，昂卫武、朱戈在中兴都陆续走上中层管理岗位，但随着通讯行业整体进入平稳发展期，大家觉得能发挥的空间不大。

2010年，面对移动互联网曙光初现，大家终于下定决心：跳下中兴这条大船，投身移动互联网行业。离开的决心已下，去哪儿却颇为踌躇。经过近一年的考察，终于选中了一家大数据概念的小公司。经过两年多的努力，凭借整个团队积累的移动通信和大数据技术经验，终于把这个小公司的产品做到业内第一，市场也在不断拓展，按客户的话说"和你们的产品相比，华为的类似产品就是零"。就在大家摩拳擦掌准备在移动互联网行业大展拳脚时，老板的思路却转向保守，反复讨论了半年，眼看无法改变老板的决定，创业团队无奈选择退出。

"别人不能给我们一个平台，我们就自己建造一个平台。"昂卫武说出了团队大部分人的心声。回想那段时间的痛苦纠结，几个人还是很庆幸当时的决策是正确的。经过一段时间的筹备，2014 年 4 月，昂卫武、朱戈和王涛成立了南京墨博云舟信息科技有限公司，主攻购物中心 O2O。

寻找市场切入点

2014 年初，昂卫武和王涛率先从那家公司离职，为公司创立进行前期的市场调研。他们怀着朴素的想法，想将自己掌握的技术和运营理念形成成品并选择行业落地。这个方向，就是现在炒得火热甚至红得发紫的 O2O。

“纯线上模式的互联网创业方向到处都是红海，做 O2O 平台也许是更合适的选择。但是大家拿出的创业资金并不充裕，每一分钱如何花都要深思熟虑，不能以太冒进的方式去烧钱换用户。我们首先想到的是嫁接在某些传统行业上的 O2O 市场，而不是纯粹的互联网市场。”朱戈期望用另一种方式在移动互联网端上向用户推出产品，没办法单枪匹马，需要挂靠实体行业。

2014 年天猫商城在光棍节当天的销售额高达 571 亿，比同年中国零售业销售额排名前十的大部分百货超市全年的营业额还多。电商对传统行业的冲击如此之大，吸引了他们这个团队的目光。如果能将他们懂得的大数据、互联网技术和运营理念，运用于购物中心，结果将会怎样？

商业地产毕竟是非常传统的行业，只要有一块地，能建起来购物中心，请个商业管理公司运作一下，运转起来是没有问题的。用互联网思维并不一定要颠覆这个行业，通过互联网给其注入新鲜血液，使其更好地服务用户，可以解决好用户的消费体验。购物中心这个行业在用户体验上的关注程度和互联网是一致的，只是他们没有更好的手段去完善用户体验，因此他们能做到的就是顺应商业地产的特点，用互联网的模式去优化它，让购物中心服务做到线上线下全渠道闭环。

确定创业方向

同期考虑的还有汽车售后服务市场。车主在 4S 店给汽车做保养、维修，动辄费用不菲，这也是一个巨大的金矿。如果能在汽车服务行业搭建 O2O 平台，除了能让车主和商家之间信息更加对称，还能让汽车维修、保养等一系列事情去中介化，都在移动互联网端口上进行，那对车主和商家而言无疑是很大的便利。

两个行业都有 O2O 市场，该做出怎样的选择？

经过三个多月的调研，他们发现，相较于购物中心，汽车服务行业从 4S 店入手的话客流量比较小。同时，与汽车 4S 店合作的前期投入比重大，推广时效慢，只能挨个店挨个店地推，并且也很难形成联合运营的模式。受限于初创企业的资金、人员紧张和商业模式区别,他们选择了商业地产。

“人的精力有限,如果可以做,实际上所有的行业都可以做成 O2O,我们不是放弃汽车售后服务行业,只是先做商业地产。做得好,用同样的专业技术和服务理念再尝试其他行业。”朱戈说。

让他惊喜的是,经调研发现,在硬件设施网络条件上,商业地产也有建设 O2O 平台的强烈意愿和投资计划,只要在后期商业合作能谈妥,对初创企业而言将是一笔巨大的资金帮助。他们决定做商业地产的 O2O 平台。

要开公司了! 可是大家都没有工商注册的经验,怎么办?

开公司前期经历了很多困难和乌龙。像每一个想尝试创业的人一样,朱戈、昂卫武、王涛三人满怀热情和期待;也像没有创业经验的人一样,他们对于公司创办的思路是一张白纸。

“在哪儿注册都无所谓!”刚开始时,大家便是这样想的。他们觉得最重要的是把技术搞好搞精,其他的怎样都可以。由于南京市玄武区入选“321”重点扶持企业计划,政府给予 100 万元创业资金扶持,一开始他们计划将公司落户玄武区。后来才知道,像他们要开的这种信息科技公司,在雨花台区的软件谷能获得更好的政策待遇,这时他们才迅速“卷铺盖”来到软件谷。

程序员转型跑业务

墨博云舟,“墨博”取自 mobile(移动)的译音,昭示创业团队立志在移动互联网创出一番天地的决心;“墨”是朱戈最钟爱的字——白手起家,但非胸无点墨,保留了一点点文艺范儿;“云舟”比喻创业团队要在移动互联网的茫茫云海中同舟共济、攻坚克难。工商局有公司名不允许重名的要求,现在创业公司重名谐音的情况非常严重,他们在注册时准备了 20 多个名字,“墨博云舟”是在淘汰了十几个后才被选中的。“都不抱希望了,叫啥都行吧! 后来想想这个名字还真是有意义!”被戏称为首席命名官的王涛这么回忆道。

公司创建起来两个月不到,大家陆续加入,队伍很快扩大到 15 人,最初在智汇魔方租了 97 平方米的地方也已经人声鼎沸。“就像当家过日子一样,我捏着手里的钱,盘算着是要租什么样的房子好。”他们盘算着,偏僻点的地方空间大,但公司要做大肯定不能躲进人家小区里,但旺一点的门面租金贵不说,地方还小得可怜。最终他们咬咬牙,租了一处比较像样的地方,就这样这个团队在这间小小的办公室里酝酿着一个巨大的产品方案。

只过去三个月,公司又加入了十来个新人。这时,原来办公室的办公条件无法满足办公需求，为了让大家更高效地工作，他们三个咬咬牙决定将公司搬到大数据基地，毕竟那里“研发环境更好、政府扶持力度更强”。

人生有一些时候是难以忘记的，对墨博云舟的创始团队来说，2014 年 7、8 两月就是这样一个节点。彼时的南京天是一年里最为炎热的季节，朱戈、昂卫武和王涛三人开始跑市场，找商业地产的老总洽谈，没有人脉就陌生拜访，这在程序员的生活里是难以想象的。

满腔热血埋头实干，这样的人要怎么找到商业地产的老总呢？他们选择的方式是最时尚、最无需成本的——上网找。在百度地图上搜索到南京市商业地产的地址，从公司坐公交车过去。来到地产公司没有认识的人怎么办？厚着脸皮问保安。朱戈说，最不济的时候，他们真的就挨个问保安：“请问 IT 部在哪儿？请问行销部在哪儿？”

就这样一家一家的商业地产公司谈下来，水游城、水平方、同曦广场、新街口商圈……汗流浃背地奔走，换来的却是大部分公司“保持联系”的回复，真正想投入并尝试的公司很少。

虹悦城项目

真正让他们惊喜的是虹悦城。原来，虹悦城早就有开发 O2O 平台的需求，并且在 O2O 平台建设上也有比较明确的思路，只是苦于一直没有找到非常合适的合作伙伴。和墨博云舟一样，虹悦城在建设 O2O 平台的事情上也是秉着低调、务实的态度，就是要脚踏实地地执行和运营。在共同理念的碰撞下，2014 年国庆之后，两家公司达成合作协议，实现顺利签约。

新产品的出现总是伴随着质疑，虹悦城很期待智慧商圈平台和 APP 产品，但是实际做出来又会是怎样呢？客户还是有所担心的。2014 年 11 月，虹悦城总经理袁彬和 IT 部经理宋双龙应邀到墨博云舟公司参观指导，昂卫武亲自演示智慧商圈 O2O 平台的所有已完成的功能项目。

在手机端上，可以完成餐饮、电影、美食、百货、停车场、溜冰场、POS 收银等全闭环交易流程。系统已经能够为每个顾客打造个性化服务，通过商场的 WiFi 连接停车场、POS 收银等触点，顾客享受智慧商圈带来的便利闭环全渠道服务。用户仅需轻轻一按，就可以在手机上实现停车、点餐、支付等功能，这是全新的实时 O2O 体验。客户对初期进展非常满意，并对系统全面上线充满了信心和期待。

全套系统落地无疑是公司成立以来最重要的里程碑。2014 年 9 月，在南通尝试过的部分产品落地，反响不错，因此虹悦城项目能否顺利落地让整个团队既兴奋又有压力。整套系统最难的是餐饮部分，每个商户有各自的店情，市场平台参差不齐，美团、大众点评网、淘点点都有人用，还有的什么都没有，对接困难。加入这个系统，吃大锅饭，谁能保证一定获益呢？商户们权衡着各自的利益。

说到底，虹悦城是支持智慧商圈 O2O 平台的上线。虹悦城总经理袁彬亲自挂帅，IT、行销、营运多部门联动配合主动和商户商量，以一定的让利劝服商户做出妥协。在虹悦城的帮助下，2015 年 2 月，虹悦城智慧商圈 O2O 平台终于一次性顺利上线了。朱戈说："虹悦城是我们的贵人！"

虹悦城智慧商圈 O2O 平台上线至今，虹悦城增加会员已超过 4 万人，这个数字相当于 2012 年 9 月开业至 APP 推出前的会员总数。2015 年 2 月的客流量环比 2014 年 1 月和 2 月、2015 年 1 月综合上升了 15%左右，足以看出平台对商圈客流的拉动力量。

虹悦城项目，也让同行对朱戈的创业团队刮目相看。业内同行业对虹悦城项目给予了很高的评价，说它是目前唯一一款说到做到的 APP。

南京"阿里巴巴"梦

成立至今，这个位于软件谷大数据基地，按照团队的共同目标"打造国内商业地产 O2O 一线品牌"的小公司迅速成长，一年内规模翻了数倍。

初创企业的起步阶段无疑是艰辛的，但是最初从中兴通讯出来的十几个同伴依然坚守在岗位上，他们是公司的股东，更是强有力的执行队伍，"白天谈生意，晚上写代码"更是不在话下。新鲜血液也不断补充进来，目前公司有应届毕业生 8 个，有网投也有校招。

在这样一个充满热情和认可的公司里，人员准入的门槛是很高的。每一次的校招，朱戈和王涛都会亲自到学校里去，不是对学历有多高的要求，而是要对学生的志向和能力予以充分考察。首先，志向是否在互联网创业上，其次是编程能力，最后会有一个实际动手的机会。"最后的操刀有一定难度，不认真学的人肯定是没法通过的，毕竟我们现在招聘的多数都会成为公司的股东呀。"王涛说，通过这样层层筛选，能保证招进来的人务实肯干，也有激情。

这个公司的人都是熬夜小能手。虹悦城 O2O 平台推出前，公司全员加班持续了近 4 个月。最疯狂的一周，朱戈忙碌在不到 300 平方米的空间里，一共只回家 2 次。2 月 2 日凌晨，平台上线，所有人坚守在公司，"万一出点什么差错呢？"他们不敢回家。

终于从后台监控系统中看到一个个用户加入了，"有用户开始积分了""有用户使用优惠券了"，伴随着一个个新发现，整个公司洋溢着收获的喜悦。

"开发它的过程，就像看着自己的孩子诞生，不管是好是坏，我们都一样爱它。"朱戈说道。

十几个股东，大家相处融洽，很少有矛盾。整个团队已经形成了自己的团队文化和价值选择。“我们非常有默契。”昂卫武表示，工作上的沟通是很有效的，极大程度地利用了时间。对于程序上不同的理解，他们的方式是全员开会讨论，从用户体验的角度一分高下。“互联网创业就是要满足用户需求、从用户方便的理念出发，哪个方法更好是有答案的。”创业路上，只有每个人都把力气拧成一股绳，公司才会往好的方向发展。

在朱戈、昂卫武和王涛等人看来，放弃一份待遇优厚的工作来到软件谷创业，是梦想的起点。从初期建设到发展转型，他们参与了公司发展的每个环节。创业公司一人身兼数职，所拿工资却少，三个主要合伙人从创业至今仍未从公司拿到一分钱工资。

“有工资拿当然是好的，但是如果只是为了拿工资，何必创业呢?”王涛说，“我们仨是公司的主要创办人，更应该先照顾到一起奋斗的兄弟姐妹们。”朱戈也说：“相比做程序员，现在对‘明天’的期待更高了。”

现在的工作时间是“996”，早九点到晚九点，再加礼拜六，每个人依旧连轴转。初创企业受限于资金量少，在市场拓展上缺乏宣传资源，难以找到直接有效的方式，他们期待未来两年智慧商圈 O2O 平台能做到 30 个市场案例。

“全国现有约 4 000 家购物中心，到 2025 年预计发展到 1 万家购物中心，我们即使覆盖 1%的购物中心，也是 100 多家。这些购物中心能聚集上千万的用户和上万的商户，完全可以打造一个线下的淘宝。”朱戈自信满满地说。

未来基于购物中心的资源，打造高品质的本地生活服务平台，为购物中心增加一种新业态或业种的同时，也满足了用户的差异化需求，这就形成一种线上线下共生共赢的生态系统。

在本地生活服务平台上，真正以用户体验为中心，打造地域垂直的 3 千米热点生活圈，从高频低价值交易入手帮助社区群众做实事，例如缴纳费用、租房装修、收取快递、买菜做饭、家政洗衣、停车服务等到家服务，从民生入手，让移动互联网为普通百姓服务。

“互联网改变生活，未来的路还很长，我们要做的事情远比留给我们的时间多得多，但我们相信我们一定能把公司做成南京的阿里巴巴!”朱戈谈到未来的梦想时充满豪情地说。为了梦想，他们带领一群有激情、有创新、有活力的团队继续奋斗着。

三、案例总结

所谓“兄弟同心,齐力断金”,南京墨博云舟信息科技有限公司的初创者都是源自中兴的同事好友,他们在工作中相互了解,志同道合,为在一起创业做了很好的铺垫。从做纯技术人员,到发现新兴市场,为了梦想,迈出创业的步伐,是很值得敬佩的。创业动力对于他们来说,更多的是出于对明天的美好期望。他们有梦想,敢付出,不看重眼前利益。

从做产品转向做市场,对技术人员来说,是个很大的挑战。经历洗礼,他们成功开发出了公司第一个全套 O2O 项目——南京虹悦城项目,在业界获得很好的口碑,被赞为“目前唯一一款说到做到的 APP”。

随着品牌逐渐树立,影响渐渐增加,墨博云舟有了很大的信心和目标,他们争取在 2015 年做成 30 个项目,力争几年后实现南京的“阿里巴巴”梦。

2.1.2 案例 2:与水结缘　不改初心

与水结缘　不改初心

——南京深蓝氢谷健康科技有限公司创业案例

一、公司简介

南京深蓝氢谷健康科技有限公司成立于 2013 年,位于南京市玄武区 302 号,是一家从事氢健康研究的专业机构,拥有 18 年的行业研究经验,在功能水行业具有领先的技术,创造了行业多项标准。

公司汇集世界知名生物学、免疫学、自然预防医学、营养学等一批海内外优秀专家团队,全心致力于氢健康的研究,采用革命性创新技术独创的医疗级五能一体水疗机,取得了国家食品药品监督管理局的医疗器械产品注册,真正解决了饮用水品质和人类永久健康问题。

深蓝氢谷以健康养生为出发点,公司注册成立时只有 5 人,经过几年的发展,现在形成约 30 人的团队。公司独创 EDP 氢健康改水技术,由该技术研发的五能一体水疗机也是国家第一个研究水的药用器材。

目前,公司与复旦大学共同成立项目课题组,致力于水疗机对肿瘤细胞的预防和抑制的深度研究。公司已经取得专利 6 项,拥有 10 项国家级自主知识产权。

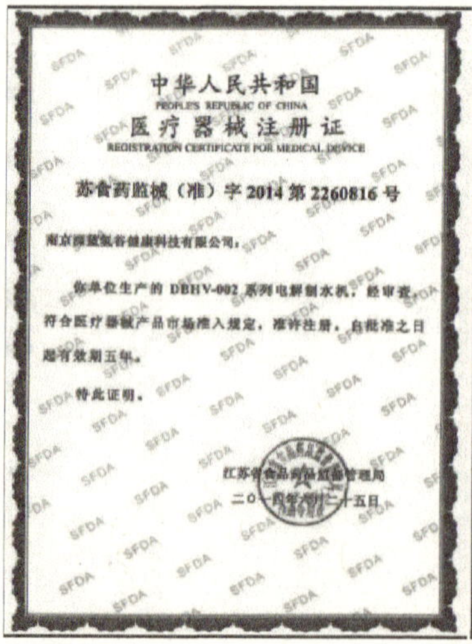
中华人民共和国
PEOPLE'S REPUBLIC OF CHINA
医疗器械注册证
REGISTRATION CERTIFICATE FOR MEDICAL DEVICE
苏食药监械(准)字 2014 第 2260816 号
南京深蓝氢谷健康科技有限公司:
你单位生产的 DBHV-002 系列电解制水机,经审查,符合医疗器械产品市场准入规定,准许注册,自批准之日起有效期五年。
特此证明。
江苏省食品药品监督管理局

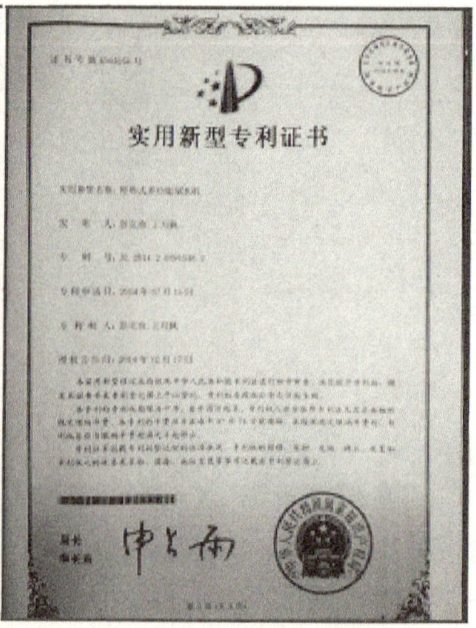
实用新型专利证书

二、案例分享

“水还有治疗功能?”在2014年3月11日的大学生创意项目路演上，这个问题被很多人提到。作为创业导师，南京深蓝氢谷健康科技有限公司总经理郭天，在现场给出了肯定的回答。在创业道路上，郭天经常遇到类似“水还能治病?”这样的质疑和困惑。由于亲身的经历和对行业前景的看好，虽然遇到很多质疑和困难，但是，郭天一直坚持着，这一坚持就是20多年。

郭天参加新华社“你就是奇迹”全国电视创新商业项目大赛，在全国几千个项目中脱颖而出，成为江苏省唯一一个进入全国十强的项目。作为创业导师，郭天带领大学生推广水疗机项目，“水健康”作为新兴的名词也进入了人们的关注中。经济管理专业出身的郭天，为什么会选择从事水治疗行业来进行创业？这一切都源于郭天那段痛苦的经历。

遭遇“不死癌症”

从小，郭天有着比常人优异的条件，在小学时是专业的武术运动员，如此硬朗的身体条件本来可以给他带来更多的人生体验。然而，命运却跟他开了很大的玩笑，在他即将从中国科技经营管理大学(现北京科技经营管理学院)毕业那年，他的健康状况发生了很大变化，最后被诊断出患有强直性脊柱炎，导致行动能力严重受限。

噩耗犹如晴天霹雳，带给郭天及其家人致命的打击，郭天几乎崩溃了。一心想到企业从事管理工作的他，现在只能躺在病床上，承受着“不死癌症”带来的剧烈疼痛。

家里想尽一切办法，尽最大努力给他治疗。为此，父亲带着他跑遍了大江南北，看遍了中外名医，吃遍了各种药物土方，但是得到的永远是医生的一句话“至今没有有效的治疗方法”。郭天不断地寻求治疗方法，甚至当新药的“小白鼠”，让医生去研究该病情。“那种疼痛不已的感觉，我永远都忘记不了。”他痛苦地回忆道。

随着病情一天天加重，郭天的行动也越来越不方便，病痛发作周期也越来越短。最严重的时候，整个人都不能动，躺在床上，也无法入睡。“在转动时，只要稍微不注意就会疼痛不已。”

看见郭天这样痛苦，家人的泪水不知流了多少遍。在郭天最艰难、最痛苦的时候，他自己甚至都想到了放弃生命。在家人的照顾和鼓励下，郭天仍在顽强地与病魔做斗争。郭天说，他的妻子给了他最大的信心和精神动力。他们是大学同学，在郭天生病前已经处于热恋状态，在郭天生病时妻子一直不离不弃，给予郭天无微不至的照顾和关怀。

郭天的父亲一直从事水方面的研究工作，在医院没有办法治疗的情况下，父亲开始让他尝试饮用自己研发的一种功能水，当时也没抱什么希望，就当是平时渴了，喝水一样，天天喝几杯。

奇迹发生

病痛没有因为喝几天功能水而消失，当时也没有更好的办法，郭天把每天喝功能水当成给家人的一种慰藉，每天坚持喝水。就这样在痛苦中，又过了将近 1 年的时间，郭天的疼痛有减轻的迹象，以前每天至少要发作一次的病痛，发病周期变得越来越长，渐渐变成每周一次，半月一次，一月一次。

对身体出现的变化，家人看到了希望，郭天也感到兴奋。到协和医院重新进行检查，身体的指标回归到正常的标准之内，医生也表示吃惊。“从来没听说过，喝水能把病治好，还是这种目前无医可治的病症。”后来，医生了解和化验过功能水后，也表示相应功能的水可能会有治疗的功能。“那时当我的疼痛减少时，我很惊讶，水真的能治病?”郭天当时也不相信水能治病，但是，他自己的病痛确实减轻了。看到病痛减轻，就再继续，天天喝水。郭天身体的病痛在慢慢地消退，他在一天天地康复。

奇迹发生啦！郭天像拍不死的“小强”，逐渐从痛苦的病痛中康复过来，现在他已经完全康复了。“从我康复那天起，我就决定一辈子投入到水健康事业中。”他表示，自己亲身体验过那种痛苦，更能明白病人的渴求。就是这样的想法，他在这条路上坚持了 20 年。

功能水第一张卫生许可证

有了自己的亲身经历，郭天对功能水心存感恩。他也希望能给与自己类似的患病者提供一些帮助。于是，郭天把研发和生产功能水作为自己以后的主要工作。1994 年，他成立了一个做功能水的公司。学经济管理专业的郭天在一开始的时候，对功能水的了解很少。因为心存感恩，所以他愿意付出。郭天跟在父亲后面，开始了对功能水相关知识的学习和研究。

在那时候，社会上对水健康的认知非常少，大家在脑海里根本就没有什么功能水的概念。深蓝氢谷是国内第一家参与研究并运用于临床的氘清理自由基的健康科研机构，属于“第一个吃螃蟹”的人。在向客户推荐产品时，客户认知度极低，市场上存在的几乎都是不相信的声音。“我平时喝自来水，不还是照常生活着吗?”“你的功能水到底是不是在骗人啊?”郭天无奈地回忆着。

要改变市场的观念，必须要取得社会上的认可才行。郭天决定向国家卫生部门申请产品的功能检查证明和产品的生产许可证明。那时的郭天经常在往返北京和南京的路上，由于交通不便利，他每次到北京都要在旅店住上几天，有时甚至要住上一个月。在北京郭天带着研发的器械和产品，把相关的资料送递到相应的检测机构，然后就是等结果。由于那时没有如此细致的功能水的标准，为此，中国预防医学科学院卫生部还专门成立专家团，专门制定特定的标准。

郭天研发的功能水设备主要是利用电解原理，通过一系列化学反应，把水中的有害物质去除掉。当时，相关部门对郭天产品的检测方法也是非常独特的。设备容器中装入普通的水，然后把一杯盐酸倒入设备容器的水中，把设备通上电源，让设备进行工作，然后，在出水口用杯子接一杯水进行检查，以经过设备的水中不含任何盐酸成分作为检查合格的标准。“因为没想到会用这样的方法检测，也从来没进行过类似的检查，在检查时心里也没底，也非常紧张。”郭天回忆道。经过紧张和焦虑的两天时间，检查结果终于出来了，可喜的是，经过设备的水中不含任何盐酸成分，设备获得卫生部门的许可证。就这样，全国功能水第一张卫生许可证产生啦！“多年跑下来，卫生部的每一层楼的房间我都熟悉。”就是这样，一步步地通过检测，深蓝氢谷的产品被作为标准，取得了行业内第一张卫生部的许可证，并成为行业标准的制定参照单位。

资金困境

有了产品的生产许可证，并不等于就有了市场。在当时市场上，连水净化器设备都很少，大家对水健康的关注度很低，功能水设备的作用不被认可。当时的团队规模有限，资金方面也有限，公司启动的初始资金都是郭天向家人和亲戚借来的。进行产品的各种检查、申请生产许可证和相关证明，郭天花费了很多资金。好在郭天家里有些积蓄，给了他很大的支持。

在创业过程中，经常面临资金短缺问题。那时在北京跑检测时，每一次的样本检测都需要资金。“出差时，我只能住普通的小旅馆，否则就无法交检测费。”

“我已经换了四处居住的房子了。”郭天讲述着，在深蓝氢谷的水疗机项目中，每一次的基础实验都是艰辛的，大投入，少产出。时间漫长的研发阶段，导致他经常会遇到资金运转不周的情况。每一次没有足够的资金时，就“卖房子套现”，通过卖自己的房子，留出足够的资金用于基础科研。

在创业资金最短缺的时候，有一次郭天家里自来水管爆裂，需要 2 000 元的维修费，他都没有现金，需要向朋友借钱。每次提到这一段最困难的时光，郭天都很有感触。为了当初的决定，坚持了 20 年，其中的喜怒哀乐也只有他一人能体会。

不忘初心

郭天开始创业时，只是想帮助更多的人减轻患病的痛苦，“以最简单的方式获得最大的健康”是郭天创业的目标。可是，没想到创业的经历是如此艰辛。遭遇资金压力，看到家人和团队与自己一起吃苦，郭天也曾怀疑过自己的选择，甚至产生了放弃创业的想法，幸运的是有妻子的一直支持，让他有坚持下去的信心。“想想你自己，没有功能水的治疗，你能不再遭受病痛吗？能完全康复吗？”这是妻子在他想放弃时对他的鼓励。

2004年，郭天与国内一家知名保健品企业合作，保健品企业主要负责产品的营销工作，他们在全国各地举办产品推介活动，由郭天及团队技术人员到现场进行水健康等专业知识的宣讲。在一次宣讲会结束后，郭天无意间看到患者发过来的投诉信，投诉水疗机并没有宣传的那样有效，而是欺骗消费者。可是郭天却不知情，在与该保健品企业接触后，发现他们采取了所谓的宣传手段，夸大了水疗机的功效。

“不能再合作下去了，即使有很大的利润。”郭天是这么跟团队讲述的。其实在与该保健品企业合作中，深蓝氢谷获得了比较可观的利润，解决了基础研究的资金问题。郭天认为，这样违背了自己的初心，即使能有利润，也不能继续合作下去。

2007年，郭天主动提出解除合作意向，“创业不只是为了赚钱，有时需要坚持自己当初的想法”。郭天的患病经历，从健康到患病，从希望到绝望，从无法治疗到康复，这些过程所承受的苦让他明白水健康事业的责任重大。目前郭天研制的水疗机虽然没有保健品公司所宣传的那样可以治疗很多病症，有十分强大的治疗功能，但在痛风、血脂和便秘这三个方面具有比较好的治疗效果。

“现在我的状况就是，按照之前的创业轨迹，我相信是能走到最后的，突然多了一条捷径，而且捷径的不远处堆积金山银山。”郭天表示，即使走捷径能很快走向金山银山，但这不是我创业的初心。

寻求机会

经过20年的稳定发展，现在的深蓝氢谷一直处于行业领头羊的地位。“讲究客户体验是我们的初衷。”郭天讲述着，五能一体的水疗机的功能主要是针对家庭。这不仅仅是赚钱的问题，更多的是人类健康。家庭中，一人生病，全家人都得跟着受罪，这样对于家庭的打击确实大。

这20年来，通过艰辛的探索研究和在周边市场的推广，深蓝氢谷也帮助了很多病患者，通过饮用功能水，他们的病症都有一定程度的缓解。郭天说，有10多例癌症病患者，医院跟家属说可能不超过2个月的时间，家属也在试试看的情况下采用了功能水治疗法，到现在都有2年时间了。

虽有一些治疗案例，但是，市场对水治疗产品的认可度还是很低。在市场开拓方面，郭天也进行了很多努力。目前，郭天的团队达到30人左右，也在南京周边地区进行产品的推广,郭天作为创业导师,也在高校进行创业宣讲。

客户体验是最直观的,也是最能体现深蓝氢谷一直追求的理念。郭天计划将家庭确定为目标人群,打算在全国200个城市建立体验点和社区健身点等方式,希望更多人在生活中能够体验水疗机的效果。郭天也在积极寻找风投公司,希望得到财团的支持,实现建立200个社区体验点的目标。在200个社区体验点,让用户通过体验,记录用户的体检指标数据,通过体检数据来确认水治疗的功效,从而改变用户对水治疗的态度,树立品牌,获得较高社会认可。

在创意项目路演展示中,郭天表示,在中国市场上创业者过于浮躁,过于看重眼前的利益。“并不是开一家奶茶店、蛋糕店,就是创业。一个企业重要的是有自己的核心技术,拥有不一样的东西。”

如今,郭天的团队与上海复旦大学成立课题组,针对肿瘤细胞进行研究试验。深蓝氢谷的试验已经完成了肿瘤单细胞体的阶段,随后进入动物阶段,虽然这段时间是漫长的,但是郭天为了当时创业的初心,始终在坚持着。

三、案例总结

因为感恩,所以坚持。郭天在大学时被诊断出患有强直性脊柱炎,这个被称为“不死癌症”的病症,给郭天和他的家庭带来沉重打击。

在无药可救的情况下,抱着试试看的心态,饮用父亲研制的功能水,结果奇迹出现了,郭天从病痛中康复过来。

出于对水的感恩,郭天决定从事功能水行业,不仅仅是为了赚钱,更多的是为了能给身处病痛的人减轻痛苦,带来希望。

在创业过程中,郭天也遇到了很多困难和挫折,资金的压力、市场的压力都在考验着郭天的耐心和信心。好在有家人的支持,郭天挺过一个又一个压力,渐渐迎来转机。在企业发展中,郭天没有因为赚钱而背弃自己创业的初衷,体现了一个企业家的良好品质。希望随着社会的发展、人们健康意识的增强,郭天的产品能获得更多的认可,拥有更广泛的市场。

2.1.3 案例3:由问题入手,厚积薄发,打开一片新蓝海

由问题入手,厚积薄发,打开一片新蓝海

——南京合智信息技术有限公司创业案例

一、企业简介

南京合智信息技术有限公司于2014年3月在南京紫金科创园成立,是一家专注于建筑工地安全监控、建筑工程信息化研发的高科技企业。公司团队成员主要是由美国回国创业的海归博士、教授、硕士所组成。公司目前已取得16项计算机软件著作权及多项发明专利,省级科技成果1项。为满足客户需求持续创新,在计算机与物联网领域集聚了大量优秀人才和技术,率先在国内开发了“合智建筑工程物联网”示范应用服务平台和相关产品,主要应用于建筑生产安全管理、自动化、重大危险源管理、建筑行业信息化等领域。

2013年,公司项目荣获由教育部和科技部举办的第八届“春晖杯”创新创业大赛优胜奖。2014年8月,公司入选南京市“高新区三创人才计划”。2014年10月,公司项目入围由省科技厅、省委宣传部、省教育厅、省财政厅、共青团江苏省委、省工商业联合会共同指导的第三届中国创新创业大赛总决赛,并获得第二届江苏科技创新创业大赛“优秀企业”称号。2015年,公司获得国家住建部科技计划项目立项,现已拥有市级工程技术中心2个,与高校的产学研合作项目2个。

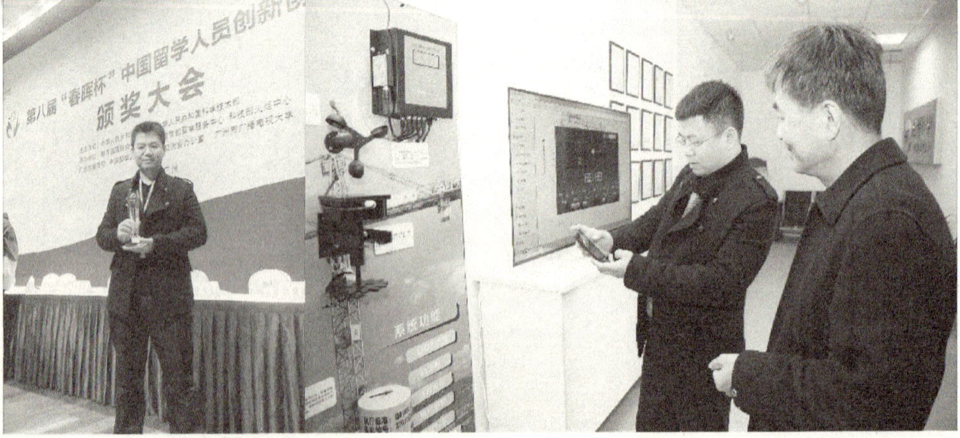

南京合智是针对现有建筑施工安全体系的发展需要，通过专有技术构架多态网络，实现各种数据的实时采集、分析和控制处理的智慧云平台。用户只需简单的“接入”就能通过合智建筑工程物联网平台将分布在各地的设备进行互联，实现数据高效传输和处理，达到整个安全生产系统的安全生产、高效管理、经济节约、资源整合、信息互享的目的。

二、案例分享

南京合智信息技术有限公司 CTO——黄景，是美国斯坦福大学研究计算机神经网络的博士，从事计算机行业研究 20 多年，拥有 27 项计算机软件著作权和专利；拥有丰富的工作经历，掌握领先的行业技术，是全国众多园区争抢的“香饽饽”；还获得第八届“春晖杯”中国留学人员创新创业大赛优胜奖，是南京重点引进的高新技术人才。

黄景误打误撞地闯入建筑安全领域，当时被同学们戏称是“大炮打蚊子”。在宿迁的成功案例，使南京合智声名鹊起，全国很多企业都登门造访，寻求合作。现在黄景每天忙得不亦乐乎，因为在他的心中有更高的追求，目前他正带领团队向那个目标迈进。

落户紫金科创园

黄景出生在四川，在四川大学计算机专业完成了本科和硕士研究生的学习，2002 年在美国斯坦福大学攻读博士学位。先后在国内外几个大型公司担任产品技术总监，负责技术研发工作。

黄景在学习和工作期间，手上积累了很多研究成果，如何把这些技术领先的成果转化为产品，也是黄景经常思考的一个问题。在公司工作，黄景有一个发挥的舞台，但是也受到很多限制，很多想法也不能得到实现。近年国家出台很多鼓励留学人员的创业政策，在朋友的鼓励下，黄景内心萌生出自己创业的想法。

在 2013 年第八届“春晖杯”中国留学人员创新创业大赛上，黄景凭“智慧农业网络多态控制系统”研究成果获得优胜奖。在第 16 届留交会上，黄景成为全国众多创业园区争抢的“香饽饽”。“当时，光南京就有 7 个园区向我抛来橄榄枝。”黄景说。跑了几个园区，经过一番实地考察后，黄景被南京高新区的创业环境和南京留学人员创业园的真诚打动了，2014 年 3 月 11 日，在紫金(高新)科技创业园成立了南京合智信息技术有限公司。

闯入建筑安全领域

在做出创业决定之前，黄景也犹豫过，也考虑过创业需要承担的风险。看到手里有这么多的研究成果未能落地，创业的想法变得越来越突出。当时朋友也鼓励他去创业，去做自己的事业，去实现自己的理想。“在创业阶段，要是你的资金遇到困难，可以直接跟我说，我投资你。"朋友说。内心的渴望，家人的支持，朋友的鼓励，坚定了黄景创业的决心。

"进入建筑安全领域，绝对是个偶然，当时开发建筑安全监测产品纯粹是帮朋友一个忙。"黄景说，"公司刚成立时，也提出了很多有市场意义的产品，但却一直没有一个主要的市场和战场，到处介绍自己曾经的产品和研究成果，也只是得到参观者的褒扬，但就是没有打开一片局面。"

正在黄景走访企业寻找市场切入点的时候，正处于大规模建设阶段的宿迁软件园慕名找到了他。他们希望黄景能为园区施工的塔吊设计一个在线安全监控系统，能够同步实现地面监控和远程监控，预防建设过程中事故的发生。当时本着帮忙的心态，黄景没有一点犹豫，立马就答应给他们开发一个建筑安全在线监控系统。

"本来，这是件简单的事情。建设机械的监控原理非常简单，无外乎通过各种传感器采集指标进行分析。如力矩平衡、碰撞检测、倾斜度计算等，通过数据传输模块传到后台，按照数据平台的构造完成开发设计，就能基本满足对现场监视的需要。"黄景说，"但从工地监控出发，安全问题、人员管理问题、噪音扬尘问题都需要有一套统筹的管理办法，并且还牵涉到了大数据及溯源管理等更深的业务层面。"

当时团队中有 3 个博士、1 个硕士，接下工作任务后，团队成员立刻投入到紧张的研发工作中。由于前期在技术方面有深厚的积累，他们只用了约 2 个月的时间，就开发出了一套建筑安全检测系统——合智建筑机械安全监控系统。就这样，南京合智公司诞生了为客户定制开发的第一个产品。

结合市场仔细调研，再从合智技术人的眼光认真分析，黄景的团队发现，建筑安全领域还真是一个非常有潜力的市场。此后，南京合智公司就与建筑安全领域结下了不解之缘，在这个领域，黄景找到了施展拳脚的一片天。

产品获得市场认可

团队开始了首个试点工作，到现场逐一检查 12 台不同型号的塔吊后，检查的结果让人大吃一惊，园区负责领导也惊出一身冷汗。1 台塔吊的回转系统没有安装刹车装置；1 台塔吊的幅度限制器已经磨损严重到无法正常工作；还有 1 台塔吊，根本没有相应的限位装置。通过这次检查，发现并排除了 3 个重大安全隐患，也让园区领导对黄景团队开发安全监控系统的期望更高。

建筑工地发生安全事故时常见报，塔吊事故也屡见不鲜。深入工地调研后，黄景发现，单从建筑工地所用塔吊来讲，就存在因挂靠、租赁等原因，产权关系复杂，保养维护难；塔吊流转区域大、塔吊生产制造厂家不便维修；塔吊主管单位人员不到位，监督检验检测流于形式;塔吊司机违规操作,司机年度审核缺乏有效评价判断等问题。当然,工地现场还存在噪音扬尘管理、人员安全操作管理、作业现场规范等问题。因此,放眼全国,建筑安全形势仍然严峻。

“按照委托方的要求,围绕‘安全’和‘监控’,我们花了差不多 2 个月的时间,拿出了一套完整的建筑机械在线监控系统,为此还特地招聘了多位建筑行业专家及经验丰富的塔吊司机参与。”黄景说,“系统包括数据库、主机、通讯模板、监控平台以及重量、幅度、风速、高度、回转、倾角等各种传感器。设定好相关参数后,任意一项参数进入临界危险状态,系统便会报警、锁定,甚至切断回路电源。”

产品交付给宿迁园区使用,能很好地实现对塔吊的现场监控和远程监控。试点的效果远超委托方预期,获得当地领导的交口称赞。

问题导向,完善系统

一个工地关联着规划、施工、监理、安监等 8 个部门和单位,随着用户的不断增加,用户的个性化要求也越来越多,对机械在线监控系统反馈的意见也越来越多。

建设工地说,每台塔吊 1 万多元监控设备的购置费用太贵,因为塔吊的施工周期平均只有 1 年半,拆装一次,若是没有专业人员重新精准测算和校准定位,就成了摆设。开发单位说,一个地方建一个数据库的成本太高,况且传感器每秒 1 组的高频回传数据没有分析,也没有产生价值。安监部门说,对塔吊司机的监管缺位。环保部门说,扬尘监测没有到位……

一条条“挑刺”的意见,汇总到了南京合智,成了完善系统的“问题导向”。

工地反映购置费用高,南京合智公司主动将“卖设备”变为“卖服务”,化整为零,以每月每个点位几百元的技术服务费的方式,快速推广产品。开发单位反映数据缺少分析,南京合智公司马上与阿里云合作,建立覆盖全国的建筑工程信息存储与应用处理云平台。安监和环保部门反映的司机监管、扬尘监测缺位,系统立即增设塔吊司机 IC 管理,追加 PM2.5/PM10 灰尘颗粒红外监测传感设备……

“这一系列改进,不仅完整形成了动态判断系统,也改出了更大的市场、更好的效益,也站到了更高的平台。”黄景说。顺着这势头,南京合智公司把这一传感技术应用到了工地升降机等其他设备中,同时把“塔吊在线监控系统”升级成为“合智建筑工程物联网”项目,包含了建筑生产安全监控、应急管理、人员信息管理、智能化运维、数据溯源管理等 7 大系统,并且对工地的监控提升到设备运转监控、视频监控、环境监控、管理人员定位监控四位一体的立体监控体系。目前该项目已正式获批国家住建部 2015 年科学技术计划项目,同时在山东、安徽、浙江等地相继成立办事机构,开展更大范围的试点应用。另外，还与宿迁移动、江苏移动等运营商开展合作，共同推进平安工地在江苏项目的技术升级。

迎来发展良机

随着南京合智公司的声名鹊起，“赢家通吃”的马太效应开始凸显。看中了抢先布局光纤网络的机遇，移动、联通争着优惠提供网络使用资源；看到了潜在的高收益，多家风投机构表达投资意愿；各式各样的传感器厂家，则以“无条件以旧换新”为代价，主动要求变“买卖关系”为合作伙伴……

伴随着2015年3月1日起全国开始统一执行《建筑塔式起重机安全监控系统应用技术规程》，各地电话和上门洽谈区域代理权的企业也络绎不绝。

2014年，南京合智公司参与多个市政府项目，中标5个信息化建设管理方面的项目，项目分布于江苏、浙江、安徽、山东。截止到2015年4月底，已中标项目合同金额达470多万元。公司还与江苏移动合作，开发“平安工地”“移动千里眼”等项目。公司与浙江广丰建设集团合作，开拓业务代理模式，借助广丰集团在全国建筑工地上的优势，在全国100多个工地安装建筑安全监控系统。2015年，南京合智公司计划增资1 200万元，预期到年底实现股份制改革，同时也在积极筹备“新三板”。

南京合智公司现有20多人，其中80%以上是研发人员。合智人在市场的细分中树立了自己的核心业务，建立了技术到市场的对接桥梁。经过一年多的时间，从软件园的12台塔吊，到宿迁的百台塔吊，再到遍布省内多个大型工地的近千台塔吊和其他机械设备，南京合智公司实现了快速的发展。“记得刚创业时，同学和以前的朋友听说我在和塔吊‘较劲’，都说我是‘大炮打蚊子’。”黄景说。在工地折腾一段时间，他悟出一个道理——在传统领域创业，最前沿技术不一定能赚钱，能赚钱的技术一定是切中痛点的技术，技术落地是创业成功的关键。

“我们一直认为，目前做的合智建筑工程物联网是我们技术的一种表现方式，我们希望通过项目赚来的钱，把我们更多未完成的事业和梦想实现。”黄景说，“在企业的发展中，我们一直秉承着‘慎言、善思、合智、有道’的企业格言来做人做事。”

目前，南京合智公司已获得ISO 9001质量管理体系认证、ISO 27000信息安全管理体系认证、软件产品认证、软件企业认定、省高新技术产品认证、省科技型企业认定、技术服务机构认定。公司已形成全面的合智物联网综合应用解决方案，提供智慧建筑信息技术咨询与设计、系统代理维护与管理、设备虚拟化租用、云端数据存储、系统与软件定制等服务，并立足于建成以专业化的技术服务为主要方向的科技企业。

三、案例总结

“在传统领域创业，最前沿技术不一定能赚钱，能赚钱的技术一定是切中痛点的技术。”

黄景这句话，很好地点出了技术创业的关键所在。身为美国斯坦福大学研究神经网络模型的博士，黄景拥有领先的行业技术，在一次偶然的机会中，接触到建筑安全领域。当同学和朋友听说他在和塔吊“较劲”时，戏称是“大炮打蚊子”。

在深入接触后，结合市场仔细调研，从技术人的眼光认真分析，黄景的团队发现，建筑安全领域是一个非常有潜力的市场。

随之，黄景团队与建筑安全领域结下了不解之缘。良好的客户体验在客户中树立了很好的口碑，南京合智的名声渐渐响了起来。伴随着 2015 年 3 月 1 日起全国开始统一执行《建筑塔式起重机安全监控系统应用技术规程》，南京合智迎来了业务发展的良好机遇。

现在，黄景的团队正在积极与外部企业洽谈合作。2015 年内，公司计划增资 1 200 万元，预期到年底实现股份制改革，同时也在积极筹备“新三板”的准备工作。

2.1.4 案例4:一次梦想与科技的创意碰撞火花

一次梦想与科技的创意碰撞火花

——南京苏互智能科技有限公司创业案例

一、公司简介

南京苏互智能科技有限公司于2013年6月6日在中山北路200号南京工业大学弘正楼注册成功,是一家以智能化软件产品(PC端网站软件系统、手机APP、微信开发、系统集成)的研发、销售和技术咨询服务为一体的正规化运作的高科技技术企业。公司落户于江苏省科技厅江苏省科技创业大厦(国家级创业中心),是园区重点扶持企业。公司目前已成功申请“双软企业资质”、ISO9001质量管理体系认证、江苏省民营科技企业资质以及江苏省中小型科技企业资质。公司获得南京紫金科技创业投资有限公司注资入股,已在南京联合产权(科技)交易所首批“O版”挂牌,企业代码“520001”,并得到江苏省科技厅、江苏省金融办、南京市金融办、南京市人社局、南京紫金科创集团、南京联合产权(科技)交易所的大力扶持。

公司以高科技为起点,以先进的技术为核心,以专业的研发团队为支撑,致力于为政府、企业、网络运营商提供高质量的各类行业解决方案,涵盖移动客户端开发、网站系统开发和建设。公司专注于移动互联网的开发、3G/4G技术,紧跟移动互联网前沿技术发展潮流。公司在提升员工自身价值的同时,也在不断增强其技术实力。公司目前已和南京大学计算机科学与技术系、计算机软件新技术国家重点实验室以及武汉大学电子信息学院建立战略合作关系。

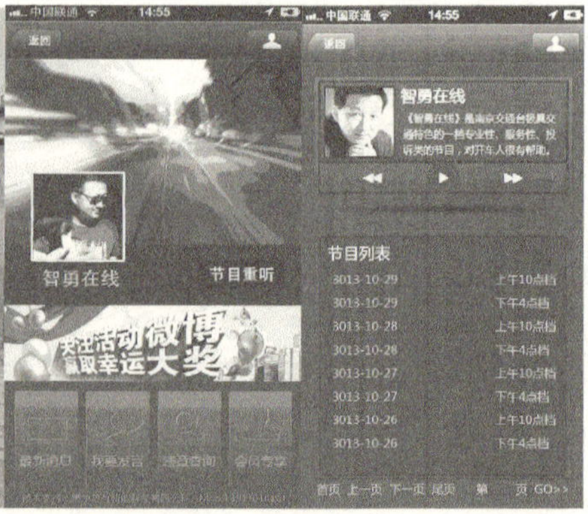

公司凭借强大团队、高技术、精制作等显著优势迅速崛起，服务领域涵盖数十个行业，主要有政府机构、网络运营商、城市交通、汽车服务、电视传媒、教育培训、金融管理、酒店餐饮、游戏娱乐、智慧旅游等，均为其提供高质量的行业解决方案，涵盖移动客户端开发、网站系统开发和建设，包含功能策划、方案设计、程序开发、技术攻克、平台推送、用户指导等全方位精确服务。

二、案例分享

当我们打开收音机，收听南京交通广播电台 FM102.4《智勇在线》节目时，我们发现《智勇在线》微网站提供了注册、粉丝中心、最新消息、我要发言、违章曝光查询、节目重听等有针对性的功能，使节目的互动性更强。这个平台是南京苏互智能科技有限公司为南京交通广播电台《智勇在线》量身定做的一个“微直播—主播管理系统”，为《智勇在线》的近十万粉丝提供服务。

“要感谢党的好政策，让我们能够把创业想法变成现实。”见到苏互智能总经理渐灵岩时，他说的第一句话。2004 年，渐灵岩毕业于江苏大学市场营销专业，就职于中电电气集团(CEEG)市场策略中心，从事市场营销工作。2013 年，考入南京林业大学 EMBA 班，在校期间担任南京林业大学首届 MBA 联合会主席。2013 年，国家出台了鼓励自主创业的一些优惠政策，由于对智能互联网前景的看好，渐灵岩创业的梦想被点燃了。

创业合伙人

创业需要具备很多条件，志同道合的合伙人是创业者渴求的，对创业成功起到至关重要的作用。“遇到徐健是我的幸运，遇不到徐健，也不会有今天的我。对互联网技术，我一点都不懂，我主要负责市场这一块，徐博士是公司技术全权负责人。”渐灵岩这样介绍自己的合伙人徐健。

徐健具有信息系统项目管理师、国家工信部认证高级项目经理资质，具有 10 年的软件开发和系统集成经验。共计发表专利 10 篇，其中美国发明专利 1 篇(专利号 093138798)，国内算法类发明专利 3 篇，系统类发明专利 1 篇，实用新型 4 篇；同时申报软件著作权 3 次。徐博士曾任职于台湾明基电通公司，期间历任系统工程师、技术经理、项目经理；任职于韩国三星电子南京研发中心期间，作为算法设计、研发部门负责人，对视频图像分析、编解码算法和视频特效处理进行研究和优化；任职于中国电信江苏分公司时，作为技术负责人和项目经理，对移动终端监控系统进行了深入的研究。

没有创业前，在以前的公司中，渐灵岩遇到了现在的合伙人——毕业于南京大学理学院数学系的徐健。两人相识后，志同道合，经常在一起聊工作、谈生活。

2013 年出台的鼓励自主创业政策点燃了渐灵岩心中创业的梦想。当时互联网行业创业非常热门，但是渐灵岩对互联网技术完全不懂，恰巧徐健是这方面的专家。有创业想法后，对于互联网行业创业的一些问题，渐灵岩经常向徐健请教，两个人认真交流了两个月左右，最终决定一起创业。

第一个项目

借助政策优势，2013 年 6 月 6 日南京苏互智能科技有限公司在南京工业大学弘正楼注册成功。公司成立过程中，南京市人社局的领导和老师从政策解读、办公场地、市场指导等方面给他们提供了基石般的帮助。公司成立之初只有 2 名员工，人社局免费提供了一间约 30 平方米的办公室。

有了市场定位，客户就是公司生存和发展的命脉，但此时没有知名度、没有规模、没有优越的办公场所。在 2013 年的下半年，公司强力推进市场开发，渐灵岩几乎每天都奔波于已有人脉关系圈，陌生拜访相关产业公司。公交车、地铁、步行，雨水、骄阳、寒风编织成了南京苏互智能原始市场的脉络。

功夫不负有心人，付出总有回报。几经周折，南京苏互智能迎来了第一个合同，承接了南京宁宝宝马 5S 店的微 5S 店—汽车服务系统（微网站）以及为宝马汽车独家研制了基于微信平台的系统集成智能项目（微信链接打印机，实时处理客户维修保养预约平台）。

接到项目后，除了慰藉心灵的兴奋，还有把项目做好的压力。当时办公条件不好，人手有限，大家每天都加班加点，每天都工作 15 个小时以上，遇到问题，就聚在一起商讨，群力群策。这种能吃苦的精神和共商问题的开明做法，一直延续到现在。

经过团体的共同努力，南京苏互智能顺利完成了此项目，开发出了在江苏地区内基于微信端链接实体硬件设备的第一家 OTO 的微智能平台。

随着对客户精准需求的把握和实现，合同越来越多。如南京交通台知名主持人智勇老师的《智勇在线》的微直播—主播管理系统、精锐教育（上市企业）的微教育—教学管理系统、北京忧和家园微娱乐—娱乐新闻移动分享系统等项目一并开发上线。

新闻发布会

新年伊始，在数个项目上线运营的保障之下，南京苏互智能决定联合客户举办宣传相关项目上线的新闻发布会。2014 年 1 月 14 日，全国首创移动互联 OTO 实际应用发布会在南京中心大酒店紫金厅隆重举行，联合承办单位有南京广电集团小微视频网、太平洋汽车南京站、南京苏互智能科技有限公司。

新闻发布会上致辞的领导有：南京林业大学经济管理学院副院长杨红强教授、南京工业大学国家大学科技园副总经理陈红喜教授、南京交通台著名主持人智勇老师、南京广电集团副台长、小微视频网总经理顾旭光先生、南京市人力和社会保障局大学生就业指导中心主任季顺祥先生、南京紫金科技创业有限公司副总经理余波先生。

整场发布会由江苏广电集团著名主持人全程主持，过程中穿插沙画表演、微电影播放和现场嘉宾互动体验微智能应用。各界嘉宾汇聚，300 人的会场座无虚席，整场发布会得到了热烈的反响，同时江苏城市频道和南京广电还对本发布会给予了新闻报道。

这次活动，拉开了南京苏互智能 2014 年拼搏的帷幕。

精彩的 2014

在 2014 年初时，当时公司也只有 4 名员工，公司的月营收入不到 3 万元，公司面临资金短缺的危机，渐灵岩也为此经常失眠。幸运的是，进入到 4 月份，随着客户合同的积累，公司的运营状况日益好转。诚迈科技（上市公司）电商平台、华泰证券（上市公司）手机交易平台安全系统、江苏武警总队后勤部综合业务管理系统等项目的签订和开发，为公司扩大业务规模和提升企业形象奠定了坚实的基础。

在公司成立一周年之际，在南京紫金科技创业公司的推荐下，南京苏互智能以综合实力第一的身份，得到了南京市经济贸易委员会牵头，由南京市科技产权交易所承办的小微企业“金融 E 超市”的系统开发合同。

由于时间紧、任务重，公司以完成政治任务的思想高度，积极配合相关主管单位和领导，第一时间上门服务。经过一个多月的拼搏和努力，所完成的软件系统得到了领导们的一致认可，并在 8 月份的经促会上，由南京市常务副市长刘以安和南京市政协主席沈健为本项目启动揭牌。本项目的完成，给南京苏互智能全体员工带来了莫大的荣誉和对未来更大的发展动力。

随着市场的发展，南京苏互智能适时地加快了团队文化建设、相关企业资质申请和提高办公品质的日常性工作。在日常管理中互敬互助，形成了大家建言献策的氛围，团队活力和凝聚力日益提升。为了更好地发展公司和更多地参与市场竞争，南京苏互智能申请了“双软认证”和 ISO9001 质量体系认证。

为了提升公司办公品质和改善办公环境，经过项目申报审批，南京苏互智能得到了江苏省科学和技术产业厅的大力支持，入住了江苏省科技创业大厦。

凭借着踏实、稳中求进的发展思路，南京苏互智能日益完善着内部体系打造、知名度和美誉度积累。2014 年底，公司已有 20 余名具有专业开发设计知识和项目实战经验的行业精英。在做好自身业务的同时，南京苏互智能迎来了南京科技产权交易所的“O 版”企业融资平台的认可，于 2014 年 10 月作为联交所第一批的挂牌企业，开始了进入社会资本市场的运作。

展望 2015

“想创业，必须要具备创业者的素质，承受住各种压力。创业的目的不仅仅是赚钱，更多的是实现一种梦想，能更好地实现自己的价值。当我们取得一定成功时，可以为社会做些有意义的事情，回报社会。”

在谈到创业风险时，渐总认为要考虑以下几方面：一是资金的风险。资金短缺对每个企业都是致命的，所以，在创业过程中，一定要时刻关注企业的资金状况。二是如何解决合作不对等的问题。创业初期企业在市场上没有知名度，如何提升知名度，获得与大公司合作的对等机会，是创业者需要认真思考的。三是人才招聘问题。创业型企业前期非常缺人才，而且很难招到合适的人才。为员工描绘一个美好前景，给员工一个承诺，让员工看到希望，应该是创业者吸引人才的法宝。

伴随着南京新城大厦一期项目的投入使用，南京苏互智能迎来了智能交通二期项目的开发合同。“公司第一批员工已分得期权，公司的吸引力也在增强，现在公司员工已达 30 多人。公司的开发能力在提升，公司的知名度也在逐步提升。很多有意向的合同，也都在谈判过程中，今年的业绩比 2014 年要翻番。”渐灵岩自信地说。

2015 年是充满希望和挑战的一年，在“开明、活跃、踏实、认真”的企业文化氛围中，南京苏互智能的全队人员正在努力拼搏着。

三、案例总结

创业的过程也是一个磨砺的过程，在创业的过程中要能选准时机，抓住机遇，借力国家政策、行业趋势、社会需求等因素。

南京苏互智能科技有限公司在成立初期，受惠国家政策，得到地方园区一些实质性帮助，这对创业型企业来说是至关重要的。从南京苏互智能的案例中，我们可以发现，创业要选择适当的时机，最好能借力于国家的政策环境。

在创业过程中，我们一定要能找到很好的合伙人，技术和市场对企业是同等重要的，所以在创业团队中，既要有懂技术又要有懂市场的人。在企业发展初期，要能通过一定的途径，找到对企业品牌进行推广宣传的方法。如南京苏互智能在 2014 年初联合客户举办宣传相关项目上线的新闻发布会，就是推广品牌的一个很好的方法。想把企业做好，创业者需要具备企业家的品质，要能承受压力，要有把企业做好的坚定信念，要有永不服输的精神。

2.2 发展期案例

2.2.1 案例 5：天道酬勤，他的追逐终得命运垂青

天道酬勤，他的追逐终得命运垂青

——南京易周能源科技有限公司创业案例

一、企业简介

南京易周能源科技有限公司，注册成立于 2010 年 11 月，是一家集科研开发、生产制造、自动化工程建设为一体的高新技术企业。刚成立时公司只有 2 名员工，经过 4 年多的发展，公司现有员工 40 人，全部具有大专以上学历。其中，技术和研发人员 16 人，市场营销人员 10 人，经营管理人员 6 人，工程管理与技术人员 8 人，平均年龄 26 岁。

南京易周能源科技有限公司致力于无线电、传感器、电子技术、自动化系统、计算机网络、多媒体技术等方面软、硬件产品的研究。结合水利行业信息系统的需求，集成开发水文自动测报系统、闸门自动控制系统、灌区水资源调度监控系统、大坝安全监测系统、山洪灾害预警系统和三防决策支持系统等，其中水文自动测报系统设备在国内处于领先地位。

公司以一批年轻有为的博士、硕士等有志之士和掌握高新技术、具有丰富经验的专家教授组成核心团队，秉承着“惟专注，故专业；惟先行，故领先”的经营哲学，建立起了高效的咨询、研发、制造、销售和集成服务体系，研发生产出了技术先进、性能稳定、质量可靠、使用安全的优异产品。

公司与河海大学、航天科工等17所教学科研单位建立了科研合作关系，为技术创新和产品升级提供了多方位保障。拥有4项专利和2项软件著作权，具有计算机“双软”认证和水文仪器生产许可证等资质。

二、案例分享

他出身在安徽桐城农村，2003年考入大学，2007年开始到导师的公司实习，2009年被导师任命为一个分公司的总经理，并持有10%的股份。之后，由于在经营理念上存在分歧，他最终决定离开公司，开始自己创业。他就是2010年注册成立南京易周能源科技有限公司的总经理周峰先生。

成立公司时，没有资金，便把房子抵押给银行，贷到启动资金；当时自己没有核心产品，只能与别人合作；经过艰难的创业期，研发出自己的一系列产品，迎来市场重大机遇，从2011年的年销售额不足100万元，增长到现在的年销售额近6 000万元。

在公司业务发展稳定的情况下，现在周峰带领他的团队在向更高的方向发展。

立志创业

从农村考上大学的时候，周峰的想法很简单，就是好好读书，将来在城里找份工作，出人头地。因此，在大学时期，他刻苦学习，积极参加学生活动，大三时担任了校学生会主席，学习成绩名列前茅，学生活动多姿多彩。在老师和同学们眼里，他是学习好、热情高、能力强的好学生。

大学面临毕业时，他开始思考自己今后的路怎么走？反问自己，离开校园后能做些什么？光有书本知识是否就能干出一番事业？看到师哥师姐们有的进了机关单位，有的到企业打工，有的创业初见成效，他进行了全面认真的思考，最终认为创业才能体现一个人的勇气、智慧和能力。因此，他对自己要走的路做了坚定的选择，就是去创业。他辞去学生会主席的工作，把时间用在学习专业技能上，开始了创业的准备工作。

磨砺锤炼

机遇永远只垂青有准备的人，周峰的机会来自于在河海大学读研时跟随导师实习。刚开始，老师让他到自己的公司里干技术员，从最基础的工作做起，他边干边学。起初，他不会锡焊，连焊锡丝为何物都不知道；看不懂电路板，听不懂专业术语，更别说什么软件什么设备，因此，经常受到同事们的取笑。有时候，做出的产品有瑕疵，大家都会认为是周峰没有做好而导致的。遇到这样的误解，周峰没有太在意，相反，他庆幸自己在这里有太多的东西可以学习。那时候的他就如同一块干涸的海绵被抛到了知识的大海，除了疯狂地吸收，没有任何别的想法。

为了有更多的时间弥补专业技术上的不足，周峰特地向老师申请了晚上留宿公司，此后半年多的时间，他以公司的沙发为床。这样一方面可以节省开支，更重要的是他有更多的时间去学习与实践。每天晚上周峰工作学习到 11 点，在沙发上铺开被子休息，每天早晨 6 点起床，把被子收拾好放进柜子，出去吃了早点就回公司打扫卫生，等同事们来上班。

就这样，经过短短的半年时间，周峰学到了别人两三年才能学到的东西。一个多月后，老师把他调到了销售部门协助公司开拓市场，他开始走南闯北，与形形色色的人接触。由于已经有了专业技术基础，对于项目投标、项目施工、售后服务等，他都能很快上手，一年后就能独当一面开展工作，替老师排忧解难。此时，他实现了第一个梦想，即成为一个受人尊敬的有技术、有本事的人。

艰难抉择

在老师的公司里顺风顺水，如果满足现状亦可衣食无忧。在工作中，周峰很有自己的想法，他几乎每周都会向导师提交一份如何把公司做大做强的报告，可惜的是这些报告没有一份被采纳。2009 年，老师又成立了一家分公司，任命周峰为分公司总经理，并给了他 10%的股份。在分公司里，周峰尽最大努力做好市场工作。经过一段时间，周峰感觉到公司的发展和经营理念并不能由他去做主，不能按照自己的意志去做事业。

2009 年的元旦，周峰到昆明、成都、西安、兰州、西宁出差，完成工作任务后，他连夜踏上进藏的旅程。在拉萨，他去了布达拉宫、大昭寺。在朗朗的蓝天下，缭绕的香雾里，他望着巍巍的喜马拉雅山，倾听着众僧侣专注的诵经和膜拜，他被信仰的力量所感染，被超然的精神所震撼。在这里，他领悟了自己的奋斗目标，做出了人生最重要的抉择——离开老师的公司，走自己的路。

离开公司后，周峰也没有立刻开始创业，而是计划到上海一家大公司里工作。经过初试和几轮面试，周峰获得了公司提供的 Offer，最后却由于户口问题，放弃了上海那份工作。周峰本来就有一颗好胜的心和闯事业的勇气，加上本身具有多年的实习经验和专业理论知识，经过半年的思考与沉淀，他决定自己去创业。

“离开老师的公司出去创业，心里也有很多的不舍，对我来说也是一种很大的挑战。但是既然选择创业，我就会坚持走下去，不论遇到什么困难。非常感谢有这么一个平台，让我学到了很多有用的东西，也感谢老师平时的栽培，同事们日常工作中的帮助。”谈到当时决定离开公司时，周峰还是很有感慨。

艰难起步

2010年10月，周峰与女友终于踏上创业征程。公司筹备期间，他已经体会到了创业的种种艰辛。因为工作年限不长，他几乎没有什么积蓄，唯一的办法就是借贷。当时他只有一套只付了首付的房子，他和父母四处奔波，东凑西借，把房子尾款付清后便把房子抵押给了银行，共贷到65万元，还清了借款就只剩20万元用于发展。经过和女友商量，周峰决定把这套房子装修一下用来办公，自己就在外面租房子住。因为南京当地装修费用太高，他们从安徽老家请来泥瓦匠，他自己和工人们一起干活，女友负责给工人做饭。装修用到的所有材料都是从建材市场淘来的，便宜又实惠，办公桌椅也是他们从二手市场买来的。

经过十几天的时间，投资2万元左右，一个有模有样的小公司就装修完成了。2011年1月11日，南京易周能源科技有限公司开始正式营业，老板加员工总共就2人，正是凭着初生牛犊不怕虎的冲劲，周峰迈出了开拓属于自己一片天空的第一步。

“创业，不仅仅让我留下忙碌的身影，更让我在拼搏中收获人生感悟和为客户创造价值的快乐，我在付出中享受喜悦。我坚信，坚守对自己事业的梦想，就一定能克服艰难险阻走向成功的彼岸，实现人生价值最大化。”周峰说。正是这种追求生命的价值，开创事业的斗志，让周峰敢于去创业，勇于去拼搏。

第一台产品

万事开头难，公司创立后，产品研发、产品生产、产品销售涉及的事情之多是始料未及的，经验欠缺、市场竞争激烈等都给周峰带来很大的压力。然而，骨子里不服输的精神，倔强而又好强的性格鞭策他开弓没有回头箭。重压之下的必胜信念，反而更加激发出他的潜力和斗志。“我提醒自己，看准方向就要全力拼搏，我不比别人差，别人能做到的我一定要做到。”周峰说。通过权衡自己的条件，判断自身实力还不足以投标项目，就决定首先创立自己的品牌产品进入市场。他找到当时在北京一家大公司从事电子产品研发工作的高中同学，把自己的创业想法讲给他听，把他拉入自己的创业团队。

易周公司第一台产品的研发，起初是在模仿吸收的基础上，根据自己的思路进行设计的，研发的过程并不顺利，样机的性能不够稳定。周峰和他的同事没有气馁，经常废寝忘食、挑灯夜战进行反复试验和修改，经过两个月的努力，终于在2011年5月研制出自己的第一台简易报警雨量器，在设计验证各项指标合格后，产品开始批量生产。

千里换纸箱

2011 年 6 月,公司接到了自创立以来的第一笔订单,产品发往甘肃某个项目,这个项目是与深圳一家公司进行合作的。对第一个项目,公司上下格外重视,大家每天都加班加点,经过两个月终于按照要求完成了产品的生产。

当时公司对产品的包装和运输还很陌生。在产品包装上,他们采用了普通的外包装盒,由于到甘肃的路途比较远,在运输的过程中不巧又碰到下雨天气,当产品运到目的地时,产品的外包装盒已经变得支离破碎。

产品使用方接到产品时就给周峰打电话反应此情况。其实,产品的外包装盒坏了,对产品的使用性能几乎没有影响。当时有人就说这个不是什么大事情,向订货公司解释一下就好了。

但是,周峰认为这虽说是一个小意外,但也是由于公司考虑不周全造成的,不能给客户留下不好的第一印象。于是,周峰决定让人带一批产品外包装盒,连夜买火车票去甘肃,给客户更换产品外包装盒。通过这件事,客户对他们公司赞赏有加。“真没想到,这么大老远,打个电话就过来啦!”客户除了称赞之外还是称赞。

立志做出自己的产品

公司刚成立时,在研发和生产方面都还比较薄弱,只能与其他公司进行合作。2011 年 10 月,公司接到温州永嘉一个电力企业的水位监测系统的项目,项目前期的交流十分顺利,双方很快达成合作意向。

当时南京易周能源科技有限公司在产品生产上能力还比较薄弱,周峰选择与南京的一家公司合作,共同完成产品的生产。经过双方企业人员的共同努力,按照订单的要求制造出了样品。周峰一行 6 人,其中有 2 人是合作公司的员工,开着一辆车,兴冲冲地向永嘉驶去。

到达永嘉后,在与需求公司的电力技术负责人沟通的过程中,合作公司员工的言语有点不当,导致双方在交流时发生了一些不愉快。由于是合作公司的员工,周峰只能看在眼里,气在心里。即将达成的合作,眼看就要黄了,周峰心里很焦急。因为这个项目对周峰来说很重要,尤其在他公司刚刚起步阶段。周峰只好亲自去找电力技术负责人,向他们说好话,和他们协商,希望能继续开展合作。

经过几乎是哀求式的协商,对方负责人也没有给他们机会。本来很有希望的合作,就这样泡汤了。经过这件事,周峰清醒地认识到,必须要提高公司的生产能力,一定要能独立地制造出自己的产品。

“通过这件事,我们更加强调在产品研发生产和提供服务方面的能力。‘一周一产品，易周易服务'是我们公司现在的口号。"现在公司要求，每周必须要做出一个产品，要为客户提供便利的服务。

迎机遇快速发展

2011 年，中央一号文件锁定水利改革发展，南京易周公司迎来发展的重大机遇，公司的订单源源不断。当时公司只有 10 多人，大家每天都要加班工作，有 3 个月都是这种工作状态，虽然很辛苦，但是大家热情很高，干劲十足。

订单的增多给公司带来了快乐，但同时周峰也遇到了快乐的烦恼。由于公司刚成立，资金不充足，而快速增长的订单需要大量采购原材料，银行贷款还在审批中，月底还要给工人发工资，在公司资金最紧张的时候，账面上只剩下几百元。

虽然在资金上遇到困难，但是公司的发展前景让周峰及整个团队信心满满。于是，周峰就和员工商量，先支付员工基本的生活费用，等到公司项目款回来后，再补发工资。当时公司一名负责技术的员工，甚至提出把自己准备买房子的首付款拿到公司，借给周峰周转之用。周峰再三考虑，谢绝了员工的好意，没有借用员工的资金。"虽然没有用他的钱，但是员工的这份心意，我一定会记住的。现在公司资金充裕了，员工有需要买房之类的，我都会预借给他们部分资金。"周峰回忆道。

这种状况持续了 3 个多月，银行的贷款办理下来了，产品的销售款也渐渐回来了，资金压力开始有所缓解。公司的业务在迅速地扩张，产品的种类也变得丰富多样。公司现在有三大系列产品，涵盖水利、交通、环保三个板块，已销售产品覆盖全国 25 个省份，销售额从 2011 年的 100 多万元迅猛增到 2014 年的 6 000 多万元。

在公司快速发展的过程中，周峰也投入到对回报社会的相关活动中，尽自己的能力帮助一些需要帮助的人。

2008 年，周峰还在导师公司工作，在四川丹巴县做一个项目时，他遇到一个很好的朋友。之后，那个朋友很不幸生病去世了，留下一个女儿叫卓玛，周峰知道这个消息后，就把卓玛认作干女儿，承担起照顾的义务。周峰那时的工资也不高，但是他会定期给卓玛汇点零花钱。小卓玛学会写字后，第一封信就写给了周峰。"现在这封信还在我的书橱里，我感到很欣慰。"现在周峰也有做公益慈善的计划，他们正在准备成立"易基金"，希望可以帮助更多的人。

三、案例总结

天道酬勤，是对周峰创业成功的最好概括。创业的路并不都是一帆风顺的，像周峰这样白手起家的农家子弟更是困难重重。困难是对每个创业者的考验，放弃和坚守在这个时刻决定你与成功的距离。

周峰在面对嘲讽、挫折和压力时，没有沮丧和气馁，而是看到提升的空间以此激发更高的斗志，这种心态和精神铸就他创业的意志和信念，支撑他走得更高更远。

在跟随老师学习实践的时候，周峰是到得最早、干得最多、走得最晚的人。创建了自己的公司后，他把全部家产和全部精力都放到了公司，为了企业经营自己省吃俭用，为了寻找客户放弃节假休息，为了产品研发经常废寝忘食。在他看来，为事业拼搏是体验生命的意义，为追求人生价值付出终将得到成功的喜悦。

周峰的创业案例告诉我们，每个创业者起初都有一个梦想，实现梦想是一个艰难的过程，面对困难和挫折，对事业的执著和对挑战的斗志决定了创业者正确的选择。只有坚持梦想、坚守信念、找准方向，把人生价值与个人事业和社会贡献密切结合为一体，才能真正找到创业的自信和快乐。

2.2.2 案例6:满足客户 成就自己

满足客户 成就自己

——淘金信息科技江苏有限公司创业案例

一、公司简介

淘金信息科技江苏有限公司成立于2010年,是目前国内专业体系最为完善的电子商务服务商,也是首家登陆央视的电子商务服务企业。公司成立之初只有4人,历经四年多的发展,目前拥有员工700余人,下设10余家子公司,服务客户超过1 000家,年撬动网络成交额近12亿元,旗下淘金商学院累计向全国输送7 100余人次技能人才。如今,淘金企业规模及品牌影响力在全国电商运营服务行业已位列前三甲。

作为一家专业的电子商务服务企业,淘金以独创的"网店通"作为核心产品,与淘宝网、天猫、京东商城、苏宁、亚马逊、阿里巴巴国际站、敦煌网等网络平台形成战略合作,为企业提供网店产品拍摄、网店装修设计、店铺活动推广、店铺活动策划、电商人才培养等十余种服务,服务网络辐射全国。同时,淘金自主研发"淘商情大数据分析系统",作为一款电子商务数据统计分析与挖掘软件,为企业电子商务事业提供数据咨询和决策支持。

凭借全方位、专业的服务模式,淘金历年来获得多项荣誉:成为"中国电子商务协会政策法律委员会企业委员"单位;获得"中国电商服务十大最具竞争力品牌"的荣誉称号;成为全国唯一一家同时多次获得"天猫金牌淘拍档""钻石京东帮"荣誉的电商服务商;两次获得"杰出电商运营服务年度风云奖";荣列中国"最美电商 Top 10";获得全国第三届创新创业大赛"优秀企业"称号;夺得江苏省首届创新创业大赛二等奖;获得中国电子商务协会授予的"电子商务应用人才培训基地"证书。2014年淘金被率先评为南通市"品牌创新"示范企业,2015年初被评为"江苏省电子商务示范企业"。

二、案例分享

经过四年多的时间，淘金经历了一个由小到大、由弱到强的发展历程。2010 年 10 月，淘金信息科技南通有限公司在南通成立，2012 年 6 月升级为淘金信息科技江苏有限公司。2011 年，南通服务中心成立。2012 年，江苏如皋、苏州和浙江台州分公司相继成立；同年，淘金商学院成立并获得“江苏优质诚信电子商务培训机构”称号。2013 年，淘金登陆央视，成为天猫“运营服务类金牌淘拍档”、京东平台“钻石京东帮拍档”，并在台湾、上海和黑龙江成立三家分公司。2014 年，成立淘金国际电子商务江苏有限公司，开展跨境电商贸易；成立江苏江门分公司和山东临沂子公司；被评为南通市“品牌创新”示范企业。2015 年上半年，淘金被评为“江苏省电子商务示范企业”，董事长王金合被评为南通市民营经济“三名”年度人物。

创立淘金是王金合第一次创业，在创业过程中，王金合也遇到了很多的困难和挫折。凭着对市场机遇的把握，王金合勇于拼搏，不轻言放弃，终于有了今天的淘金。

阿里巴巴销售战神

王金合在学校的时候和其他大学生一样，也在思考着自己的未来和人生。没有强有力的家庭背景，没有可借助的社会关系网，他能凭借的就是一颗决心，在他的字典里没有“失败”一词。

大学毕业后，王金合进入了中国最大的电子商务公司——阿里巴巴，开始了他的第一份工作。正是凭借着一份对人生的执著和对成功的渴望，在残酷的“五百选一”的面试中，他最终打动了所有的面试官，如愿以偿地进入阿里巴巴销售事业部，一如既往地奔跑在实现自己人生理想的路途上。

在阿里巴巴的日子改变了王金合的人生，他一直坚信“同样都是人，别人能做到的，自己就一样能做到”“敢于彻底地吃苦就是战胜一切的法宝，别人拜访 10 家客户，我就拜访 20 家……每次的失败是为了更多的总结和更早的成功”。

王金合把这一成功哲学在自己身上诠释得淋漓尽致：两年的时间他升任阿里巴巴的大区销售主管，且长期保持 Top Sales 的记录；他所带领的常熟团队曾经拿到了全国第一的成绩，他培养出一批和他一样的销售战神。

创立淘金时代

王金合说，在进入阿里巴巴之前，他就有个梦想，站在像马云这种巨人的肩膀上，去超越他。创业，是唯一可以让自己实现梦想的方式。随着内心深处创业种子的萌发与日益壮大，王金合在“阿里文化”中浸染了 5 年之后，毅然辞职创业，完全从零开始。2010 年 10 月，王金合在南通正式创立了“淘金时代”。淘金创立之初，公司所有人员只有 4 个人。

创业最重要的条件是拥有合适的项目。在阿里巴巴工作的时候,王金合每天的工作就是频繁地与中小企业主接触,引导他们在阿里巴巴、淘宝平台开设网店。

通过长期的观察,王金合发现,在电子商务的大环境下,虽然对开设网店有强烈的需求,但苦于对电商行业的迷茫、对技术人才的缺乏,大多中小企业主对于发展电商欲入无门,无处下手。这让王金合发现了一个绝佳的商机,于是他毅然决然地放弃了月入过万的阿里待遇,选择电子商务服务行业开始自主创业,致力于帮助中小企业在互联网上淘金。

然而,虽然拥有合适的项目,但如何起步对王金合来说并非易事。王金合出身于农民家庭,靠种田为生的父母给不了他任何资金上的帮助。在王金合的手中,只有在阿里巴巴工作 5 年攒下来的积蓄,那原本是存着用来买房的钱。

除了资金问题,还有来自家人的阻力,父母并不支持他辞职,更不支持他用买房的钱来创业。虽然背负着家里人的不理解,但是王金合心中那个看似遥不可及的梦想,最终支撑他一步步构建起淘金集团的服务体系。取出自己准备买房子的所有积蓄,王金合决定破釜沉舟。也正是因为没了退路,他在奋斗的路上一步一个脚印,走得特别踏实。

4 个人的小团队,一间狭小的办公室,20 平方米的空间,就是淘金成立之初对中国电子商务进行研究的阵容与阵地。所谓"创业难,如登山",创业之路可谓举步维艰,在创业初期不可避免地会遭遇各种各样的难题,来自工作,也来自生活;有资金窘境,也有人才困境。

在淘金公司刚刚起步的时候,王金合一度深深地陷入了专业电商服务人才缺乏的困扰之中。由于电商服务业在当时也是新生行业,从人才市场上淘金几乎招聘不到专业的技术人才。面对这种窘况,王金合在经历了最初的困扰和无奈之后,最终决定从零开始培养淘金自己的人才队伍。他选择从学校招聘一些实习生或者应届毕业生,亲自带领他们一点点摸索电商服务知识、熟悉平台规则、学习专业技术,自己成立淘金是从零开始创业,员工进入淘金也可以从零开始就业。

在言传身教的同时,王金合还外聘淘大讲师给员工进行培训,并在公司内部建立培训分享机制,鼓励员工之间分享技术、互相帮助、共同进步、抱团发展。人心齐,泰山移,只要淘金的人心往一处想、劲往一处使,淘金的事业就一定会不断地向前发展。

创业初期,资金严重短缺是困扰王金合的另一大难题。在淘金公司创办的时候,王金合多年来全部的积蓄基本已经用光了,而公司成立之后每一天的运转都需要大量的资金去支撑。但是对于一个新成立的公司而言,淘金没有大量的客户积累,没有大量的业务订单,也就没有太多的营业收入,资金周转一度成为公司发展的瓶颈。

公司在发展,业务在拓展,岗位在增多,员工队伍在不断壮大,员工工资也在迅速增加,这对于捉襟见肘的公司财务状况而言不啻于雪上加霜。

有一次时逢月底,公司资金已经难以周转,公司几十号员工还在等着发工资,而银行贷款因为手续复杂、流程较长,一时远水解不了近渴。最后实在没有办法,王金合只好向朋友求助,借钱给员工发放工资。王金合说,再苦也不能苦了员工。

谈起创业初期的家庭,王金合更是感慨良多,他说他最对不起的就是他的家人。王金合决定辞职创业,父母持的是反对意见,身在山东农村的两位老人更希望他能在工作和生活上拥有一份安定,少受一些磨难。在创业初期,公司处境艰难,虽然王金合不会跟父母提起,但是两位老人又怎会一无所知,更是不知道替他担受了多少惊怕。

除了老人,还有孩子,小小的年纪也因为创业之艰,承受了许多的辛苦。"当时宝宝比较小,放在家里没人照顾,就被带到公司里,睡在沙发上,或是睡在车里。"看着那时的照片,说起那时的往事,王金合的声音也不禁低沉了许多。

而对王金合自己而言,创业初期也经历了不少的艰辛。他在阿里巴巴是销售出身,在淘金创立初期,他既是公司的管理者,也是公司的业务员,也要出去和客户谈业务。他出去的时候往往不开车,而是乘公交车。

有一次,他去南通周边的张芝山镇和客户谈合作,去的时候是乘公交车,2 元的车钱,回来的时候却发现自己口袋里连乘公交车的硬币都没有了,生活之困、处境之艰可见一斑。至于客户的刁难更是不胜枚举,那段时期他也数不清到底吃了多少闭门羹,看了多少冷脸色,听了多少刻薄话。

然而,这些工作上、生活上的困难和磨炼,非但没有浇灭公司成长的火焰,反而化为淘金前进道路上的一块块基石,成为淘金人不断前进的鞭策和激励。

扩大业务规模

挺过了创业初期的艰难,淘金公司的发展渐成规模,内部管理和服务体系逐步形成规范。同时,随着公司各个岗位的人才逐渐自给自足,王金合不再满足于仅仅从事一般的电子商务外包服务,公司业务逐渐向更多领域延伸,其中有电商人才培养、电商运作等多个领域。

随着服务团队的扩大、客户数量的增多,淘金内部管理和客户服务流程的规范化成了急需解决的问题。而在电商服务行业里,作为先行者,淘金找不到可以参考的标杆。王金合说:"行业内没有专家,那我们就自主学习、摸索,成为行业专家,树立行业标杆。"

一声令下，标准化工作组随之成立，通过对600多家客户服务过程的分析，制定了近1 000页的操作规范手册，从接洽客户到服务完成，每一个环节都制定了详细的作业指导条例。目前，淘金正在为服务体系申请ISO 9000国际质量管理体系的认证。淘金在实践中制定了一套可行的电商服务标准化作业指导书，配合与客户对接的CRM(客户关系管理系统)及内部管理的目标管理系统三重体系保证服务的标准化和实时性。

2013年，淘金设计开发了全新的运营管理系统。全国各地的分公司都可以登录使用，里面记载着淘金员工针对客户店铺的每一次操作及操作效果，客户登录后台即可清晰明了地看见淘金服务人员操作店铺的所有记录。这一举措，大大提升了淘金内部的管理质量及客户对淘金服务的满意度。

人才的匮乏是电子商务行业由来已久的难题。随着电子商务的蓬勃发展，越来越多的传统企业从线下走向线上，这也让电商人才缺乏的困境日益突出。于是王金合便打起了"电商人才培养"的主意。2012年5月，"淘金商学院"宣告成立，专门为企业培养输送电商人才。同年，淘金商学院荣获"江苏优质诚信电子商务培训机构"的称号。

淘金业务向垂直细分领域延伸也是适时而为，国家政策导向是淘金发展的一个重要风向标。互联网环境下，面对电商行业的冲击，转型升级是一个传统企业所面临的最严峻的问题。但是大部分传统企业在面临转型之时动力不足，在将市场转向新兴领域的时候，面临着技术改造等诸多问题。中小企业风险承受能力低，在转型之初迫切需要政府的政策引导。

2013年5月，第二届京交会暨全球服务论坛北京峰会在人民大会堂举行，中共中央政治局常委、国务院总理李克强出席并发表"把服务业打造成经济社会可持续发展的新引擎"的主题演讲。李克强强调，要发展和提升服务业，促进工业化和信息化深度融合，开发新一代信息产品，发展电子商务，扩大信息消费。

2013年10月，《商务部关于促进电子商务应用的实施意见》中第九款明确指出扶持电子商务支撑及衍生服务发展，"鼓励电子支付、仓储物流、信用服务、安全认证等电子商务支撑服务企业开展技术和服务模式创新，建立和完善电子商务服务产业链条；发挥服务外包对电子商务的促进作用，发展业务流程外包服务和信息技术外包服务，如设计服务、财务服务、运营服务、销售服务、营销服务、咨询服务、网络建站和信息系统服务等"。此后，各地纷纷出台电子商务相关扶持政策。

随着国家、各地地方政府政策出台，电商服务企业在全国各地开始涌现。面对竞争形势的日益严峻，淘金在面向全国拓展服务市场、在国内各个行业聚集地展开业务的同时，开始注重垂直细分领域的服务。他们选准服务客户的行业及领域，向纵深发展，开展精细化服务，服装聚集地常熟、眼镜生产聚集地台州、特色食品产地如皋、中国最大的小商品聚集地义乌、中国小家电市场慈溪等，都相继插上了“淘金时代”的旗帜。

如今，淘金服务在行业内独树一帜，形成三大特色：垂直行业专业服务、小专家专业团队以及标准化流程管理。同时培养储备了一批既懂传统行业领域知识又精通电商技术的“小专家”团队，确保在理解行业一定深度的基础上保证服务质量。公司内部管理和客户服务管理实行标准化管理。公司自主开发的电商运营系统也已投入使用，实现实时了解客户及公司信息、异地作业的功能。实践证明这套思路完全可行，王金合让淘金公司成为电子商务服务行业中的专家。

三、案例总结

通过百里挑一的面试，进入阿里巴巴集团工作，在阿里巴巴的经历培养了王金合的创业情怀。

在工作中，善于观察和思考的王金合发现，在电子商务的大环境下，虽然中小企业主对开设网店有强烈的需求，但苦于对电商行业的迷茫、对技术人才的缺乏，大多中小企业对于发展电商欲入无门，无处下手。发现这样一个绝佳的商机，王金合毅然辞职，做起了创业的打算。

面对创业资金缺乏的压力和家人的反对，王金合没有放弃，依然坚持，在一间 20 平方米的小空间内，他开始了自己的梦想。随着业务的发展，王金合发现了新的商机，打起了“电商人才培养”的主意。

2012 年，“淘金商学院”宣告成立，专门为电商企业培养输送电商人才，目前已累计向全国输送 7 100 人次技能人才。在工作中，由于没有参考标杆，王金合带领团队通过自主学习、摸索，成为行业专家，树立行业标杆。通过对 600 多家客户服务过程的分析，制定了近 1 000 页的操作规范手册，从接洽客户到服务完成，每一个环节都制定了详细的作业指导条例。

2.2.3 案例 7:专业于技术 专注于产品 专攻于市场 专心于事业

专业于技术 专注于产品 专攻于市场 专心于事业

——徐州德百利艾恩工业机械有限公司创业案例

一、企业简介

徐州德百利艾恩工业机械有限公司成立于 2010 年,注册资本 1 000 万元。公司致力于固体物料贮运、测量及过程控制系统的技术开发与服务,产品涉及通用机电、仪器仪表、自动化控制、环保节能、信息技术等诸多领域,广泛服务于电力、煤炭、冶金、化工、环保、建材等行业。

公司现有员工近 60 人,其中具有大专以上学历的人员 45 人,占职工总数约 70%;现有管理人员 8 人,技术研发人员 19 人,其中高级职称 3 人,中级职称 4 人;车间生产人员 15 人。员工均经过生产技能培训,具有较丰富的产品生产经验。

2011 年与徐州工程学院技术合作并成立了“物流输送自动化工程技术研究中心”,“组合式模块化动态称重装置”项目列入市科技三项经费扶持计划,同年被认定为“徐州市高新技术企业”。

2012 年被评选为“江苏省民营科技企业”;2014 年被认定为“江苏省高新技术(后备)企业”,同年加入徐州市工商联合会,兼任徐州市企业风险管理促进会理事。

公司坚持“市场与研发并举,品牌与管理互动”的市场理念,不断创新,积极开拓,现已形成以“DOUBLE & ANA”为主体的产品四大系列品牌,以独特的技术资源在工厂自动化、环保节能、信息管理以及智能化等领域取得了丰硕成果。公司已经获得 9 项专利,正申报专利 3 项,正在进行 5 项新产品、新技术研发与试验,其中 3 项产品被江苏省科学技术厅认定为“省高新技术产品”。

2014年完成第三代采样系统至第四代的更新换代，开创了4.3代“智能化、环保型”采样系统的新时代，奠定了“DOUBLE&ANA”品牌在国内电力行业采样“技术第一、品牌第一”的地位，推动了火电厂燃料智能化管理系统建设工作的技术进步。

公司秉承“同德、博爱、共利、恩报”的企业精神，坚持“以人为本，共同成就企业与个人”的发展观，吸引了大批行业精英，凝聚着优秀的技术及管理人才，奠定了企业长足快速发展的基础。同时公司努力寻求最为广泛的合作，理性地整合资源，追求创新，提供有竞争力的产品，开拓了一个新的共赢之路、发展之路，积极推动企业经营、管理的现代化。

二、案例分享

“书生”的构想

1990年，窦波以两次“县三好学生”高分录入大许中心中学，刚接触ABC的窦波就从生僻的英语单词中找到了“double”这个词，因为看中了“双倍的”这个高效的喻义，加上与“doubo”极其相似的因素，窦波便有了自己的英文名字。

当年窦波学习成绩是全校第2名，因酷爱语文、政治，加上他从小喜欢诗词、书法、美术设计、小发明之类的东西，他在憧憬之余在笔记本封面上设计了“double”的谐音“多宝”——公司未来的标志，这算是“德博利恩 & 德百利艾恩”最早的构想。

“负气”的离职

2004年，在三原称重公司做市场策划部经理的窦波，把本职工作干得风生水起，整合产品设计，理顺市场关系，融合企业资源，规划企业发展，梳理组织结构，将企业的发展和规划变得清晰，市场和产品变得有活力，人员机构变得高效，深得领导的赏识和认可。正是因为在工作中做出了突出的成绩，公司领导决定提拔窦波为总经理助理，进入企业的高管层，并且作为未来总经理来培养。

一切看起来都是那么顺理成章，但是在公司召开的人员任免提名会上，却遭到了当时部分企业高管的阻挠。阻挠的理由也很充分：年纪太轻，刚满28岁还需要再历练历练。也许相对于当时平均年龄四五十岁的高管来说，二十七八岁的年纪的确还有些毛头小伙的感觉，但是更深层的原因则是来自于内心后生可畏的危机感。

总经理助理的职务就被这样的一次会议无限期地搁置了下来，同样参加了这一次会议的窦波，满怀一腔热情却被迎头泼来了一盆冷水，心情沮丧极了。

渐渐地，当他冷静下来以后，开始思考自己的事业规划：是啊，如果按照企业现有的用人制度，即使再过10年也未必能够进入高管层，即使事情有什么变化，但是这十年的青春却会被白白浪费掉了。与其等着别人来决定自己的前程，倒不如自己出来单干试试，凭着现有的水平，说不定10年之后会有自己的一片天地！

年轻气盛的窦波，在经过几轮激烈的思想斗争以后，毅然决然的向公司董事会递交了辞呈。虽然总经理多次挽留，但去意已决，窦波辞职了。这在当时的公司里形成了不小的震动，了解内情的人私下议论着：这是窦波“负气”走了！

任性的“傻子”

2004年的春夏之交，窦波找到当时在大学时就有过合作营销经历的同学刘二东一起创业，成立了南京德博利恩机电实业有限公司。

企业成立之初，公司运作十分艰难，账上仅有不到8 000元资金，是窦波辞职后公司结算三个月的工资。做什么？怎么做？这一点窦波倒是有自己的计划，就是基于自身的客户资源，为客户提供整套的称重和计量设备。但是，面对动辄十几万、几十万的称重和计量设备，一没有生产资质，二没有运作资金，怎么做?!

其实，在当时要想挣钱还是可以有很多捷径的。比如，利用原来的客户关系，代理原来公司竞争对手的产品，这样不用花一分钱就可以赚钱；或者直接从客户手里截单，从别的公司买来备件贴上原公司的标签，高价卖给客户等。这些能够来钱快、赚钱容易的“生意”都被窦波一一否决了。

窦波有自己的打算，他花了2 000元在工商局注册了一个叫“德博利恩”的商标，并且在这么困难的情况下，借钱印制了1 500套成本近20元的产品画册，向客户发放。别人都说缓缓、现在没钱，可他有自己的一套理论：20元的宣传页总比一盒20元的“软云烟”强吧！

但是，客户告诉他：我们虽然很熟，我也了解你的为人，但是你们作为一个不出名的新公司，我们不能采购你们的产品，你可以利用原来公司的牌子，我们倒可以睁一只眼闭一只眼运作。

一次次地被拒绝，可窦波就是不改初衷，他坚持用自己的品牌来做市场，谁劝都不管用！别人用这种方法都赚得有车有房，他却还是在苦苦地说服客户用“德博利恩”品牌的备件。别人都说他是个“任性”的傻子！

终于，在一次次的碰壁之后，企业终于接到了第一个34 000多元的备件订单，在一阵欣喜之后，窦波的“傻性”又露出来了！照理说，市场上这种备件很多，几千元到一万元不等，随便找一家买来贴上自己的标签供过去，就会有近万元的利润，可是窦波却和别人不一样，他偏要找一家实力很强的企业做贴牌。

别人看到他那么点的需求根本就没兴趣，可窦波软磨硬泡，最后终于愿意以单台14 000元的价格给他做贴牌，这样算下来，这样一个单子再去掉运费、税费，可能会有近2万元毛利的订单，差点被他做亏了！

但是，当客户接到产品后，对备件的质量很满意，接着又一下子给了几个订单，同时贴牌的厂家也看到了他的诚意，愿意降低价格给他生产，终于在企业开张后的第三个月，挣了28 000多元的毛利润！但是，除去房租和出差费用已经所剩无几，还好没有更多的员工，也就没有发工资之说了。

就这样，企业的前期发展靠着窦波的这种“傻气”渐渐地开展起来了。随着业务的增加，越来越多的企业在结识了窦波之后，被这种真诚所打动，渐渐地与他成了朋友。

有时候朋友熟了，都会私下和他说，不需要那么高质量的产品，只要能过得去就可以了，但是窦波却说：“我向你提供的产品是德博利恩的牌子，我不能砸了自己的牌子！”弄得客户哭笑不得。

“疯狂”的扩张

2010年，当年与他一起出来的同学、伙伴们都赚得盆满钵满的时候，窦波的公司还是一个只有15人的小企业，账上虽然有了200来万元的资产，但是他个人连一套房子都没有。当朋友们劝他趁现在房价不高买一套房子的时候，他却另有打算。他一直盘算着要成立一家机械制造公司，因为在外贴牌生产有很多弊端：一是质量无法保证；二是供货不及时；最重要的是要想做强、做大，一定要有自己的生产，再者，自己的新东西也不容易被别人窃取。

2010年5月，窦波自己的第一家实体公司徐州德百利艾恩机械有限公司成立了。搬家的时候非常寒酸，就是一台电焊机、一个工具箱，还有几张办公桌、柜子，一辆5米的卡车刚刚装满！

新公司的厂房是租的，设备买二手的，工人需要现招，企业一下子变成了近30人，账上的那点资金也所剩无几。虽然市场上有了一定的品牌知名度，但是由于新工艺需要设计，人员需要磨合，产品需要定型，忙活了大半年，才生产出自己的产品。

2011年，适逢中国经济“4万亿”投资的显效期，整个一年的订单量一下子突飞近1 500万元，人不够招人，钱不够贷款，整个企业忙得是热火朝天。但是，胜利来得太快，企业所有的人都被眼前的景象冲昏了头脑，大家纷纷计划着今年1 500万元，明年3 000万元，后年5 000万元，5年上亿！

为了冲销量，业务人员在市场上也是忙得不亦乐乎。新疆的单子、四川的单子、云南的单子、巴基斯坦的单子、越南的单子纷至沓来，可问题还是裹在胜利的捷报中悄悄地来了。云南的大客户原先只是订了一个几十万的皮带秤项目，结果被业务人员一忽悠，竟连整套设备的除尘项目一块拿下了，合同额一下子增加到170多万元，在大家欣喜若狂的同时，竟然忘了公司从来就没有做过除尘设备。随着交货期日渐临近，但图纸还没有设计出来，于是整个公司开始慌了，没办法只能寻求委外加工。由于工期紧任务重，为了满足客户需求完成订单，最后光是除尘设备一项就花费了200万元，整个工程最终花掉了280多万元，一个项目亏掉了近120万元！

这还不算，巴基斯坦的项目因为整体项目出现问题停滞了，四川煤气化的项目因为企业经营困难延期了，越南的项目因金融危机基本黄了，一连串的合同订单问题使得企业元气大伤！

企业的资金出现了困难，员工的热情逐步在挫折中消退，新来的员工开始离职，整个企业又回到了2010年的经济水平，一种消沉的气氛弥漫在公司里。

“无意”的生意

2013年的春节对于窦波来说，无疑是难过的。虽然，节前勉强发完了员工的工资，可节后所需要的资金还没有着落。德博利恩的产品虽然质量很好，但是因为其相较于其他竞争对手的低价格，也是“高处不胜寒”！

于是，有人提议降低产品质量，与其他竞争对手打价格战，这样就会赢得很多订单。但是，提议最终还是被否决了！面对高质量高价格没有人买、低价格低质量又不能去做的尴尬局面，大家都一筹莫展。

早在2009年，得益于敏锐的市场嗅觉，窦波发现大多数电厂的采样设备处于停用状态，好一点的也故障多发，且采样代表性及精度太差，更主要的是导致供需双方纠纷事件频发。这种情况下，他意识到了采样市场的潜在需求。

恰逢窦波走访客户，路经四川的一家电厂。在商谈中，他无意听到电厂人员对入炉煤采样系统的抱怨，说设备老是出问题，漏煤、撒煤严重，厂家又不来修，弄得自己很被动！同样是做输送设备的，窦波本着帮忙解决问题的心态去现场出主意，在一番仔细考察之后，他认为凭着近10年的工作设备制造经验，可以生产出比原设备性能更高产品。

客户满脸狐疑地望着他说：“你们一个做称重计量设备的，咋能做采样设备？不行，不行！”面对客户的摆手，窦波花了一整天来证明自己的确有这个能力。就这样，国电四川华蓥山电厂的第一套入炉煤采样设备的订单签下来了。

接着，窦波开始尝试对设备进行改进，华蓥山电厂的应用效果确实比同类产品有了提高。2010、2011两年下来，有股钻劲的窦波一直坚信“他山之石，可以攻玉”，不断琢磨、借鉴、改进，又经过两个电厂的项目应用与实践，产品性能终于有了进一步的提高。

第四代采样产品的雏形终于有了，还未来得及整装的队伍，也迫于销售的压力，2012 年 7 月便预签了国电汉川电厂三期 1 000 MW 机组项目的采样配套工程，1 000 MW 机组是电厂当前最大的、最先进的机组，这个项目的成功将会给公司带来巨大的影响，好在新建项目交货期长，还有时间。

“我们要在这个项目上实现第四代产品的定型与突破”，这是窦波在项目评审会上的誓言，但是鉴于上一次云南项目除尘设备的失败教训，公司上下都很谨慎地对这个新产品持怀疑态度，可是鉴于当前公司的形势，只能背水一战。

5 个月后，德博利恩的新采样设备装到了客户的车间里，通过第三方鉴定，完全符合要求，而且真正实现了“无尘化”环保型采样。客户很满意，同时又介绍了益阳电厂、重庆电厂等。

“山重水复疑无路，柳暗花明又一村”，电厂入厂煤、入炉煤的采样系统渐渐地成为了公司的一项新业务。恰好又赶上了国电集团推行燃料智能化建设项目，采样作为本项目的重要环节，亟待新产品、新技术进行产业升级改造。2013—2014 年，公司陆续在四川、湖南、湖北、江苏、重庆、甘肃接下了二十多套电厂采样订单。

“独好的”的风景

2014 年 8 月，国电兰州范坪电厂的电话打到了窦波的手机上，客户反映新安装的第 4.2 代入厂煤采样设备存在漏煤现象。范坪项目是 2013 年签订的合同，供货虽然是 2014 年上半年，但是图纸和生产都是 2013 年完成的，而且是按技术协议先确定的第三代“半封闭式”采样机。所以，客户说存在漏煤的问题是存在的，只有新一代采样机才是“全封闭”环保型的。

面对客户的抱怨，公司的营销人员解释按合同、协议约定，他们没有违约，且中标价格放在那儿了，新一代设备能解决这个问题，但是价格差异较大，需要客户加钱更换。客户不满意这样的解释，就把电话打到了窦波那里。

窦波接到电话后，亲自去了范坪，在和领导交谈之后，当即决定免费给客户更换两套 2014 年新研发的全封闭采样设备。消息传回公司，立刻炸开了锅，要知道两套新采样机的成本就要五六十万元，这样一换，企业的损失可不是小数目，于是反对意见出奇的强烈。

窦波回来后和大家做工作，虽然客户签订的是老产品，但是 10 月份整个国电集团会在范坪召开一个全国性的智能化会议，这样的广告效应是明显的，所以免费更换虽然会损失很多利益，但是从广告效应来看，还是值得的。

拿看得见的真金白银去换未来不确定的广告效益，大家多少还是想不通，最后，终于勉勉强强地通过了。

2014 年 9 月 24 日，国电系统的智能化输煤系统会议如期召开，来自全国 80 多家国电系统的电厂高管到现场参观，面对采样现场干净的环境以及耳目一新的设备，大家兴趣很高，纷纷上前询问设备厂家，对于新采样设备大家都希望能达到这样的效果。一下子，德博利恩的品牌打响了。

德博利恩重新定义了采制样，开创了“智能化、环保型”采样系统的新时代，推动了火电厂燃料智能化管理系统建设工作的技术进步，解决了电厂煤管理中的煤质采样的难题，特别是电厂入厂煤的化验分析与结算管理，实现了无人值守、杜绝人为因素，提高了煤样采集的效率、代表性，达到了结算的“公平、公正”原则，同时达到了职业健康规定的环保要求。

2015 年新年伊始，在国家经济出现中速增长的“经济新常态”以后，很多企业感到阵阵寒意，原来那些以低价竞争的竞争对手面对煤炭、钢铁行业的持续低迷，陷入了举步维艰的境地，而德博利恩的订单却纷至沓来。2015 年春节刚过，意向合同已经达到 2 500 万元之多，可谓是“风景这边独好”！

三、案例总结

机会总是留给有准备的人，德百利艾恩的创始人窦波自创业前便一路坚持学习与实践，不断积累经验，这是难得的；在创业过程中又坚持专业的发展路线，这是更为可贵的。

传统机电制造业突破的难点在于经营思路的转变，中国企业家最缺的东西是什么？一是人才，二是体制，有了这两个保证，才能有技术的创新，而后才有新产品，才有新的市场定位，最后形成企业的经营战略。

借用创始人窦波的一句话“品牌的背后是品质，品质的高度是品味，品味的灵魂是品德”。中国制造向中国创造提升的过程中，中国传统产品升级的过程中，我们已不缺传统的产品，不缺制造，而是谁能设计出更先进、更高级、更美观的产品。

就像德国的中小企业一样，可能一家企业只做一个很窄的、很单一的产品，但他们做得很好、很精美，所以德国制造业很受欢迎，这就是专业！

德百利艾恩公司利用近 5 年的时间改造了传统的采样产品，并且把这项产品成功应用在各行业的现场，提高了效率，提高了企业效益，促进产业升级，得到了众多客户的认可，这是值得赞赏、值得学习推广的。

2.2.4 案例8：初露锋芒登央视　众志成城创卓越

初露锋芒登央视　众志成城创卓越

——徐州原动力文化发展有限公司创业案例

一、公司简介

徐州原动力文化发展有限公司成立于2010年6月，注册资金1 000万元，具有影视、动画及相关产品独立研发资格，拥有自主汉化、优化专业动画两款软件。

公司办公场所位于徐州市铜山区大学路99号A区三层。公司集合了徐州本土最强动画创意人才与动画制作人才，现有在职员工55人，其中博士4人，硕士5人，本科12人，专科及以下34人，形成了强大的专业团队，工作人员大部分都具有5年以上原创动画制作经验。

徐州原动力文化发展有限公司针对中国动漫产业的需求与特点，结合当地文化特色，致力于原创动漫及相关产品的开发，涉及的技术领域涵盖二维动画、三维动画、影视特效、影像数据库、在线多媒体展示等多个专业。在大型活动、演示汇报、科普教育及城市数字化建设等方面为客户提供创新的视觉解决方案，满足不同领域、不同行业、不同场合的客户需求。

徐州原动力文化发展有限公司与中国矿业大学文法学院及艺术学院、徐州师范大学艺术学院、徐州工程学院、徐州经贸学校等高校，徐州完美动力、徐州岛尺文化、徐州红旗传播、徐州音乐人传媒等相关企业紧密合作。团队主力曾参与5部原创动画制作，并分别在中央电视台和江苏少儿(优漫卡通)播放，其中2部分别获得国家优秀动画片二等奖、三等奖。目前，公司已获得了国家版权局颁发的作品著作权证书30项。

公司制作团队加大技术的创新，运用国内最先进的动画制作软件，实现用骨骼系统操作各种复杂动作，大大提升作品制作效率，2 部本土原创动画《如意岛上的小精灵》《云龙传奇之九龙战记》在中央电视台热播，并且获得江苏省文化产业引导资金奖励资助。

其中，原创动画《如意岛上的小精灵》荣获 2012 年度国产优秀动画片、江苏电视文艺奖二等奖、江苏省优秀文化成果奖、徐州市第八届“五个一”工程奖，获批徐州市高新技术产品；《云龙传奇之九龙战记》荣获 2014 年江苏省优秀文化成果奖，2014－2015 年度江苏电视文艺奖三等奖，徐州市第九届“五个一”工程奖。

二、案例分享

三个年轻人精诚团结，配合默契，带领这个充满智慧和朝气的年轻团队，走出了一条从艰苦创业到初露锋芒，现在创造卓越、成绩卓著的成功之路。

三人齐心同创业

徐州原动力文化发展公司坐落在徐州市铜山区大学路 99 号 A 区 3 层，公司走廊墙壁上都是色彩鲜艳的动漫人物造型，室内艳丽抽象的夸张人物涂鸦，充斥着强烈的视觉效果和宣传效果，搭配着现代都市简约大方的办公环境，弥漫着一股清新美好、充满朝气和现代文化的气息。

渠立山是这家公司执行董事兼总经理，他给人的第一感觉是老总不老，更像一个在校的大学生。刚刚 30 出头的渠总，架一副近视镜，完全是一个白白净净、儒雅文弱的大学生模样，说话起来温文尔雅、慢条斯理，给人一种聪慧理智、精明干练的感觉。这位毕业于中国矿业大学，学过人力资源管理的大学生，与好友李玉峰、曹春雷三人携手创业，于 2010 年 6 月成立了这家从事动漫作品创作的徐州原动力文化发展有限公司，公司具有影视、动画及相关产品制作发行资格。

副总经理兼总导演的李玉峰，是一位毕业于徐州工程学院设计专业的大学生，他从小就酷爱绘画，小时候就把霍元甲、杨家将、西游记等连环画画得惟妙惟肖，是远近闻名的小画家。进入大学后他的专业水平更是出类拔萃，毕业后进入动画行业，2003 年到 2010 年先后担任无锡和徐州两家动漫企业的策划、编剧和导演，是中国动画编剧联盟成员，并在 2012 年获得江苏省优秀编剧奖，担任 52 集《彭祖传奇》的总策划、总导演。他主创的 60 集《新八仙传奇》、编剧并导演的 60 集《开心果与梦幻豆》先后在中央电视台和优漫卡通播放，并荣获江苏省优秀动画片奖。

作为徐州本土青年，渠立山毕业后原本想找份对口的工作安定下来，然而在一次初中同学聚会上，遇到了好友李玉峰，一同聊天之后却发现当时的徐州动漫市场几乎是一片未经开发的处女地,顿时让渠立山萌生了开创动画公司的想法,作为一个有志青年,在年轻的时候能闯荡一下,做出一番事业。

有了这样的想法之后,就开始了自己的创业之路。然而,创业最主要的问题是需要办公场地,但高额的房租让他们萌生退意。正好当时徐州市政府出台了相关的政策,鼓励毕业大学生自主创业,抱着试试看的态度,他们将自己的资料递交给创业服务中心。令他们意外的是,创业中心对他们的想法给予了大力的支持,很快就批复了办公用房,让他们有了自己的办公场所。2010 年 6 月 23 日,渠立山创办的徐州原动力文化发展有限公司正式成立了。

办公场地有了,创业资金筹齐了,但真正的核心问题是没有故事剧本。这对于一个动画公司来说,无异于"巧妇难为无米之炊"。面对着踌躇满志的制作团队,渠立山陷入了沉思……同时,制作团队开始为寻找剧本素材东奔西跑。

那是一个星期天,渠立山带着自己的家人一起出去游玩,无意中来到正在开发中的金龙湖小岛,发现那里的环境一片葱绿,小岛无异于一个世外桃源,自己女儿一句"爸爸,这里的环境绿油油的,好漂亮,空气真好啊"点醒梦中人。想到现在生活环境质量日益下降,一部关于倡议环保的动画片在他脑海中形成。

渠立山当即叫上李玉峰他们,对金龙湖进行全面的考察、取景,并且定下了片名《如意岛上的小精灵》。接下来,制作团队马不停蹄地开始了动画制作。

创出首登央视作品

几年来,他们不仅集合了徐州本土最强动画创意人才与动画制作人才,还集结了一批配音、音乐、美术的专业人才,形成了实力非凡的创作队伍。他们辛勤的劳动终于换来了丰硕的回报,由李玉峰担任总策划、总导演,公司原创的 104 集动漫大片《如意岛上的小精灵》,继 2011 年 6 月在江苏省幼儿教育频道播出之后,12 月又在央视少儿频道热播一月有余。

但是,《如意岛上的小精灵》的创作对于这个刚刚成立、处于婴儿期的公司来说并不是一帆风顺的,两个大难题摆在他们面前:一是为了更快更好地完成制作必须创新制作技术,二是人才的储备培养。

创作之初,作为总导演的李玉峰根据以往的经验,决定不再使用以往制作动画时的半无纸化动画软件,而是改用一款更加智能的二维骨骼动画软件。当时全国也没有几个人在使用这款软件。整个公司也只有李玉峰一人会使用,他只好在创作过程中又担任起软件培训工作。为了使大家能更快地学会这款软件,公司买到正版软件后将软件进行了全面汉化,很快技术问题得到解决,为以后的制作打下技术基础。

公司创立时技术人员只有5个人，对于制作一部动画连续剧是远远不够的。在徐州本地基本上没有动漫公司的情况下，人才进不来、留不住的情况很严重，如何吸引更多专业人才加入公司，一时成为他们最难解决的问题。

经过一番讨论后，他们决定一方面针对徐州大学资源对学生进行有针对性的免费培训，跟一些动画人才培训机构长期合作，为公司人才储备打下基础；另一方面集合公司中坚力量制作能展现公司创作实力的宣传片在网络上播放，很快吸引了一批高技术的人才加入了他们的团队，使得《如意岛上的小精灵》得以在2011年顺利制作完成并成功登陆央视，《云龙传奇之九龙战记》的策划工作也随之顺利展开。这是徐州乃至淮海经济区有史以来第一部宣传本土文化的原创动漫大片登陆央视，充分展现了徐州文化创意产业的活力和实力。

2011年9月，江苏省广播电视总台为公司挂牌定为“江苏省幼儿教育频道节目制作基地”；2011年12月，公司成为徐州唯一一家通过国家级“动漫企业”认定的动漫公司；2012年6月，公司荣获“江苏省文化专项引导资金项目”奖励；2012年9月，公司获批“徐州市文化产业示范基地”。

受到省政府领导重视

作为一个文化创意企业，徐州原动力文化发展有限公司实现了徐州文化产业多个零的突破，不仅仅是徐州大学生创业的典型，更成为了徐州动漫行业的代表者。

2011年8月，江苏省委副书记、省长李学勇来到公司参观指导。在公司科技动画部办公室，李学勇现场观看了员工进行动画制作，向公司总经理渠立山认真了解企业创办和运营情况，并对公司建设发展的思路与决心给予肯定。他还勉励大家坚持创业方向，逐步做大规模，除了懂技术，还要学经营、善管理，真正成长为能够适应市场竞争的企业。

在2014年的南京文交会徐州会场，省委副书记、省长李学勇来到公司展台前，听取了渠立山介绍目前公司的生产经营及产品研发情况，他很惊讶地对周围人说，记得当时在公司参观的时候，他们正在制作第一部介绍徐州环保题材的原创动漫，想不到短短3年时间，都有2部原创动漫登陆央视播出，作为年轻的创业者来说实属不易啊！临走之前，省长欣然接受了公司技术人员现场为其绘制的人物卡通形象，同时鼓励大家戒骄戒躁，踏踏实实，一步一个脚印，在动漫的王国里做大做强。

“动漫企业属于文化创意企业，我们的发展与徐州的扶持政策也是分不开的。”公司总经理渠立山说，“徐州是一块创业的热土，给了我们一个宽松的创业环境。领导多次深入原动力，给我们送政策，帮我们解难题，对我们这种大学生创业的高新技术企业给予了一系列良好的办公环境、资金奖励政策扶持等。宽松的投资环境激发了我们的创造力，对此我们总是心怀感恩。”

辛勤耕耘出硕果

徐州原动力文化发展有限公司这个群星璀璨的团队，在3年时间内全身心地投入到本土文化的发掘创作中，相继推出了讲述彭城人民的传奇故事、宣传本土原创神话题材的大型动画片《云龙传奇之九龙战记》，推动“舞动汉风”文化品牌，以汉画像石拓片表现的内容为蓝本，以汉画像石中描绘的建筑、人物、器物等为原型，提炼、创造经典历史故事动画《汉画系列故事》等原创动画。

实践证明，文化创意产业最核心的东西就是“创造力”。如何最大限度地发挥人的创造力？渠立山告诉我们，科学的管理制度也是生产力，我们通过树立与世界分享智慧和文化的理念，建立人性化的管理制度、有竞争力的项目奖励制度、有归宿感的成长激励制度，不仅吸引了一批优秀动漫人才的加盟，还有效地激发了整个团队的向心力、凝聚力和创造力。

凭借着卓越的人才和技术优势，原动力把科技动画的核心业务定位为三维可视化的开发和应用服务，涉及的技术领域涵盖影视特效、3D动画、多媒体、影像数据库、在线三维展示等多个专业。在大型活动、演示汇报、科普教育及城市数字化建设等方面为客户提供创新的视觉解决方案，提供与国际同步的全方位数字视觉服务。不仅成功推出多部动漫佳作，还成功推出《维维豆奶》《沛公家酒》等多件立竿见影的广告作品，以及《科普小知识》《提升市民素质之三学篇》等多部系列宣传动画，在打造原创动漫精品的同时，建立了一个稳定客户群。

加强合作谋发展

在动漫产业链开发上，公司与中国传媒大学、中国矿业大学积极寻求产学研合作，在产品开发、产业链拓展等领域展开合作。对公司的原创动画艺术风格、文学语言等进行精雕细琢，衍生产业链深入开发，现已设计开发出毛绒玩具、音像图书等产物，其中《漫话徐州》一书在凤凰书城、新华书店、博库书城热销，同时作为普通百姓的精神读物进入铜山区镇村的农家书屋，深受好评。

在不长的时间里，原动力这株动漫王国里的幼苗已经长成枝繁叶茂的小树，在徐州乃至整个淮海经济区占有一席之地，在经营企业的同时宣传着徐州本土传统文化，为整个徐州文化产业注入了动力源泉。

“阳光照耀，春暖花开，每一片树叶都涂满色彩。美丽小岛，茫茫大海，我们快乐地游戏，自由自在。嘻嘻哈哈，不怕失败，每一次跌倒都不算太坏，简简单单，才更可爱。我们紧紧拥抱，天天精彩……”《小精灵心中有个大世界》这样一首主题曲，正是这群嘻嘻哈哈、充满活力的年轻人的真实写照。

公司始终秉承以本土人员创作本土作品、展现本土文化、弘扬本土精神的理念，以浓厚的家乡情结和优秀的文艺作品向广大的观众朋友展现徐州的文化底蕴和创意智慧，让更多的观众认识徐州、了解徐州、走进徐州。

我们有理由相信，徐州原动力文化发展有限公司这个群星璀璨充满朝气的团队，在徐州这块沃土上，一定能取得更加令人瞩目的成绩，创造出更加辉煌的奇迹。

三、案例总结

《如意岛上的小精灵》在2011年成功登陆央视，作为徐州乃至淮海经济区有史以来第一部宣传本土文化的原创动漫大片，既是徐州原动力文化发展有限公司的荣耀，也是徐州的骄傲。

从事动漫行业，对渠立山来说有点偶然。毕业后渠立山原本想找份对口的工作安定下来，但在一次初中同学聚会上通过和好友李玉峰的深聊，发现当时徐州动漫市场的巨大潜力，渠立山顿时萌生了开创动画公司的想法。正是这种机缘巧合，才有了后来的徐州原动力文化发展有限公司。

在公司成立初期，公司面临创新制作技术和人才储备培养两个大难题。通过软件培训工作和购买正版软件后将软件进行全面汉化，很快技术问题便得到解决。针对徐州大学资源，采用对学生进行有针对性的免费培训、跟一些动画人才培训机构长期合作等方式，为公司人才储备打下基础。

充分展现了徐州文化创意产业活力和实力的《如意岛上的小精灵》在2011年顺利制作完成并成功登陆央视，2011年12月在央视少儿频道热播一月有余。该剧的热播产生了巨大的轰动效应，不仅实现了徐州文化产业多个零的突破，更是徐州大学生创业的典型，原动力也成了徐州动漫行业的代表者。

公司在成长过程中，得到了政府部门的重视和支持。政府在政策、资金上给予一定的扶持，领导多次到企业调研，给予指导和鼓励。可以说，支持创业的大环境对徐州原动力的成功起到很大促进作用。希望在良好的创业大环境下，徐州原动力文化发展有限公司能够快速发展，实现飞跃。

2.2.5 案例 9:创业是一种责任

创业是一种责任

——江苏益菌加生物科技股份有限公司创业案例

一、公司简介

常州益菌加生物科技有限公司(Probio-Plus)成立于 2010 年 4 月,2014 年 8 月成立“江苏益菌加生物科技股份公司”。由国内具有丰富创业经验的成员及来自保加利亚的乳酸菌发酵专家组成高效团队,是国内唯一中国和保加利亚合作专业生产乳菌酸及益生菌类活菌制剂冻干粉的内资企业,为国内首家获得酸奶益生菌食品生产许可证的企业。

益菌加采用源自保加利亚长寿村的益生菌菌种,由保加利亚乳酸菌发酵专家亲自传授生产工艺并监制生产。它采用国际上最先进的低温三效乳酸菌浓缩技术,经冷冻干燥制成益生菌冻干粉。

益菌加所生产的益生菌的特点是:单体菌种个头大、强壮,益生菌活性高,对环境敏感,能识别牛奶质量的好坏。它的单位益生菌活力最高可以达到 1 000 亿每克,无论在国际还是国内都处于领先水平。

公司刚成立时,名称是“常州益菌加生物科技有限公司”,当时只有 6 人,2 名生产,1 名实验,1 名出纳,1 名总经理,1 名外专。目前,公司员工已达 18 人,均为大专以上学历。

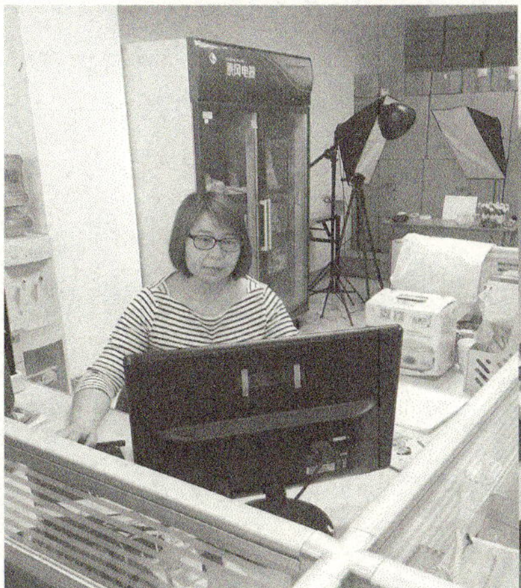

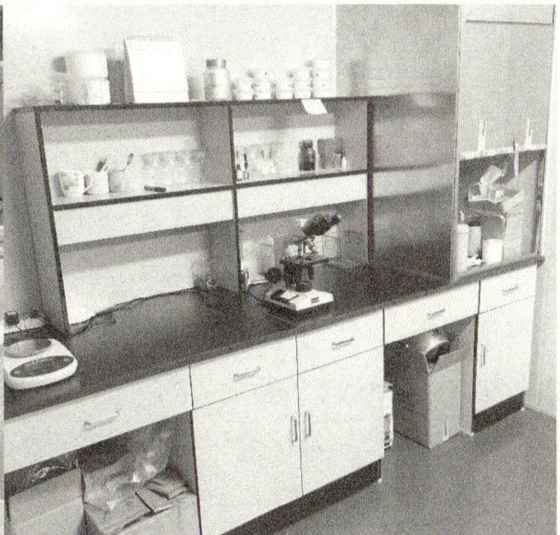

益菌加这个品牌是国内最具专业性的，同时也是最好的酸奶发酵益生菌品牌。目前，公司已经拥有 6 个电子商务平台，1 个微信公众号，1 个微信订阅号——厨房菌师电子杂志。益菌加的产品受到市场的欢迎与喜爱，迎来了大批粉丝，每天成交额都在 1 万元以上。

二、案例分享

由于机缘巧合，陈咏梅在做外贸的工作中结识了保加利亚人尼古拉・朱可夫，发现了中国潜在的乳酸菌市场机会后，创业他们决定选择益生菌这个行业进行创业。

创业的理想是美好的，但是创业的过程总是艰辛的。陈咏梅在开办公司方面没有经验，在项目立项过程中创业园区主任提供了极大的帮助。在一切就绪准备生产时，却发现当时没有任何一个国内生产企业拥有一张菌粉生产许可证。

耗费一番工夫仍没有办妥生产许可证的事情，没有生产许可证，就意味着无法正常生产。合伙人选择退出，企业面临倒闭的风险。在困难面前，陈咏梅没有轻易放弃，而是想尽一切办法，跑各个相关部门了解情况，在省市相关部门领导的支持和帮助下，益菌加获得了中国第一张乳酸菌冻干粉的食品生产许可证。2011 年 8 月，益菌加在天猫商城开设了品牌旗舰店，线上线下同步销售，目前实现日销售额万元以上。

从外贸业转行

“想做更大的事，就要去找一个更大的舞台。”在陈咏梅心中一直有这样一个远大的理想。做了多年的制药原料和机械设备对外贸易出口，其中就包括了乳酸菌制造成套设备的出口。

陈咏梅发现，与国外发达国家相比，中国的制造业整体水平非常低级，处于产业链的最低端，只能赚取微薄的利润。贸易终究只是一种经济手段，它并不能很好地实现自己的价值。至于选择益生菌这个行业，这应该是宿命。早在 2004 年，陈咏梅在做出口保健品原料贸易的时候结识了保加利亚人尼古拉・朱可夫——索菲亚大学毕业的高材生。他负责为公司进口保健品原料设备，陈咏梅负责出口给尼古拉的公司。多年的合作，处处为对方考虑的处事方式，使他们之间形成了一种互相信赖的关系。

这种友情在世上是不多见的，有时候会让人遐想到他们之间的跨国友谊会不会是上帝的刻意安排，就是为了把保加利亚的酸奶技术引进到中国来?

选择投入益生菌这个行业，最初主要考虑的是人们的生活水平提高了，健康就是一等一重要的事，以前是用身体换钱，等有钱了自然会注重健康。健康产业一定是将来最有青春气息的行业，这是最初的判断。

早在 2006 年的时候尼古拉就在中国考察过乳酸菌产品的市场，当时他说，总有一天在中国当人们观看体育比赛时，每个人手里都会拿一瓶乳酸菌饮料，中国这个市场实在是太大了！这句话碰巧让陈咏梅给听到了。

2009年10月，在各种时间窗口都开启了以后，这个项目正式进入了议事日程。陈咏梅和尼古拉找来了与此行业有关的另外两位朋友商议，大家一致认为这个行业将是一个朝阳行业，决心大干一场。

几个人凑够了启动资金，拉开了益菌加的创业序幕。2010年4月，常州益菌加生物科技有限公司正式成立；同年7月，益菌加获得了常州市"龙城英才项目"资助50万元，这个项目得到了政府的认可和帮助。

请来国际合作者

尼古拉来自酸奶的故乡——保加利亚，是陈咏梅多年的外贸合作伙伴。他们之间有一种默契，彼此信赖对方，在项目确立的时候尼古拉就欣然同意在益菌加任外国专家一职。

尼古拉是一位货真价实的乳酸菌发酵专家，二十几年的乳酸菌发酵以及乳酸菌行业工作经验，使他一直站在本行业科研与实践的最前沿。他在PLODIV大学获得了微生物发酵专业的硕士学位，又在索菲亚大学获得了公共健康专业的硕士学位。

从认识尼古拉开始，陈咏梅发现自己的人生就开始变得那么不平凡！"可能是我本来就存在不愿平庸过完这一生的基因，即便如此，尼古拉也是我人生这出戏里一个至关重要的人物，从他一出场开始，我就在向自己一直向往的人生变化。"陈咏梅回忆道。

尼古拉是一个非常睿智的人，他总能一下子就知道你想要什么，知道问题的关键所在；他总能用最简单的方法让生产人员弄明白在菌种发酵时，哪些条件是最重要的、是值得关注的，哪些知识是平时需要一点一滴积累的。

尼古拉把他掌握的所有微生物发酵知识、技术、方法和窍门都毫无保留地传授给了益菌加的同事，同时他还在不断学习，参加各种培训、国际交流活动，扩充自己的知识，引领益菌加的科技进步。

园区主任为项目奔波

在中国尽管人们对于益生菌并不陌生，可是当陈咏梅在选择投入这个项目以后才发现，益生菌在中国几乎是个空白所在，甚至没有人知道它是不是食品。经过一番调研之后，她决定把公司设在三晶工业园，因为当时园区有能减免一年半房租的优惠政策。园区主任老沈对于益菌加的成立、建设、发展，都起到了积极的推动作用。

三晶工业园给予企业的各项服务以及对企业的支持那可真是"三心"服务——贴

心、用心、尽心。对于陈咏梅这种只接触过外贸的创业者来说，怎样去规划一个工厂车间，可以说是一无所知。立项是老沈直接帮忙做的，装修车间、基础设施建设是老沈帮忙找的人，办公区域装修还是老沈帮忙找的人，运输重型设备也是老沈帮忙联系的叉车。

总之，不论遇到了什么问题，哪怕是像安装窗帘这样的小事情，只要跟老沈一说，他都会想办法帮忙，哪怕有些问题现在看来实在是给别人添麻烦，他也不会拒绝。跟老沈打交道，你能学会怎样尊重别人。

在园区主任老沈的热情帮助下，陈咏梅跑了各个相关部门，最终立项成功。2010年4月，常州益菌加生物科技有限公司成立了。

用真情打动装修工

在园区主任老沈的帮助下，立项几乎没要陈咏梅操过什么心，一切最终顺利通过。但是在生产场地装修时，可就没有那么省心、顺利了。当陈咏梅独自站在300多平方米的生产场地里，面对偌大的空间，水泥地面满是灰尘，一切都变得不那么省心。尽管她没有干过生产制造业，可谁又能说没干过的事就一定干不好呢？陈咏梅早已暗暗下定决心要做好它。

陈咏梅按照尼古拉画的工艺流程图找了个报价最低的施工队。尼古拉一直在强调："Hygiene, hygiene, hygiene!"他说做乳酸菌最重要的事第一是卫生，第二是卫生，第三还是卫生！卫生是如此重要，生产车间施工就从做净化车间开始。因为没经验还图便宜，也没有仔细研究报价所包含的设备、材质、包干程度，到了工程接近尾声的时候，净化车间的电器都还没有接好，很多电线就在房顶不规则地耷拉着。

这时公司的设备也在陆续进场，矛盾一点一点加深，陈咏梅却浑然不知。帮忙安装设备的王师傅看出了其中的端倪，暗暗地提醒她，脾气火爆的她立马打电话质问装修负责人，但装修人员一直强调他们都是这么装的，不会有危险，一直在狡辩。

这让陈咏梅甚是恼火，于是就和装修师傅大声吵了起来。装修师傅也没有按照规程进行电线安装，陈咏梅越吵越觉得憋屈，创业以来的艰辛和不如意一股脑地涌来，想想自从筹办这个项目，从此踏上"取经路"，九九八十一难，以前何时受过此等委屈呀！于是悲从中来，从暴脾气变成了哭诉，从哭诉变成了痛哭，谁人能不为之动容啊？于是她负责哭，装修工人负责干活，净化车间最终按照要求全部搞好了。

第一批员工

车间装修好以后，公司开始招募第一批员工。当回想这一切的时候，陈咏梅经常觉得自己像英勇的堂吉诃德，挥舞着长剑冲向假想的敌人。那时徐烨就是她的桑丘，一直到现在还是。徐烨刚到陈咏梅身边工作时,陈咏梅在经营一家外贸公司。现在想一下,陈咏梅觉得很多人与人的相遇、碰撞都是命中注定。

陈咏梅把自己多年积累的一整套工作方法全部传授给了徐烨,她们给公司制定了工作标准,各种处理问题的原则、步骤,顺着时间的轨道滴答滴答往前走。等益菌加项目确定以后,徐烨已经是外贸公司的主力了,可以独自担当公司业务,陈咏梅索性把公司委托给她,独自来到江苏。

第一批员工的招募异常顺利,陈咏梅一向自诩会看人,用伯乐和千里马的双重身份混迹人间。后来的事实证明,本能只有在单核细胞运作时才会产生作用,而在复杂的生化反应面前,如果还是用本能挥舞长剑抵挡,将死无葬身之地。这些道理都是后来才感悟到的,当时她只是一厢情愿。

第一批来到益菌加工作的是4个人,实际上是5个,还有一个负责生产,后来公司认定他不适合以后直接让他走掉了。再后来王海和徐书惠也辞职了,有时陈咏梅常常想起他们,要是他们不走该有多好。王海负责生产,徐书惠负责行政,说是行政其实是除了生产什么都管;还有质检吴羽,生产李立峰。

陈咏梅是从一无所有开始的,所以益菌加的每一个工位,如果临时没有人,她都能以一个不娴熟的技师身份抵挡一阵。尼古拉把所有需要的原料和仪器设备写给她,她翻译好以后徐书慧再去询价、采购,她一个人能把所有外围的事情全部搞定,感谢上帝安排了一个这么好的助手给她。陈咏梅跟尼古拉、李立峰和王海严阵以待,不厌其烦地一遍又一遍调试机器,修改配方。就这样一直到了2010年10月,公司终于把生产控制稳定了。

全国第一张菌粉食品生产许可证

“当你突发奇想,认定某种产品或服务一定会有市场而去开发它的时候,你会发现难点不是生产,而是怎么卖你的产品,你为谁而设计的它?”在谈开发产品市场时,陈咏梅如是说。

有了稳定的产品以后,销路成了问题。开始设想得很好,等有了稳定的产品,她们就去各大乳品厂做工作,把菌粉销售给他们。等他们实际工作做下来才发现,如果用耐心去说服各大乳品厂负责采购的人,需要耗费大量的时间和财力。

菌种在酸奶的制作工艺中用量很小,但是很重要,一旦菌种技术不过关,酸奶就会做不成功,损失会非常大,一般技术人员不会去冒险换菌种的。再者,想要顺利地卖掉产品,申请生产许可证迫在眉睫。

中国从20世纪90年代末开始从欧洲进口直投式酸奶发酵剂,一直到益菌加公司成立，没有任何一个国内生产企业拥有一张菌粉生产许可证。这是一个重大的问题，如果生产许可证办不下来，他们的投资可能会全部泡汤。在中国，你想申请一个从来没有办过的许可证简直比登天还难。这也是为什么其他几家同类企业开办了很多年，却仍然没有生产许可证的原因所在。

大多管理部门会认为作为一种新的产品，没有可以套用的管理办法，你让我们怎么管理呢？可是陈咏梅认为，既然不能管理，那中国人怎么就吃了十几年的进口乳酸菌？既然政府部门不知道怎么管理，那好，公司来帮你们找方法。按食品安全法规定，任何一个企业只要符合食品安全的所有要求，管理部门应该予以核发其生产许可证。可是对于一个生产乳酸菌冻干粉的企业，食品安全都有哪些要求呢？

陈咏梅再一次找到万能的老沈，老沈这次帮益菌加请来了来自于常州市新北区质监局的 4 位专家。他们在益菌加亲眼看到了益菌加的菌种对于用质次牛奶发酵出来的酸奶的那种絮状漂浮物以及产生劣质气味的效果，受到了强烈的震撼。他们当时甚至想到用益菌加的菌种测试牛奶的质量。这次会议的结果对益菌加后来办好生产许可证产生了巨大的影响。

当时会议决定先制定益菌加的企业标准，再去江苏省卫生厅备案这个标准。老沈再一次帮助益菌加找到了市卫生局的孙处长，市卫生局为此事成立了四人工作小组，由孙处长执笔，帮助修改了益菌加以酸奶发酵菌的国际标准为蓝本的企业标准。2011 年的 2 月，这个标准在江苏省卫生厅成功注册备案。

公司办理好一切的准备工作，就开始按照江苏省质监局网站上的提示一步一步地去申请生产许可证的核查，等到所有材料都提交成功的那一刻，他们既感到激动，又觉得心情不安。

如果省局还是以没有办理过此类许可证为由拒绝派人来核查怎么办？陈咏梅怀着忐忑的心情再一次来到常州市新北区质监局找到了盛局长。她介绍了目前许可证的申请情况，同时也说出了自己的担心。盛局长是一个非常善良的人，看到陈咏梅那么焦急，她有点儿于心不忍，一直劝她不要那么担心，总会有办法解决的。离开时的那一幕，陈咏梅至今难以忘怀。

她回忆说："盛局长送我到楼下，在我要上车离开时，她对我说'别担心，万一省里不派人来核查，也会签发不予核查的说明，到时候区质监局会制定管理方法，益菌加还是可以生产的'。"听了这样的话，陈咏梅的心里是那么的温暖。

刚上车，陈咏梅就接到了省局的来电，告知她 3 月下旬省局会派人来进行现场核查。功夫不负有心人，终于在他们逐条按照国家规定完成了所有审查项目后，2011 年 5 月，益菌加获得了中国第一张乳酸菌冻干粉的食品生产许可证。

事实再一次击碎了那些提到办事就想找关系的那些人的想法，依法办事才是正道。“这张许可证不是属于益菌加一个人的，它也是属于所有在背后默默支持益菌加的江苏省以及常州市的政府工作人员的。”事后陈咏梅经常会对来访的新闻媒体这样说。

耐心积累　获市场认可

作为一个小企业，获得大客户有一定的难度，陈咏梅就决定从小的开始做起。淘宝、天猫是现成的渠道，为何不用？于是他们开始利用现成的电商渠道，在淘宝先安了家。开始的时候，他们制作的宝贝图片不美观，后来看到别的店铺放着明亮精美的展示图，觉得应该请专业人士帮忙，便找来了帮公司设计 LOGO 的小李，他用了一个月的时间把网店装修得焕然一新。

公司开始做自己的活动，树立益菌加的乳酸菌专业品牌形象，积累自己的忠实会员。由于益菌加的酸奶发酵剂配方独特、香味纯正、自然、菌种效果好、用它可以测试牛奶的好坏，公司的产品很快就被家庭用户所认可，在众多品牌里，他们的差评最少。2011 年 8 月，他们又在天猫商城开设了益菌加品牌旗舰店，他们的根算是扎下了。

自 2013 年开始，他们又开拓了益菌加商用酸奶发酵剂的市场，以保加利亚酸奶技术合作为基础，邀请咖啡厅、奶茶店以及其他类型的饮品店制作由益菌加发明的保加利亚酸奶，均由益菌加提供原料、配方及制作技术，他们的目标是让所有参与者都能做出味道和品质一模一样的保加利亚酸奶。

到目前为止，保加利亚酸奶创业邀请已经发出了 2 万多份，已有 100 多个店家参与，这个项目将推动“全民创业、大众创新”这一全新理念，将创造更多的就业岗位。“不管怎样开始，一个企业只要你想做大，你必须走向市场这条康庄大道。”陈咏梅说。

2013 年底，国务院发布中小企业板（新三板）扩容的消息，陈咏梅应声行动，从收到消息就开始着手准备。尽管起点不高，但是他们有坚定的信念，一点一滴地学，一个难题接着一个难题地解决。2014 年 8 月，江苏益菌加生物科技股份公司成立了；2014 年 12 月，公司收到了股转公司的申报确认回复。目前，益菌加正在朝着她的理想彼岸前进。

三、案例总结

在没有任何做实业经历的情况下，从外贸行业转做乳酸菌生产企业对陈咏梅来说既是机遇也是风险。

在创业园区领导和异国朋友的帮助下，常州益菌加生物科技有限公司在三晶工业园落户成功。由于没有生产许可证，面临巨大的投资风险，初始合伙人选择退出，给陈咏梅造成资金上的巨大压力。

凭着执著和不懈努力，在省市领导的帮忙下，陈咏梅终于拿到了全国第一张菌粉食品生产许可证。由于采用源自保加利亚长寿村的益生菌菌种，产品很快获得了消费者的认可。通过在天猫商城开设益菌加品牌旗舰店，实现线上线下同时销售。

到目前为止，保加利亚酸奶创业邀请已经发出了 2 万多份，已有 100 多个店家参与。现在江苏益菌加正在积极筹备“新三板”，向更高的目标迈进。

2.3 成熟期案例

2.3.1 案例10:踏实单纯地做好事

踏实单纯地做好事

——南京瑞岸文化传媒有限公司创业案例

一、公司简介

南京瑞岸文化传媒有限公司于2012年注册成立,注册资金1 000万元,位于南京市中央路417号。公司强调4S核心服务:Smart(智慧服务)、Smile(微笑服务)、Speed(快速服务)、Strategy(战略服务)。

2009年汩艺文化成立(瑞岸文化的前身),公司先后承办了金洽会、重洽会以及仙林大学城公益广告等系列大型公共服务类活动。始终秉持的"成长比成功更重要"的企业发展理念得到市场和客户的肯定,公司业务得到了极大拓展,集聚了大批优质客户资源。

2012年瑞岸文化应运而生，公司增资至5 000万元，员工增至27人。现在公司主要提供室内装修施工、雕塑设计施工、亮化导示制作、公关活动策划、平面设计印制、影视动画拍摄等多元化服务。业务内容实现了从设计安装业务向更高层次的文创领域攀升。

近年来，代表项目有南京规划馆展厅设计施工、南大科学园展厅设计施工、滨江电厂雕塑群设计建造、仙林羊山湖公园导示、万达广场导示、九乡河公园导示、滨江公园导示设计施工、投资促进局标志设计、南大科学园工艺字、滨江码头工艺字、长江航运物流服务中心开工奠基仪式、中国·南京金融贸易洽谈会现场策划、仙林公益海报设计施工等。

在创业服务工作方面，公司创办的创业咖啡已运营几年。目前，公司在准备筹建众创空间，拟为创业者提供创业工作室、政策咨询、管理咨询、资金对接等方面的创业服务。

二、案例分享

当我们打开《创业百问》这本书时，我们会被书中一幅幅精美的插图所吸引，这些图片是南京瑞岸文化传媒有限公司为本书量身绘制的。南京瑞岸传媒的总经理查威蔚让负责本书作图的人员一定要站在图书使用者的角度考虑，同时也从专业的角度提出作图的想法和意见。

不论大事小事，查威蔚总是以认真的态度、敬业的精神去做好每一件事。正是这种认真的态度、敬业的精神、新颖的创意让她的公司得到客户的一致认可，公司的业务范围在逐步扩大，南京瑞岸传媒也实现了从设计安装业务向更高层级的文创领域攀升。

创立汩艺文化

2004年查威蔚从学校毕业后，到一家知名建筑公司做规划设计相关工作。每天工作都十分忙碌，还要经常加班，有时甚至到深夜。在加班中，很多时候就是独自戴着耳机，听着音乐，激发创作灵感，构思图形设计。

付出总有收获。在公司的工作虽然忙碌，却很枯燥，但是查威蔚也学到很多实用的东西，把书本上的知识能够很好地应用到实践中，同时也接触到很多行业内的朋友。

有一次，某集团需要做一个宣传公司形象的产品设计，在全国知名设计师设计作品中匿名挑选，领导让查威蔚也参加匿名投稿。凭着良好的设计功底、完美的设计理念以及对公司文化的深入理解，努力了三个夜晚，经过匿名评审，查威蔚的设计方案被选中。

因为这次的设计评比让查威蔚在增添信心的同时，也觉得在公司工作自己的艺术梦想不能很好实现，经过认真考虑，她辞去了公司的工作。

在辞职的时候，查威蔚也没有自己创业的想法。辞职在家的那段时间里，以前合作的一家公司因为一个设计方案找到她。查威蔚当时本着帮忙的想法，就接下了那项工作。设计的方案得到客户的大力赞赏，公司支付给查威蔚一笔报酬作为设计费用。客户需要开具相应的增值税发票，由于当时没有公司，她只能去税务部门开具发票，缴纳了很多个人所得税，客户见此就建议她可以考虑成立一个公司，这样缴纳的税费要少很多。于是，南京汩艺文化有限公司在2009年成立了。

一路积淀　水到渠成

作为一名专业的美术工作者，查威蔚的专长是平面设计，公司运作对她来说是一个极大的挑战。公司成立之初，运营上遇到过重重困难，她甚至有过放弃的念头，但想到公司将能承载自己的艺术梦想迈向更大的舞台，决定咬牙坚持下去。

公司成立初期，查威蔚与客户打交道时经验还很缺乏，很多时候不能很好地把握和领会对方的意图，设计的产品常常需要多次修改，来回折腾费工费时。

经过几个项目的摸索，查威蔚慢慢学会了聆听的技巧，能够很好地领会客户的需求，从设计师的专业角度，为客户提供满足需求的产品。思想上的转变促成工作上日趋成熟，在项目合作过程中，客户逐步成为她的良师益友，她也在此过程中迅速成长。

2010年，公司承接了反映南京市质量技术监督局文化特色的文化走廊设计施工安装项目，谈好合作意向后，查威蔚带领团队全心投入到工作中，用心设计的方案让客户十分满意，得到了高度认可。由于是在单位内部施工，所以要等到单位下班后才能进场施工，晚上收工时都要到十一二点。为了确保工程的质量和进度，查威蔚每晚都要在收工前到工地现场检查工作。这种认真的态度，被单位正在加班的工作人员发现了，他特别向领导汇报了查威蔚每晚监工的事情，领导也被查威蔚的认真态度和责任精神所折服。

2011年，公司承接了南京栖霞山文化节活动的策划工作。在举办的“百名明企讲座”活动中，星云法师作为特邀嘉宾被活动举办方邀请过来讲课。查威蔚也得到一次听课的机会，佛学中待人处世的奥妙哲理深深地吸引了她，让她受益匪浅。尤其是星云法师吟诵的布袋和尚那首诗——“手把青秧插满田，低头便见水中天。六根清净方为道，退步原来是向前。”更是让她有所顿悟，记忆深刻。后来，她还专门请人写了那首诗，进行装裱后挂在书桌前，作为座右铭。

砥砺前行　以真情积蓄梦的力量

遇水顺势，遇山借高。始终秉持的“成长比成功更重要”的企业发展理念得到市场和客户的肯定，公司业务得到了极大拓展，集聚了大批优质客户资源。2012 年瑞岸文化应运而生，公司增资至 5 000 万元，员工增至 27 人。现在公司主要提供室内装修施工、雕塑设计施工、亮化导示制作、公关活动策划、平面设计印制、影视动画拍摄等多元化服务。

近年来，代表项目有南京规划馆展厅设计施工、南大科学园展厅设计施工、滨江电厂雕塑群设计建造、仙林羊山湖公园导示、万达广场导示、九乡河公园导示、滨江公园导示设计施工、投资促进局标志设计、南大科学园工艺字、滨江码头工艺字、长江航运物流服务中心开工奠基仪式、中国·南京金融贸易洽谈会现场策划、仙林公益海报设计施工等。

审时度势，因时而变。作为一家全方位的文化传播机构，公司以坚定不移的步伐紧随“知识创造财富，创业成就梦想”的核心理念，积极与境内外多家一线企业进行学习交流。2014 年，与江苏省高新技术创业服务中心深入硅谷学习孵化器发展，参加了 Google 公司 Startup Grind 创业家活动，与硅谷著名商业加速器 Plug and Play 保持人才科技交流平台合作。

科学引领　用智慧把握梦的方向

“中国梦”归根到底是人民的梦，这个梦想是中国各族人民的共同心声，也是每一位中华儿女的共同期盼；“中国梦”既是宏伟的国家梦，也是具体而微小的个人梦。作为一个追梦者，只有将个人命运融入国家命运，以国家梦想为个人梦想，才会有一次又一次的丰收与圆梦。

正如硅谷某风投公司评价的，企业的发展不是取决于你现在的规模，而是取决于你的产业方向、文化与科技的融合、代表的经济转型发展的前沿阵地。

当前，在江苏省打造经济升级版，率先实现现代化的宏大背景下，在南京市朝着国家中心城市发展战略背景的推动下，公司顺应市场经济潮流，紧盯政府产业布局，在周密调研与严格论证的基础上，明确了成为一家“创意经济开发者”的公司定位，以及以科技和文化为创新领域的“双轮”驱动发展战略。

2014 年，世界级盛会——青奥会在南京举办，作为青奥会宣传的合作方之一，公司以无私奉献和专业专注的态度，融入南京文体事业大发展大局。

感恩社会　携公益分享梦的快乐

公司在成长发展过程中，业务规模不断扩大，自身竞争力不断提升，同时公司的社会责任感同样也在不断增强，致力于最大限度地回报社会。

公司与南师大联合举办校企培训，为即将毕业的学生提供入职前的培训准备，向年轻学生传达“知识创造财富，创业成就梦想”的积极理念。公司还与中国美院联手向贫困山区捐赠书本，为“阳光基金”义务出品会刊，积极组织向慈善机构捐款。

点滴义举皆出于感恩，查威蔚希望通过自身的努力，与社会一起分享梦想，建立一个持续进步并有善心的团队。

三、案例总结

创业是一场缘分，踏实忠实地对待第一件工作，真诚地对待身边遇见的每一位朋友。单纯做好事，就能成事。成事不是因为个人的能力，而是一场机缘，源自爱与责任。

创业也是人生的一种选择。艺术专业出身的查威蔚走上创业道路，有一定的偶然，也有一定的必然。从小的严厉管教，让她具有了坚强、有担当、不服输的品质。独自创业，对一个刚毕业不久的女孩来说，真是不容易。深夜到工地现场监工、为了加班赶工期和员工发火、听大师阐释佛学文化等等，经历诸多事，也让她逐渐变成熟。

认真做事，真诚待人，也让查威蔚获得客户的一致认可。在工作中，她与员工建立了良好的关系，与客户建立了良好的友谊。通过客户的介绍，公司的业务也越来越多，公司的品牌影响力也越来越大。在公司的发展过程中，查威蔚也实现了个人的成长。通过努力，不断提升自己，在工作之余查威蔚仍不忘学习。查威蔚的经历很好地阐释了“巾帼不让须眉”。

在创新创业的良好氛围下，希望查威蔚带领团队能够创造更多的佳绩，能够实现她的中国梦，实现自己的艺术梦想。

2.3.2 案例11:精诚所至 金石为开

精诚所至 金石为开

——江苏金冠立体停车系统工程有限公司创业案例

一、公司简介

江苏金冠立体停车系统工程有限公司,是江苏省专业化从事汽车立体停车设备研制、制造、安装的大型科技实业型企业。金冠的研发基地,位于南通高新技术创业中心,生产基地位于南通船舶工业园(北区)和南通经济技术开发区(南区)。

江苏金冠总投资3 000万元人民币,引进、消化并融合了欧洲、日本、韩国和中国台湾地区的立体停车先进技术,并推出了智能化升降横移、简易升降、全自动化平面移动、垂直升降(塔库)、智能仓储(巷道堆垛)、多层循环式汽车升降机、汽车转向台等高技术系列产品,能满足各种不同停车场地和空间的需要。

江苏金冠拥有近万平方米的厂房和系列大型机械加工设备,拥有现代化的开发系统和全套的检测仪器,既具备了雄厚的开发能力、设计能力,又具备了大规模的生产制造和安装能力。

二、案例分享

江苏金冠现在已经成长为江苏省内最大的集停车设备的设计、生产、安装和服务为一体的专业化民营科技企业。江苏金冠创业者初次创业因资金不足,理想曾"胎死腹中"。后来遇到伯乐式合作者,与资本实现完美结合,才迈出第一步。

从创业初期技术落后,到现在实现技术领先,创业者付出了智慧、汗水和耐心。江苏金冠的诞生和发展,就是一部民营科技企业在政府的科技创业园(孵化器)内孕育和成长的历史。这是一个坚持创新,不断实现超越发展的励志故事。

第一台产品

2004年,已从国有企业下岗的技术人员许学武、蒋金泉、姚建华等几个志同道合的朋友,瞄准了中国汽车工业生产和消费的发展必然带来停车难的前景。

心中创业的激情被市场机会点燃,虽然亲朋好友中也有反对的声音,但是大多数还是赞同的。由于每个人都没有资金,亲戚朋友的支持也仅仅限于精神层面,在资金方面几乎没有支持。虽然当时在资金方面确实有困难,但是几个志同道合的朋友还是下定决心,要为理想去拼搏。

离开公司出来创业,条件是艰苦的。南通创业中心给他们提供了一些帮助,他们几个人就在创业中心提供的办公室里进行研发,开始了每天忙碌的生活。由于当时资金不多,没有能力配置机械加工设备,更没有能力拥有自己的生产车间,只能借用附近工厂废弃的车间以及车间里丢弃的简陋设备进行试制。经过70多天在办公室里研发,在车间里反复实验,终于拿出了第一台两层机械式停车设备。

做出第一台产品的兴奋还没有消散,他们就遇到了新的问题。原来对这种停车设备,国家纳入到特种设备行业管理,国家对特种设备制造商的注册资金、厂房、设备、工程技术人员和技术工人的配备数量、各种检测仪器设备等要求很高。几位以技术开发见长,但无资金能力的技术人员,无法使开发的技术进入国家许可的门槛。

他们经过多方努力,但还是与国家的规定相距很远,根本无法获得进行生产的许可证。坚持一段时间后,他们心灰意冷,忍痛流泪把样机作为废料卖给了废料收购商,把所有图纸都收藏起来,带着沉痛的心情,兄弟几个又各奔东西自谋生计。

在园区孵化成长

2005年,一位民营投资人戴振飞先生看到市场上立体停车设备的前景,通过朋友了解到南通曾经有人开发成功了这个产品,经过一番打听和联系,终于找到了当初的创业团队成员。大家在一起经过一段时间的交流,在创业中心主任沈峰的撮合和支持下,他们决定进行合作。

资本与技术得到了有机的结合,江苏金冠作为专业化的立体停车企业在南通高新技术创业中心诞生了。创业中心为金冠公司提供了办公研发场所,他们在港闸开发区租用了厂房,与第一次创业相比,工作环境大为改善。在新的环境中,又有资金的投入,创业团队更有激情,刻苦钻研,反复测试,夜以继日。研发团队在原已开发成功两层停车设备的基础上,提出了直接研发五层停车设备的目标。

炎热的夏天,为了节约费用,工程技术人员舍不得开空调,只用简单的电风扇降温。他们从自己家里搬来了电脑、VCD、电视等，反复观摩国外产品和技术，运用计算机辅助设计技术精心研发，终于拿出了当时国内比较少的机械式五层升降横移立体停车设备的样机。

金冠公司的新产品通过了国家的型式试验和工厂审查，一切手续都办好后，取得了市场准入证书。看到自己研制的产品可以进行批量生产，他们喜极而泣。

获得市场机遇

就在金冠公司的机械式多层停车设备产品正式推向市场短短几年的时间里，又一种智能化的立体车库产品开始引起国内市场的注意。

青岛的某大楼在上报规划方案时，原普通立体车库方案被消防部门否定。要求他们对地下四层停车库，配备全自动智能化停车设备；要求车辆进入地下车库时，人员不能跟车进出；要求防止发生火灾时驾驶人员被闷在地库的惨剧发生。

大楼的开发商很长时间都没能寻找到能生产这种设备的厂家，开发规划迟迟不能批复，心急如焚。当他们听说金冠公司在青岛的另一工地正在建造当时青岛最高的机械式立体车库时，主动到工地现场与金冠公司取得联系，向他们寻求支持。

当时金冠公司还没有研发掌握这项智能化全自动平面停车设备的技术，但他们认为顾客的需求就是产品和技术开发的方向，这是个很好的机会，于是决定迎接这项挑战，希望能抓住这次机会。

接触这个项目以后，他们感受到在停车行业的这个高技术层次，竞争同样相当激烈。金冠公司作为投产时间较短的公司，马上与行业内最强的三家企业激烈地对撞在一起。

遭遇竞争对手

第一个撞来的竞争对手，是项目所在省的一家停车设备制造企业。他们拥有欧洲全进口技术，在国内有不少成功案例，用户一般都是特别高档的写字楼，但在与金冠的第一轮竞争中，就因价格太高和态度傲慢而被甲方弃选。

金冠公司分析用户是民营开发企业，楼层为民用住宅楼的特点，推荐选用韩国技术且部分关键设备采用韩国部件。全套设备由韩国提供整体设计方案和技术，由金冠公司进行生产、安装和售后服务。最后，他们提供的设计方案和产品报价引起了甲方的兴趣，获得了初步合作的意向。

金冠公司马不停蹄地做准备工作，邀请甲方到韩国的公司和首尔的项目现场进行考察，向甲方详细地汇报项目的整体计划。通过这一系列的工作，他们得到了甲方的认可。甲方初步决定，采用金冠公司推荐的机型，并采用和金冠公司与韩国公司合作的模式。

正当金冠公司以为该项目已收入囊中的时候，国内停车行业规模最大的企业突然拦腰杀出，他们挟日本技术而来，显示出国内头把交椅的气势，根本没把金冠公司放在眼里，认为此项目非他们莫属。

面对竞争对手的雄厚实力，金冠公司也产生了畏缩的念头。这时候，创业中心给了他们极大的支持，中心的领导鼓励他们，帮助他们仔细推敲，认真准备汇报方案。最为重要的是，还为他们提供了创业中心唯一的一辆商务车和投影仪设备，供他们到青岛汇报方案时使用。

青岛之旅

他们的青岛之旅，除了心情不轻松外，路程上也充满惊险。当年，沿海高速还未建好，车辆只能沿 204 国道一路北行。当车子到了苏北连云港境内的新沂河时，意外情况出现了。几里宽的新沂河，水流湍急，波浪翻滚，原来穿过河床的公路早已淹没在狂奔的洪水下了。要等到洪水退下去，至少得需要几天时间。问了一下当地的群众并查看了地图，如从上游另寻道路绕过去，则至少要到第二天上午才能赶到青岛，这样就不能赶上原定的方案汇报时间。

面对水雾茫茫的河面，他们无计可施，一筹莫展。碰巧当时河面上有一个当地农民，用巨大的轮子改装了一辆高脚平板车，能够在河水还不太深的时候趟水过河。不过，这种亦船亦车的工具风险太大，一般人不是走投无路可不敢坐。虽然当时渡河风险较大，但他们别无选择。经过与驾船人的一番交流和加钱后，总算上天保佑，船车终于在大家的惶恐不安中慢慢登上了对岸。付完钱后，顾不得惊叹渡河的艰险，他们立即上车加速奔向青岛。

第二天的汇报如期举行。金冠公司的竞争对手一组四人，个个西装革履，镜片闪亮。他们打出的视频画面设计得十分亮丽、鲜艳夺目，吸人眼球，数据更是吓人，显示的是集团公司几十亿的产值，几十亿的销售额。其采用日本技术生产停车设备的历史已经多年，所做的工程业绩排成几页有上百个以上。反观金冠公司的队伍，虽说也一组三人，但穿着打扮显得朴实无华，公司的产值才刚跨过百万，工程业绩还不到 10 个，明显地在气势上远逊于对方。

虽然在场面上有差距，但是双方在国内都没有已完成的符合甲方要求的工程实例。对方提供的是日本的动画，金冠公司提供的是韩国的动画。另外，金冠公司对如何实施这个项目，还做了一个十分具体的分析方案和详细的实施方案。汇报结束后，竞争对手胸有成竹，稳操胜券地扬长而去。

金冠公司也感到与竞争对手相比，中标的希望比较渺茫。于是大家都认为在那等候白费工夫，不如赶紧回家，再去抓紧操作其他项目。公司领导反复回味当天汇报过程中甲方领导成员和总工的讲话，总感觉还未到尘埃落定的时候，安慰大家说："这个项目跑到今天，我们花费了不少时间、精力，现在也不在乎多等一夜。今天不走了，明天上午没有希望，我们就承认失败，打马回家。"

获得重点项目

第二天上午九点，甲方领导来电告诉江苏金冠获得合作机会，结果颇感意外。对金冠公司来说除了欢庆还有感谢，对创业中心的感谢，对渡河老大爷的感谢，对甲方公司领导的感谢。

甲方认为，采用日本技术的公司其实力远超江苏金冠，但是在这个机型上，两家差不多是同时起步。青岛这个项目不大，对采用日本技术的公司来说，可能多一个不多，少一个也不少，所以他们只用了一个一般业务经理来操作这个项目。显然，青岛项目在他们公司所占的分量很一般，所以他们的汇报集中在显示他们公司的实力，有多少产值，有多少事业部，而关于这个项目上的具体问题反而一笔带过。

而金冠公司对这个项目，是作为公司的第一重点项目来做，举全公司之力。而且在领导和工程技术人员的工作作风方面，甲方对金冠公司有一种直观的信任。因为金冠公司不仅对项目的总体规划、设备的选型考虑周详，安排合理，还考虑了甲方住宅楼人员早上取车时间集中，在控制系统上进行了取车优先的设计，且考虑到日常使用与维护保养的需要。他们设计了两台升降机与四台高速变频运载机的联机联控程序，对高速运行的载运车上的电机供电采用了滑触线供电，解决了甲方的疑虑。就是在这一系列具体的技术问题上，金冠公司有着十分可靠的深思熟虑的方案。因此，甲方做出与金冠公司合作的决定。

就在金冠公司沉浸在终于拿到这个跨越智能化高难度的停车技术合同时，第三个竞争对手横空出世。甲方领导让他们看了一个视频，这是金冠公司第三个竞争对手公司的宣传广告片。他们是港资进入内地，全面仿制引进欧洲的机械设备和智能化技术，确实已经达到了国内一流水平。更具杀伤力的是这个代表企业前来洽谈的人，恰恰是甲方领导的同学。他冠冕堂皇地说，他们现在项目多得很，做不做你这个项目无所谓，我不是来争做项目的，而是来帮甲方公司的。他指出金冠公司连许可证都没有，签订合作协议要承担很大的风险。甚至说出项目给任何人做，也不能给金冠公司做的言语。甲方公司领导再次反复权衡，最终没有动摇，因为他们看中的是金冠公司的创新精神、工作态度和技术功底。

合作一波三折

项目合同虽然到手，但在实施过程中，金冠公司仍然碰到了一系列意想不到的困难。

起初金冠公司采取和韩国公司合作的方式，陪同甲方的总工和工程部领导一起到韩国考察，认定采用韩国公司的技术并引进他们的关键设备。然而在甲方大楼建造的进行过程中，韩国公司受亚洲金融风暴的影响而不能支撑下去，退出了合作关系。金冠公司面临非常被动的局面，他们认真分析了形势，决定压下这个情况，同时积极地寻找到了另一家新的韩国公司。

金冠公司认为，无论如何解释都不能消除青岛甲方对自己中途更换国外合作公司的怀疑，当韩国新公司的进口关键设备发运中国时，金冠公司改变了原来直发青岛的方案而转为先发到南通，此事也引起了青岛甲方的疑惑。

当韩国设备到厂后，青岛甲方的总工带人来厂验收，金冠公司精心地对韩国设备进行了标识改装处理，通过了验收。但他们意识到，如再不解决好此问题，真相迟早会暴露，到时将无法解释这一系列做法，甚至会发生合作终止的情况。

情急之下，金冠公司想出了一个巧妙的方案。他们以韩国公司的名义邀请青岛甲方公司领导去韩国考察。到达韩国后，金冠公司让韩国新公司仍以原来公司的名义接待，陪同参观考察他们的公司和在首尔及各地的工程业绩。

通过几天的考察参观，金冠公司征求青岛公司领导对韩国公司的看法，青岛公司领导表示对韩国新公司完全的认可和信任。这时，金冠公司真诚地向青岛公司领导和盘托出真相，请求他们的理解与原谅。青岛公司的领导惊呆了，他们完全没有想到竟然被金冠公司一直蒙蔽，有一种受愚弄的感觉。

青岛公司的领导当时很生气，心里非常不爽。经过金冠公司的解释和道歉，加上对考察的新公司也很满意，他们最终理解了金冠公司的苦衷，看在金冠公司的真诚态度和不懈努力上，最后也缓和了语气，没有对合作造成实质性的影响。

经过金冠公司工程技术人员和韩国工程师的合作和努力，公司调集了优秀技工集中攻关，精心加工，并经过中韩两国工程师在安装工地的精准安装调试，这个项目终于胜利完工，金冠公司也凭借该项目取得了国家的型式试验报告和资质证书。

目前，该项目在青岛一直正常运行。通过这个项目，金冠公司得到了韩国方面的认可，一起合作制作了智能化设备出口到沙特、斯里兰卡，合作建造了大连世纪经典地下四层智能化平面移动立体车库。

金冠公司也将该技术二次创新，将智能化立体停车设备建造到南京新街口的六层楼楼顶，成为国内真正掌握智能化平面停车的少数厂家之一。

三、案例总结

江苏金冠公司的创业之路可谓一波三折。第一次创业因缺乏资金，导致创业失败，合伙人为生计各奔东西，正所谓“出师未捷身先死”。后来巧遇伯乐，在南通创业中心领导的支持下，实现了技术和资金的完美匹配，才迈出具有实际意义的第一步。可见，创业不是仅凭技术和激情就能成功的，资金对创业来说是至关重要的。对所在的行业，创业者要有深入的了解，如国家政策、行业进入门槛等。

在公司的发展过程中，金冠公司领导能很好地发现和把握市场机会。通过与青岛公司的合作，提升了公司产品的品质，实现了向智能化方向的发展，对公司品牌的树立起到重要作用。

2.3.3 案例12:梅花香自苦寒来

梅花香自苦寒来

——江苏圣科智能机械制造有限公司创业案例

一、公司简介

淮安圣科智能机械制造有限公司于2007年2月在淮安市高新技术创新中心园区成立,注册资金50万元,当时仅租了一个100多平方米的场所作为厂房。公司刚成立时就确立了技术创新、诚信经营的经营理念,将公司的发展定位为创建成一家致力于专用设备制造的装备制造业新兴企业。

公司始终坚持以技术创新为企业之本,立足中高端装备制造业。2008年底,欧美金融危机席卷全球。公司抓住国家整体面临人力资源成本上升、经济需要转型,对专用智能机械设备的需求增加的机遇,建立并提升了从工艺、设计、制造到安装调试及新产品开发的全方位服务能力和综合配套能力,得到了客户的认可。

圣科智能根据市场调研,尝试研究开发水钻专用设备,围绕新设备研发已组织开展了多项试验,申报了多项发明专利和实用新型专利。

2009年,公司被列为“淮安市民营科技企业培植计划”,还被授予“淮安市高新技术企业”。

2010年,该水钻专用设备项目被列为“江苏省科技型企业技术创新资金项目”和“淮安市重大科技成果转化项目”。2010年起,淮安圣科智能公司的发展驶入了快车道。公司注册资金增加到500万元,公司名称变更为“江苏圣科智能机械制造有限公司”。

2011年,获淮安市重大成果转化资金扶持;2012年,被批复为“国家级高新技术企业”。企业现有发明专利2项,实用新型专利10项。

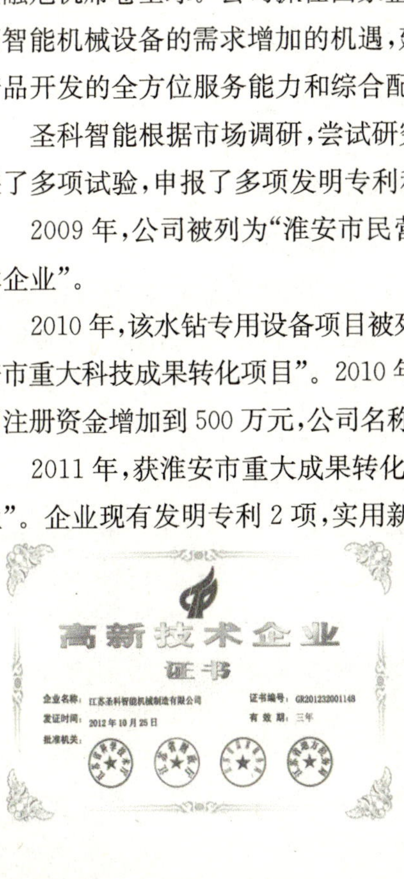

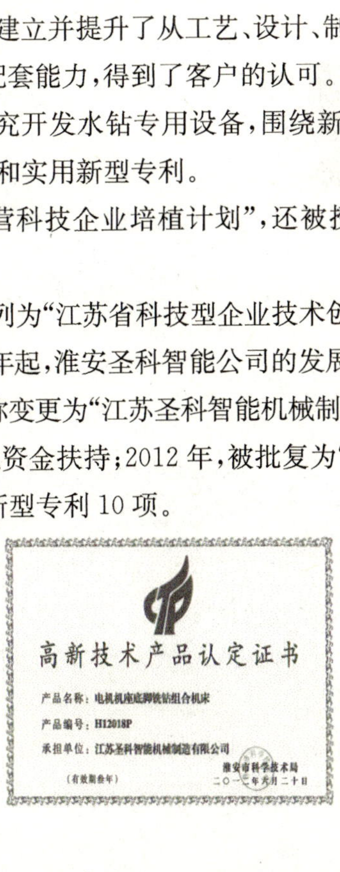

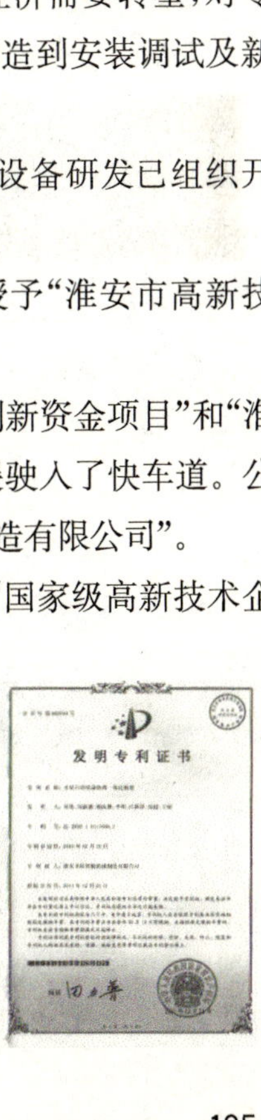

2014 年，业务收入 1 000 余万元，现有员工 50 余人。目前，公司正着手开展企业股份制改革和财务规范化运作，争取通过现代企业制度运营模式的引入，促进企业的良性发展。

公司与德国西门子、日本京滨集团等大型公司都建立了良好的合作关系。公司在机械、电气、液压、数控等方面均具有较强的研发制造能力，可为客户定向设计生产数控专用机床、行业专用生产装配流水线。契合了当前国家制造业转型升级的发展趋势，客户遍布江浙沪、广东、四川等国内经济发达地区。

二、案例分享

有一种生活，叫做命运；有一种未来，叫做梦想；有一种改变，叫做不服输的精神。

如果没有淮安老牌国企清拖集团越来越艰难的生存路径，宋伟和葛秀梅夫妇也可能就如同当地大多数人一样，在单位上班下班，拿着相对稳定的薪水，过着清闲的日子。有较多的时间为孩子的学习与成长而烦恼，可能就不会有创业的想法和机会，也就不会有现在的江苏圣科智能机械制造有限公司。

在清拖的工作和生活

1991 年，宋伟毕业后分到了淮安市福利待遇好、人才多的大型国有企业——清拖集团。刚到厂里，宋伟从基本的一线操作工干起，由于他勤学好问，喜欢动手操作，对机械电气设备有着一种几乎是天生的痴迷，很快就引起了领导的关注。

工作期间，他先后担任过工艺员、技术员、生产调度员、车间主任、经营科长、设备分厂生产副厂长等职位，积累了丰富的机械电气自动化总装集成工作经验。

勤奋认真的工作态度，朴实热情的待人态度，宋伟很快得到了领导和同事的一致认可。同时，也获得了为公司做配套材料供应的一位盐城供货商女儿的青睐。虽然当时女方家庭不赞同他们交往，但是葛秀梅坚信自己的眼光和选择，想尽办法排除质疑，义无反顾地嫁给了宋伟。成家之后，宋伟发现按着既定的人生轨迹却越来越不好走了，家庭开支越来越大，收入却迟迟跟不上社会平均增长的步伐；自己有一些好的产品开发想法，却得不到领导的认可和支持。诸如此类的事情让 30 岁刚出头的宋伟每每郁闷不已，有跳出这样的框架的想法，但淮安却没有多少可供他选择的机会。

葛秀梅在家里会经常劝解他安心工作，因为经历过父亲创业的艰辛，她深知创业的不易，所以她十分珍惜现在安逸的生活，希望有空闲的时间多陪陪孩子，手把手地把孩子带大。

当清拖集团要被收购改制，所有职工统一下岗重签合同的消息传来时，葛秀梅让宋伟到她哥哥办的工厂里去帮忙，希望继续维持现有的生活。到了新的工作环境，宋伟全力以赴，但企业产品的单调性和低附加值让习惯了制造大型设备的宋伟深感无用武之地，企业也不可能因为一个人的到来而改变原有的运营模式。

作为妻子，葛秀梅知道宋伟的烦恼，看着他焦虑的脸上逐渐逝去的笑容，经历了一个个不眠的夜晚，在和女儿经过几次详谈后，葛秀梅对宋伟说："我们自己创业吧！"

艰辛的创业前期

得到妻子的鼓励和支持，宋伟下定决心开始创业。怀着梦想和激情，宋伟开始和过去的同学、同事以及生产中接触过的人联系，寻找志同道合者。

经过一番忙碌，仅有 3 个人愿意和他一起干，这也给他的热情浇了一盆冷水。毕竟，机械设备制造行业生产更多的是需要各类加工设备和生产厂房，而这些是没有多少积蓄的宋伟所无法承担的。虽然朋友对其现状并不看好，但是妻子却坚定地支持他。葛秀梅辞去工作，全力支持他，和他一起闯。

2007 年 2 月 7 日，在和一个朋友讨论后，宋伟和葛秀梅将自己新成立的公司起名为"淮安圣科智能机械制造有限公司"，注册资金 50 万元，设在一间租来的 100 多平方米的厂房里。

公司成立伊始，宋伟就确立了技术创新、诚信经营的经营理念，制定了"规范、团队、质量、交货期"四项企业发展的基本原则。根据自己在机械、电气、液压、气动等多方面具备的专业技能，宋伟将公司的发展定位为创建成一家致力于专用设备制造的装备制造业新兴企业。

万事开头难。宋伟负责产品销售工作，他在阿里巴巴上进行了公司登记，还找来以前的老客户和亲戚朋友帮忙介绍业务。但客户对新成立的公司总是充满了戒备和怀疑，起初只是给一些小的、低附加值的业务做，或者一些超难的、需要有详细技术方案的项目做。为此，宋伟和员工们一起刷过油漆，加工过零部件，抬过设备，装配过流水线。

曾经有一个月，宋伟上午到车床上加工零件，下午和客户商讨技术解决方案，晚上继续拆零件，九点多钟到家后根据客户下午提出的需求进行技术方案调整和 CAD 制图，到凌晨两三点钟才上床睡觉，第二天六点多钟起床忙完女儿早饭后又神采奕奕地投入到工作中。

葛秀梅负责公司财务、人事劳资、原材料及加工设备零部件采购、产品发货……凡是生产和销售外的一切都是她的了。在 2008 年购置了一辆面包车后又充当了驾驶员的角色。业务繁忙，员工增加，为员工提供公司午餐的活又落在她的肩上……

创业是艰苦的。从 2007 年投身创业开始，宋伟和葛秀梅夫妇就没有了休息日的概念。一年中除了有限的过年 3 天外，几乎就没有休息的时候。早晨起床眼睛一睁就要想今天有哪些事要做、有哪些客户要联系、有哪些原材料要进、有哪些工具要修理、有哪些设备要发货、有哪些钱要周转……忙忙碌碌到晚上上床睡觉，还想着有哪些技术方案要调整、有哪些外协加工单位要沟通、有哪些财务事项要处理……

葛秀梅清楚地记得，创业开始的一年时间里，晚上睡到了半夜，宋伟会突然坐起来倚着床垫，静静地坐上一段时间再倒头睡觉。她知道，那是公司里烦恼的问题又多了。

女儿长大了，懂事了，四年级的孩子自己走路上学，放学去爷爷奶奶家吃饭，晚上一个人在家写完作业睡觉，初中的时候上了周末回家的寄宿学校。宋伟已经极少有时间和女儿交流玩耍了，葛秀梅也只有在公司稍微轻松的时候晚上按时回家给女儿做个饭、检查一下作业。

创业是甜蜜的。宋伟待人诚恳的态度以及跨多领域丰富的专业技能赢得了客户的信任。他总能根据客户提出的需求，制定出近乎完美的技术解决方案，同时在零部件的选择上，提供最优性价比的产品供客户选择，使整台设备价格大幅降低，而性能超过了市场上现有产品。客户对圣科智能公司的信赖与日俱增。

日本有一家企业是国际著名汽车摩托车品牌供应化油器的专业公司。其南京公司在生产过程中需要一种摩托车化油器 PD 洗净机，要同时清洗五大类二十多种化油器，并且全要用气动元件控制复杂的逻辑动作。该公司日方技术主管断言，因逻辑动作过于复杂，中方无法设计制造，要回日本设计制造。

在厂方对南京周边设备厂家调查后，没有发现合格生产商的情况下，宋伟带领圣科智能技术人员担当总设计，组织十多人，经过一个多月的艰苦奋战，终于完成了样机的设计制造，并得到了日方的交口称赞，从而成为日方的首选设备供应商。

付出总有回报。宋伟抓住中国现代化进程中对专用设备的旺盛需求，在电机行业专用设备、汽车摩托车行业专用设备、物流行业专用设备等领域四处拓展客户，2007 年实现销售收入 65 万元，税收 1.5 万元；2008 年公司销售收入 185 万元，税收 4.5 万元。客户遍布江浙沪、广东、四川等国内经济发达地区，与德国 KOME 中国公司、日本京滨南京公司等外资企业均建立了良好的合作关系。

危机中抓住机会

2008 年底，欧美金融危机席卷全球，一时间中国生产商人心惶惶，淮安经济开发区多家企业停工。这时候，宋伟因为业务拓展刚搬到开发区新租借的 400 平方米的厂房内，同时有了三间办公室作为财务和技术工作室，而隔壁一家为富士康做配套生产的厂家处于半停产状态。

宋伟到广东、上海等地与客户深入交流，仔细分析了自己所处行业的发展趋势，坚定地认为当前国家整体面临人力资源成本上升、经济需要转型，对专用智能机械设备的需求只会增加，不会减少。

现实证明了他的判断。2009 年开始，宋伟在客户拓展中重点突出了公司在机械结构设计方面具有的独特的比较优势，在电气设计、PLC 应用、触摸屏及数控方面存在的独到之处，在液压气动专业所处的同行业领先地位，以及可为用户量身打造所需机电一体、自动化程度非常高的专用设备。他建立的从工艺、设计、制造到安装调试，及新产品开发的全方位服务能力和综合配套能力，得到了客户的认可。

广东、浙江等地的订单逐渐增多，有四川客户在电话沟通交流后还专门派来了 3 人考察公司生产能力，并当场签下了 3 台专用设备价值 45 万元的采购合同。

德国一家著名电机制造商计划到 2017 年将江苏工厂产能增加 3 倍，为此在当地新购置了土地用于工厂扩建。得知消息的宋伟通过前两年为客户提供的专用设备优良的品质保证，逐步得到了新的专用设备制造安装订单。

受到当地政府部门重视

淮安市科技局关注到了这家企业。通过调研走访，对圣科智能公司能以 20 多人的规模自主生产制造出大型数控专用设备而啧啧称奇，对公司在为客户提供产品的过程中所展示的强大研发和创新能力而感到振奋，更被公司在欧美金融危机中采取异于一般企业的做法而使公司全速发展、欣欣向荣的景象所鼓舞。

在得知圣科智能根据市场调研，尝试研究开发水钻专用设备，围绕新设备研发已组织开展了多项试验、申报了多项发明专利和实用新型专利、样机雏形已基本具备后，淮安市科技局将该公司列为 2009 年“淮安市民营科技企业培植计划”，拨款 10 万元用于支持该项目研究，还授予该公司为“淮安市高新技术企业”。2010 年，该项目被列为“江苏省科技型企业技术创新资金项目”和“淮安市重大科技成果转化项目”。

市科技局杨玮业副局长率队走访圣科智能公司考察水钻专用设备研发进展情况，面对宋伟谈到的“整天忙着跑市场抓生产，没有时间应对检查”的话语，诚恳地和他交流：“现在国家正处于经济转型期，为建设创新型社会、创新型企业提供了大量的政策和资金支持。圣科智能公司是以科技创新为立身之本的中小型企业，更需要在经营发展与科技创新中两条腿齐步走，市科技局对这样有良好发展前景的企业只会提供全方位的科技扶持政策给予支持，不会不干事扯后腿。”

2009 年，淮安市经济开发区经济发展局针对金融危机对淮安开发区企业的影响开展实地走访调研，宋伟在与对方闲聊中了解到当前经济不景气、开发区出让的生产型地块少有人问津的消息后，积蓄已久的想法在脑海中腾地升了起来，并久久挥之不去:买地,建自己的工厂!

圣科智能一直以来租借别人的厂房和办公场所,几年发展挣的钱都滚动投入到新增各类加工设备上了,家当越来越多,稍一发展场地就显不足,为此搬了几次家。每次搬家都大动干戈:有的加工设备需要在地面安装紧固件防震;有的加工设备需要旁边有水源提供;有的加工设备需要单间操作;大型机械设备加工需要安装桥式起重机,要求房间净高6.5米以上……

即使与出租方沟通满足了这些要求,但新布放水电以及搬运材料设备找吊车、铲车、起重机等也让人忙个不停,制定再翔实的预案,搬一次家也至少需要一星期的时间,这对于产能始终处于紧张状态的圣科智能来说代价不可谓不大。

"如果有了自己的厂房,就有了发展的后劲,不会再这么折腾了。"宋伟如是想。这一想法却在家里遭到了强烈的反对,葛秀梅认为已经辛苦几年挣了些钱,现在形势不明朗,最好等发展几年然后再考虑买地办厂的事。

宋伟从公司目前发展状况以及未来发展前景等方面说服了妻子。2009年,圣科智能公司销售收入302万元,新增各类加工设备80万元。当年底,公司购买了淮安市经济开发区挂牌出让的土地18.45亩。

发展腾飞筹备"新三板"

2010年起,淮安圣科智能公司的发展驶入了快车道。公司注册资金增加到500万元,公司名称变更为"江苏圣科智能机械制造有限公司"。

长期与客户建立的良好合作关系得到了认可,公司订单不断增加。德国西门子、日本京滨等对供货商产品质量要求苛刻的企业,都对圣科智能公司提供的新产品的设计能力、制造能力、交货期保障、售后服务质量等给予了充分的肯定。西门子电机将持续到2017年扩充产能所需要的专用设备中很大一部分订单交给了圣科智能,京滨化油器也将生产扩建所需要的专用设备向圣科智能下了订单。

科技扶持政策给企业发展带来持续收益,科技资金的注入、财政贴息贷款的使用,使得圣科智能在2012年申报并成为国家级高新技术企业,享受减免所得税优惠。

新厂房一期工程3 000平方米厂房和员工食堂宿舍楼项目于2010年底开工建设,2011年底投入使用;二期工程6 000平方米厂房和办公楼项目于2013年底开工建设,2014年底投入使用。2013年底公司业务收入突破1 000万元。公司员工从30多人逐渐增加到50多人,每年都要到淮阴工学院、淮安信息职业技术学院等单位招收新员工;员工工资每年以一定幅度递增,每年还停产关门几天集体组织一次长途旅游,让大家在游玩中愉悦身心、交流感情。

圣科智能公司的快速发展引起了资本市场的关注。兴业证券在各地走访中发现了圣科智能公司的创新能力与快速成长性，毕竟成立7年业务收入年年以一定幅度增长，截止到2013年底增长16倍，这样的企业并不多见。

放在当前中国经济转型、对智能装备制造业和智能机器人产业需求旺盛的时代，圣科智能的发展有着更加广阔的前景。2014年初，证券代表在拜访圣科智能公司并经过一番交流后，极力推荐公司筹备上市“新三板”以筹措资金用于扩大再生产。经过深思熟虑，宋伟采纳了对方的建议，着手开展企业股份制改革和财务规范化运作，争取通过现代企业制度运营模式的引入，促进企业的良性发展。

三、案例总结

“创业是艰苦的；创业是甜蜜的。”江苏圣科智能机械制造有限公司宋伟的创业经历对这句话作了很好的诠释。

宋伟毕业后，进入到一家很好的单位工作，他勤奋好学、刻苦钻研、尽心尽力工作的态度很快引起了领导的重视和认可，从一线基础工作升到设备分厂生产副厂长。在单位的成功，与宋伟的好学、努力是分不开的，这种精神也是宋伟后来创业成功的重要内在因素。

所在公司被收购改制，是宋伟人生的一个重要转折点。没有了发挥能力的平台，在家人的鼓励下，宋伟决定去创业。

创业起步阶段是很艰辛的。技术研发、市场开拓和公司管理等工作，样样都需要宋伟亲自去处理，除了吃饭和休息，几乎所有的时间和精力都花在了公司上。宋伟和员工们一起刷过油漆，加工过零部件，抬过设备，装配过流水线。

曾经有一个月，宋伟上午到车床上加工零件，下午和客户商讨技术解决方案，晚上继续拆零件，九点多钟到家后根据客户下午提出的需求进行技术方案调整和CAD制图，到凌晨两三点钟才上床睡觉。

在创业前期，他的贤内助给了他很大帮助，尽心尽力，负责公司除了生产和销售之外的所有工作，甚至担当了驾驶员和食堂厨师。正所谓“夫妻同心，其利断金”。家人的支持，心中的梦想，化成宋伟心中不竭的动力，让他甘愿付出一切努力。

2008年宋伟抓住市场对专用智能机械设备需求增加的机遇，建立并提升了从工艺、设计、制造到安装调试及新产品开发的全方位服务能力和综合配套能力，得到了客户的认可，赢得了市场。

皇天不负有心人，宋伟的公司在一步步发展壮大起来，当地政府也给了一定的支持。2012年被批复为“国家级高新技术企业”。企业现有发明专利2项，实用新型专利10项。公司现在已经实现做大做强，正在筹备上市“新三板”，向更高的方向飞翔。

2.3.4 案例 13:经验制胜　创业有章可循

经验制胜　创业有章可循

——南京微雀信息技术有限公司创业案例

一、公司简介

南京微雀信息技术有限公司于 2013 年底注册成立,注册地在中华路 420 号,是一家专业的微信应用解决方案提供商,专注于微信技术开发和行业应用。

公司拥有完整的技术研发、推广和客服团队,能为用户提供全面的基于微信公众账号的营销服务。公司旗下的微信云平台、智能 WiFi 营销系统,能有效帮助用户快速建立专属的、个性化的微信营销平台,是用户全面开启移动 O2O 战略的最佳助手。

微雀云平台的设计理念是以用户体验为核心,功能强大、场景丰富、体验美感、操作便捷,用户可以轻松管理自己的微信公众账号,通过建立个性微官网、招募微会员、开展微活动、进行微预约等一系列丰富的应用,迅速在 7 亿微信用户市场中建立自己的营销平台。

微雀智能 WiFi 营销系统是微营销时代又一创新力作,由深度定制的“企业级路由器+专业认证网关+客户营销系统”构成。从底层打通硬件操作系统,用户认证、终端识别、行为管理、营销机制四大模块,都由核心专利技术精心打造,是微信公众账号增加粉丝的一大利器。

面向未来,坚持自主创新,服务于百万中国企业的移动 O2O 战略,是微雀公司的使命。微雀公司将积极拥抱移动互联网的发展变化,始终专注于移动互联网领域的技术研发及应用推广。做最好的产品、做最好的服务,是微雀人永恒的信仰。

二、案例分享

以为创业就是当上老板了,会没有人束缚,可以自由自在,每一步虽然辛苦,却都可以带来无限美好的未来。因为这个发自内心深处的梦想,2007 年,强锋辞掉一份安逸稳定的工作,拿出全部积蓄,在"无资本、无资源、无模式、有技术、有毅力、有想法"的三无三有情况下,走上了创业之路。

2013 年底成立的南京微雀信息技术有限公司是强锋创立的第三个公司。几年的创业经历,使强锋积累了很多的创业经验。现在他知道自己需要什么样的人才,如何让每一个员工最大化地发挥自己的才能,如何寻觅客户和供货商,客户想要的是怎样一个系统等。

卖出首个产品

"不知道从什么时候就想到创业了,可能是埋藏在心底太久的创业梦,以为创业就是当上老板了,会没有人束缚,可以自由自在,每一步虽然辛苦,却都可以带来无限美好的未来。"

因为是学计算机出身,毕业之后也一直从事计算机行业,强锋对自己的研发技术还是非常有信心的。在当时创业氛围还不是很浓的情况下,实现自己的理想、创造自我价值的信念在强锋脑海中逐渐形成。

为了这个发自内心深处的梦想,2007 年强锋辞掉一份安逸稳定的工作,拿出自己全部的积蓄就"下海"了。"当时无资本、无资源、无模式,但我坚信自己有技术、有毅力、有想法,现如今回想起来都后怕,当时怎么就迈出了这一步。幸好自己有勇气迈出这一步,才有了今天的成绩。"强锋娓娓道出当初选择创业的状况。

2007 年成立的南京楚朝信息技术有限公司,是强锋创立的第一个公司。当时公司只有 2 名员工,主要从事法院庭审系统研发及建设、烟草行业应用解决方案开发。凭着在计算机方面过硬的研发技术,强锋带领团队用了大概 3 个月的时间开发出一款令自己很满意的管理软件,他信心满满地以为可以用它打开市场,展示才能。

但是,现实是残酷的。一方面是因为当时市面上已有类似的软件,另一方面是因为新成立的公司招不到合适的销售人员,做技术出身的强锋对市场还不熟悉,产品与客户的实际需求还有一定的差距。"只有跳入大海,才知道海水有多深。"强锋这样描述他在市场上遭遇的状况。

公司在成立半年之后,不管是技术还是销售,都才逐渐步入正轨,强锋也终于找到了合适的伯乐,卖掉了自己的研发成果。依然记得当时的伯乐曾告诉他,产品是非常不错的,但如果他们能有自己的品牌,市场一定不会像现在这样难做。

稳健发展

那时候强锋也逐渐意识到，光有技术不行，销售也很重要。在这期间他开始转向销售领域，虽然也成功谈下客户，但是与真正的优秀销售比起来还是有所欠缺。好在功夫不负有心人，终于联系到了本地的一家较为知名的企业，想做一个系统。

当时这家企业已经联系了多个软件公司，之所以没有签单，一方面由于这家企业的预算较少，另一方面他们的政策又要求较严，对于供应商的认证较为苛刻。所以强锋就上门找到了相应的负责人，而在那时他们也没有做这个系统的经验，只好把认为较为满意的公司产品拿去给客户进行演示。因为展示的 Demo 产品的良好界面效果让客户非常满意，所以才有了合作的意向。

经过一年多的发展，到了 2008 年底，公司逐渐稳定下来了，开始摆脱了创业初期的吃了上顿没下顿，研发了产品却不知道可以卖给谁的境况。到了 2012 年，南京楚朝——强锋的第一个创业成果，已经成为了一家非常稳定的民营企业，有自己合作良好的长期客户、长期供货商，员工也都是一路走来非常熟悉公司运作的老员工。这时，在强锋心底那颗不愿趋于平淡的创业梦又开始冒出芽来。那年，他的家庭生活也走上正轨，在父母和妻子的支持下，强锋创立了鼎盾智能科技有限公司，主要做安保云系统服务。

因为有了第一次创业的经历，第二家公司的创立变得得心应手。但也正是因为这样，鼎盾的成立生涯无风无浪，每月都会有盈利，却总是在一个固定的模式里、固定的位置上，不会赔本却也带不来更多想要的。

创立南京微雀

2013 年上半年，市面上最火的社交软件——微信推出了公众号，这是一种开发者或商家在微信公众平台上申请的应用账号，该账号与 QQ 账号互通。通过公众号，商家可以在微信平台上实现和特定群体进行文字、图片、语音、视频的全方位沟通与互动。因为微信公众号的推出，市场上开始出现了一种新兴行业——微信公众号开发。越来越多的企业、知名人物、商家、政府单位等为了宣传自身文化，增加与用户的黏合度，都在微信上设立了自己的公众号。

由于微信公众号自身所有的功能已经无法满足公众号所有者的要求，这时便需要依托第三方开发商，在已有的功能上进行二次开发，为用户定制自己所需的各种功能。在 2013 年下半年，微信公众号的用户已经非常庞大了。作为微信使用者的一员，强锋也逐渐发现了微信公众号自带功能的不足，他开始尝试对自己企业已有的公众号进行二次开发。

经过市场需求的调查，对自身技术的判定，赶在2014年到来之前，强锋成立了自己的第三家公司——南京微雀信息技术有限公司。“微，是因为我们的业务依托于微信；雀，寓意麻雀虽小五脏俱全。”强锋说出微雀的寓意，“虽然微雀是一家小企业，但小的只是现在，五脏俱全的开始，在未来会使企业有茁壮成长的条件。”

南京微雀主营业务有两项：一项是为已有微信公众号的企业深度开发其公众号，如搭建微官网，并在搭建的微官网下进行微商城在线销售、微活动在线抽奖、微会员了解粉丝信息、微餐饮在线订餐、微团购在线团购商品、微医疗在线预约挂号等。任何一个微信公众号来到微雀，都不再是一个仅仅可以发消息、传递新闻的普通公众号，而是拥有一个手机里的网站，所有想要的功能，在微信里都可以直接搞定。

相比较定制开发一个手机应用软件，在微信公众号上直接搭建平台，不管是成本还是后期运营的费用都节约很多，并且不需要下载、安装、注册账号，只要是微信的用户就可以是你的粉丝，简单的操作流程也更容易让每一个普通微信用户关注客户的微信号，实时与公众号沟通，在公众号上了解各种娱乐优惠。这样的流程也可以适应如今大部分手机用户爱偷懒、不愿意花时间去下载软件注册账号的习惯，更容易直接获得用户的喜爱。

另一项则是目前市场上独一无二的、微雀独有的微雀联盟运作模式。考虑到微信公众号的认证需要的资料繁多，流程时间长，南京微雀独家开发的微雀联盟模式则是为了商家开发的懒人模式。大家都知道，现在团购网站很多，美团、糯米、大众点评等，几乎人人手机里都有一个省钱专用的团购网站，衣食住行都可以通过团购或多或少地打折。而此类网站的麻烦之处在于大部分用户习惯在计算机上购买消费，并且需要单独下载手机软件才能在手机上使用，一些手机流量紧张的用户不乐意进行此操作。目前微雀联盟正在筹建中。

互联管家

2014年底，南京微雀与一家知名电动车厂商合作推出基于微信生态的O2O平台，后来通过这个平台公司研发出适合于中小微企业服务的O2O在线服务平台(SAAS)互联管家。

互联管家实现线上互联网与线下实体的打通和融合，形成信息、人和交易的闭环。线上做服务连接、产品服务展示、传播和成交，提升服务和营销效率。线下做产品、服务的交付，提升用户体验。中间做用户大数据的整合，开展更加精准的营销，为用户提供更加精准的服务。“移动互联时代真正的成交不是买卖，应该是对客户的服务，以及处处站在客户的角度着想，帮助客户解决遇到的问题。服务，才是真正的销售，也是最好的销售方式。"强锋说。

互联管家云是以移动应用连接用户、企业和服务提供者,为企业提供服务标准化、管理流程化、绩效数据化的企业 O2O 服务平台,最终为用户带来便捷、快速、优质的售后服务。用户通过互联管家进行服务需求发布;售后服务人员通过互联管家在线响应服务,并提供上门或到店的预约、紧急的线下服务。通过云平台的方式为企业用户提供按时间、菜单式定制化的服务,企业的伸缩性大,使用成本低。

三、案例总结

南京微雀信息技术有限公司是强锋创立的第三个公司。有前面两个公司的创业经历,强锋在创立南京微雀信息时就显得得心应手,知道自己需要什么样的人才,如何让每一个员工最大化地发挥自己的才能,如何寻觅客户和供货商,客户想要的是怎样一个系统等。

强锋是在"无资本、无资源、无模式、有技术、有毅力、有想法"的三无三有情况下,迈出创业第一步的。正如他自己所言,后来回想起来都觉得有点后怕。当初创业时,强锋误认为有技术就有市场,因而受到了很多打击。经历一番挫折后,他终于找到了客户,卖掉了自己的研发成果。

有了第一次创业经历后,借力良好的创业环境,抓住互联网创业的热潮,强锋在 2014 年到来之前,成立了自己的第三家公司——南京微雀信息技术有限公司。南京微雀为已有微信公众号的企业深度开发其公众号,在微信公众号上直接搭建一个聚集各种娱乐、优惠于一体的平台,能够很好地迎合用户偷懒的习惯,容易获得用户认可。未来计划运作的微雀联盟也是很有吸引力和市场前景的。

2014 年底,又推出适合中小微企业服务的 O2O 在线服务平台(SAAS)互联管家。通过互联管家云平台的方式为企业用户提供按时间、菜单式定制化的服务,大大降低了企业的使用成本。

2.3.5　案例 14：匠心之美，中国智造下工业设计之梦

匠心之美，中国智造下工业设计之梦

——南京盈创新图科技有限公司创业案例

一、公司简介

2013 年 4 月 11 日，南京盈创新图科技有限公司在南京高新区成立；2014 年 2 月，该公司入驻南京紫金（高新）科技创业特别社区。

南京盈创新图科技有限公司由拥有 15 年工业设计经验的海归资深设计师党带喜带领其优秀的海归团队，携带着德国产品研发理念和应用技术，借由南京市政府“321 计划”全球引才计划，进驻南京国家级高新技术产业开发区的一家科技型企业。

南京盈创新图科技公司从诞生之日起就获得南京市政府的重点支持，公司擅长消费类电子产品、家电、科研及医疗设备的研发及设计，更有新材料新工艺的长期积累及全案开发能力。凭着创新的意识、先进的产品研发理念、敏锐的市场触觉、使用方式的研究和人机交互的积累，研发团队为客户提供从产品概念植入到市场导出的全流程产品研发解决方案。

南京盈创新图科技公司提供“策划、设计、研发、生产”一站式的服务流程，服务覆盖消费电子、工业设备、医疗仪器、家电、礼品、通讯及交通工具等七个产业；服务涉及产品设计、工业产品研发、策划、外观设计、结构设计、设计研究咨询，样机加工以及试制、生产监理等服务。

南京盈创新图公司在 2014 年 5 月至 2015 年 3 月，自主研发了“车载空气净化器”，项目完成原型机制作；2014 年 11 月，“泊车机器人系统”项目立项，进入研发阶段；2015 年 4 月，鸵鸟蛋礼品设计研发启动；2015 年 4 月，感应灯项目设计研发启动调研。

二、案例分享

她因为兴趣选择去德国留学，她是学校里第一个被免课的中国人，她曾在德国博朗工业设计中心工作，她也担任过全球多家知名企业的产品设计主管，她是德国工业设计硕士，在工业设计领域耕耘达 16 年，是国内颇受瞩目的资深设计专家。

1998 年由她负责研发的第一台邮政自助服务系统集成设备，至今仍收藏在北京邮政博物馆里。2013 年，她带领项目成功入选南京"321 领军型科技创业人才引进计划"，得到南京市政府重点扶持。她就是创办南京盈创新图科技有限公司的创办人——党带喜女士。

留学前的经历

党带喜从小生活在中国经济最活跃的地区——广州。沿海经济活跃，父辈兄长创业的经历早已成为一种耳濡目染的氛围，令她一直有参与市场竞争和大浪搏击锻炼自己的愿望。

1998 年，党带喜从广州美院本科毕业，毕业后到广州邮电局工作。同年，由她负责研发第一台邮政自助服务系统集成设备，并作为国庆五十周年献礼，该项目荣获 1999 年中国信息产业部颁发的科技进步二等奖。目前，该产品收藏在北京邮政博物馆里。

在接到邮政自助系统的设计任务后，党带喜全身心地投入到工作中。在工作中，她发现了工业设计里的很多乐趣，既能实现对产品品质的追求，又能施展自己的才华，实现自己的价值。设计完成后，出国继续深造的想法在她的脑海里诞生了。

工作中的平淡，更加坚定了党带喜出国的信念。2002 年，党带喜到德国百年名校——哈雷艺术与设计学院继续深造。

德国经历

在德国哈雷设计与艺术学院，党带喜勤奋好学，深得老师和同学的赞许。在学校里除了休息，党带喜就待在图书馆和实验室里。那时在学校机房里，每天直到凌晨 3 点，由于系统自动格式文件要关闭电脑，她才肯回宿舍休息。

凭着刻苦的精神，她把学校里 6 个学期的课程只用 5 个学期就学完了，并且成为学校里第一个被免课的中国人。"从你身上，我们看到中国新一代的力量。"德国朋友经常这样称赞她。

硕士毕业后，党带喜进入德国博朗工业设计中心工作，身边很多都是设计界的大师级人物，与诸多设计大师近距离共事，共同研发产品，感受德国研发的精髓。在工作中党带喜获得快速的成长，为此，她也付出了艰辛的努力。

在工业设计中心,大家一般都不加班,因为在德国没有加班的习惯,按时上下班。党带喜为了缩小与大师们的差距,她每天下班后都在办公室继续刻苦学习和工作,直到华灯初上才舍得关门离开。她住的地方离公司有半小时车程的距离,回去的路上还要经过一段涵洞。遇到天气不好的时候,路上的行人很少。

“一个人骑着单车,路上的灯光也比较暗淡,经过黑乎乎的涵洞,有时晚上九十点钟回去真的很害怕,所以每次经过涵洞时,都会加快速度,想赶快通过。”虽然很艰苦,但是党带喜仍坚持着,在那段时间里,她学到了很多实用的东西,受用终身。

在德国博朗公司工作时期,党带喜曾为德国博朗设计过电动咖啡机、电动剃须刀、概念剃须刀等产品。后来由于个人原因,她选择回国。

联想工作经历

2008 年回国后,党带喜更是在专业领域和产品研发方面获得更大的突破。在她担任北京联想集团全球创新设计中心主管时,一人负责联想 Y、V、B 三个系列产品的研发工作,出色地令联想电脑从办公设备类向消费电子类成功转型,更令联想 PC 产品销量大增。

仅联想 S 系列的 S10-2 就实现单位产品溢价 300～400 元,月销售量近 20 万台,产品的销售期从 6 个月延长到 13 个月的惊人成绩。而联想的总销售量也从 2008 年的 800 多万台增长到 1 300 万台,最终在 2010 年从全球电脑销量第四位跃居第二位。

当她在联想连续设计完成 14 个笔记本之后,联想单一的产品已经不能满足她改善中国工业设计的愿望了。作为一名从德国带着多种应用技术回国的技术人员,党带喜更希望能有各种各样的设计产品来到这个世界上。

所以在酝酿了半年后,拥有卓越的德国工业设计思想和技术运用能力且熟悉国内供应链环节和各个服务平台的她,当听到“十二五”计划的工业设计号角后,觉得时机已经成熟,便毅然辞去联想的高薪工作,在 2010 年末创办了北京盈佳图工业设计有限公司。

第一个公司

北京是国家的政治文化中心,文化艺术氛围浓厚,也是中国与世界接轨最紧密的地区,对新事物、新观念的接受程度最高。几番比对后,党带喜决定选择北京作为自己事业的出发地。

可是创业之初,一切都要从零开始,找办公室、找客户、找供应商统统都亲力亲为,尤其对于一个女性创业者来说要更难。

最开始公司只有 2 人,她不仅要到南方出席交易会,物色客户,还要把北京本地的国际展览都列出来，争取一个个参加，直接在会场上推销自己，了解客户的需求和困难。通过一次次的沟通，一家一家客户摸查拜访，客户渐渐对这个从德国回来的海归青眼有加，从客户手上接到的单子开始越来越多，签单率更是直线上升。

通过早期的项目成功交付，党带喜对她提供的工业设计服务越来越有信心，她主动跑到北京市科委的领导面前毛遂自荐。国外的成功案例和产品极佳的销售状况，让主管单位人员很自然地向各地的兄弟单位推荐这位德国回来的资深美女设计师。

慢慢地，通过和各地的行业协会及科技协会合作，党带喜逐渐树立起自己的品牌和影响力，在各地推广工业设计，与企业面对面解决产品研发难题，公司开始积累出沿海地区的客户群。随着订单越来越多，公司慢慢走入正轨，并多方物色人才，设计团队逐渐聚集了来自韩国、日本、德国归来的优秀设计师，设计团队逐步扩大。

获得发展

虽然创业艰苦，但是党带喜非常严格地要求公司的设计方案保持在高质、高效的水平上，不仅要求产品提案要有转化能力、实施可能性，更要在产品工程化阶段具有充分的前瞻性和风险备案，协助客户在研发过程中稳固地掌握进度和质量，做到保证质量的承诺。

另外，为了体现公司的专业性和更好地宣传公司实力，不管是参加展会还是拜访客户，她的着装总是得体而雅致，谈吐温柔而大方，资料也从来都是整齐完备，争取给客户留下最好的印象，信任她能够给出专业的设计。直到现在，党带喜还是会有针对性地去参加一些电子产品展览，她希望能够坚持不懈地跟踪最新科技和技术流向，更好地开发更多的新型产品，服务更多客户。

除了亲自开发，凭着良好的人际关系，党带喜不仅与老东家——联想公司有着良好的合作，参与联想众多产品系列的设计，还通过客户介绍、亲朋推荐等各种途径扩展着自己的业务。

近年来，党带喜带领自己的团队认真践行着，并努力在业界推广德国式工业设计理念及方式，陆陆续续为格力空调、联想集团、西门子中国研究院、长征宇通等企业提供设计及产品开发服务，服务过十多家世界500强和国内500强企业。

多个成功产品让客户获得极大的经济收益，收获赞誉的同时，公司也在短短两年时间内获评“中关村高新技术企业”。值得一提的是，公司在近年陆续参与联想2012—2013年度Miix和Flex的电脑研发项目，通过创新的技术提案能力，令联想笔记本电脑在三年里稳居世界市场份额的第一名。

其实，作为研发环节之一的工业设计与单纯的艺术设计区别非常大，设计提案不仅要考虑工艺技术的可行性，还要考虑成本的可控性，结构、材料都是产品的外形要素之一，这在一定程度上对知识和经验提出了极大要求，并限制了设计师的发挥。

作为资深工业设计师，党带喜不仅具有非常丰富的研发经验，而且由于多年在研发第一线的锻炼，对工艺可行性的把握也有独到见解，所以往往能在成本把控下，设计出性价比极高的产品。这一点在联想各系列机型上都得以运用并体现得非常明显，令联想产品获得巨大的成功。党带喜非常注重与客户的沟通，设计产品时也会在颠覆、效益、成本中权衡。

设计师开办公司，不仅是经营者，更是整个公司文化的灵魂，公司怎么发展、怎么管理、怎么运作都要承担。党带喜在管理公司的同时积极进行企业管理研究及实践工作，借鉴国际上先进的创新研发实体的发展特点，开展 Design House 课题研究，获得宝贵的经验并将其积极转换到项目合作上。

党带喜积极响应国家产学研号召，2014 年与北京理工大学设计与艺术学院开展产学研合作项目和课题研发任务，为中国高校亲身示范教学和带领项目团队。2013 年获邀加入上海嘉定汽车产学研平台联盟，获得多个地方和科委的关注以及媒体报道、人物专访。

创立南京盈创新图

2013 年，不管是党带喜还是公司，都登上了一个新的台阶。她带领项目成功入选南京“321 创业领军型科技人才引进计划”，得到南京市政府重点扶持，在南京创办盈创新图科技有限公司。

这是她的二次创业，几年积累的创业经验让她对经营、对行业都有了更深刻的认识，通过布局南京、北京两处公司不同技术合作，达到策划、设计、研发三位一体的有纵深能力的研发创新力。这样不仅借助两地不同的人才优势、市场特点，更促进自身企业的发展机遇，令团队士气倍增。

2014 年，党带喜给客户设计了一款 LED 灯，完美的效果图帮助客户获得天使投资的信赖，成功获得 250 万元的天使投资。“工业设计，也是一种成就产品，成就客户的工作。”党带喜自豪地说，“德国的工作经历，那种对品质的追求，对完美的创造，深深地影响着我，使得我的公司具有德国研发的 DNA。”

进驻南京高新区以来，通过对产品服务的准确定位，为华东地区提供的一站式产品化服务获得多次严格的检验和热烈的回馈。随着中央政府对创业的大力鼓励和政策支持，国内正经历着前所未有的创业热忱，这些都为企业的发展提供了难得的机遇。党带喜带领的团队凭着不屈不挠的意志和执著的精神，正为中国制造产业加速从“中国制造”向“中国智造”的跨越提供作用和力量;并协助和提升我国制造业、民族品牌的竞争力,为实现“中国智造”发挥实质作用并具有深远意义。

三、案例总结

因为兴趣,愿意付出;因为付出,所以收获。

南京盈创新图科技有限公司的创办人党带喜女士,因为对工业设计的兴趣爱好,辞去工作,远赴德国哈雷设计与艺术学院求学。在学校她刻苦努力,得到老师和同学的一致认可,并成为该校第一个被免课的中国人。

在德国工业设计中心的工作经历,让她认识了多名工业设计界的大师,从他们身上,党带喜学到很多有用的东西。毕业后,她曾先后在博朗、联想等几家知名公司担任设计主管,为公司设计出了很好的产品,给公司带来了可观的收益。

坚持对品质的追求、对完美的创造。当听到“十二五”计划的工业设计号角后,2010年末,党带喜毅然辞去高薪工作,在北京创办了北京盈佳图工业设计有限公司。在创业之初,一切都要从零开始,找办公室、找客户、找供应商统统都亲力亲为,这对于一个女性创业者来说是更大的挑战。

通过努力和朋友的推荐,党带喜公司的知名度逐渐树立起来,业务也慢慢多起来。2013年,党带喜带领项目成功入选南京“321创业领军人才引进计划”,得到南京市政府重点扶持,在南京创办盈创新图科技有限公司。

凭着不屈不挠的意志和执著的精神,党带喜正为中国制造产业加速从“中国制造”向“中国智造”的跨越提供作用和力量。

2.3.6 案例 15：热爱是最好的大学：人生因创造而辉煌

热爱是最好的大学：人生因创造而辉煌

——南通高欣耐磨科技股份有限公司创业案例

一、公司简介

南通高欣金属陶瓷复合材料有限公司成立于 1998 年，当时只有一台等离子涂层设备，5 名工人，生产车间为一个临时搭建的约 200 平方米的场所。

2001 年，通过南通科技局举办的“表面工程船舶行业新材料、新技术、新工艺”推广应用会，公司得到了社会各界的认可。

2004 年，公司将发展目标定在了耐磨复合材料在电厂、钢厂的应用上，制定打造国内一流的耐磨复合材料品牌的目标。

2007 年，公司获得国家高新技术企业认定，产品已成功打入国内五大发电集团上百个国家重点工程项目，为国内三大锅炉主机厂配套，产品出口到美国、日本、东南亚等国家。

公司建有江苏省(高欣)金属陶瓷复合耐磨材料工程技术研究中心、江苏省企业研究生工作站等研发平台。目前公司拥有专利 30 项，其中发明专利 4 项。公司专业致力于金属陶瓷复合产品的研发、生产与销售，产品主要应用于火力发电行业 300 MW、600 MW、1 000 MW 机组锅炉、输煤、汽机、脱硫、除灰系统。

2011 年度江苏省科学技术奖

证 书

为表彰江苏省科学技术奖获奖单位，特颁发此证书。

项目名称：金属陶瓷复合材料制备技术及创新应用

奖励等级：三 等

获奖单位：南通高欣金属陶瓷复合材料有限公司

江苏省人民政府

证书号：2011-3-52-D1

在几年的发展历程中，公司荣获过“国家高新技术企业”“江苏省创新型企业”“江苏省民营科技企业”“江苏省科技型中小企业”“江苏省企业知识产权贯标先进单位”等荣誉称号。

2014 年 12 月，公司更名为“南通高欣耐磨科技股份有限公司”，在全国中小企业股转系统挂牌“新三板”成功，成为国内首家金属陶瓷复合材料行业挂牌企业。

二、案例分享

看到自己公司在“新三板”挂牌成功，钱兵的心里既兴奋又感慨。回想起自己的创业经历，一开始靠向朋友借钱，做标准件销售，凭着勤劳、吃苦和机遇，赚到第一桶金；发现设备修复市场机遇，进行二次创业；正在业务扩张时，遭遇员工离职，另起炉灶，生意一落千丈；不甘心失败，在家人的鼓励下又重新站起，开始继续创业。在总结经验和不断学习技术的基础上，经过几年的努力，企业获得成功，同时钱兵也成就了自己。

第一桶金

1993 年从如皋白蒲中学毕业后，钱兵就进入了父亲工厂的南通办事处，主要从事销售标准件工作。锻炼学习了一年，因经营的理念不同，他决定自己创业。

1995 年 4 月，钱兵离开父亲的工厂。当时身无分文，也不好意思向父亲借钱，东拼西凑好不容易借到几万元，在南通租了一间 14 平方米的店面，开始从事标准件的销售。当时，紧固件的进货大部分都是从宁波采购的，从南通到宁波乘大巴车需要 10 个小时。钱兵一般坐凌晨三点到的那班车，为了节约住宿费，在车里睡到天亮是常事。

每次带货 40～50 箱不等，每箱都在 30 公斤左右，在路上等车时，都是钱兵自己将这些货物搬到大巴车上，每次都是汗流浃背，非常辛苦。受到台塑创办人王永庆先生卖米故事的启发，钱兵不再是守在门市部等着客户上门，而是主动拜访，了解并引导客户需求。

1995 年元旦期间，钱兵从朋友那里了解到南通热电厂扩建工程项目急需一批耐高温的紧固件，他想方设法用尽所有人脉关系才找到了电厂采购员的老家。由于元旦放假，采购员家里没人，听邻居说是去城里办事去了，晚上才能回来。

于是，钱兵就在采购员家门口等着，一直等到晚上采购员也没有回来。邻居了解情况后，就让钱兵在他家留宿，第二天又等了一天，采购员还是没有回来，直到第三天上午采购员才回来。钱兵表明了来意，他的真诚感动了采购员，最终成功地签下了这笔合同。正是这样一笔笔小小业务的成功奠定了钱兵创业的基石，磨炼了他的青春，也让他挖到了自己人生的第一桶金。

发现商机

在几年的销售经历中钱兵发现，经过几年时间客户使用的大量设备都会产生不同程度的磨损,对磨损设备进行修复对客户来说,是非常重要的一项工作。但是在当地市场上,对磨损设备进行修复的公司还比较少,钱兵就想如果能从事设备修复的工作,一定很有市场前景。

想到就做,在和家人商量之后,钱兵就马上着手准备。1998 年 7 月,钱兵用全部的 30 万元积蓄买了一台等离子涂层设备,聘请了 3 位已退休的工程师,招聘了 5 名工人,租了一块空地,搭建了一间 200 平方米的厂房,创建了南通高欣金属陶瓷复合材料有限公司,开始了自己的二次创业。

经过约一年的时间,通过自己和员工的努力,市场开始慢慢开发出来,员工的工作也越来越娴熟,公司的业务开始逐渐好转,公司开始实现扭亏为盈,呈现出一片欣欣向荣之景。

遭遇失败

就在钱兵为自己的胜利而高兴的时候,却突然遭到了重大打击。有一天,辛辛苦苦培养了一年多唯一的业务员突然联系不上了,家里人也联系不上他,好好的一个人,就这样突然消失了。

一开始,钱兵怀疑是出了意外情况,心里非常担心和焦急,但是也没听到任何消息,他只能在焦虑和不安中等待,一种不祥之感渐渐涌上他的心头。过了几天,公司仅有的 2 名工人也走了。这时候,钱兵才恍然大悟,原来他们背叛了自己,拿走了公司的货款,带走了公司的客户,自己另起炉灶了。

钱兵一下跌入了深渊,客户没了,订单没了,资金没了,还有贷款要还!自己好不容易开创的天地,就这样一夜之间消失了。在那个寒冷的冬天,在空荡的车间里,站在冰冷的机器旁,钱兵的内心充满无限的悲凉。无助和对未来的迷茫,使得他不知该怎么办,未来的路该怎么走。他麻木了,心灰意冷甚至有些绝望,同时也有很大的不甘心。

这时候,家人给了他很大的支持。钱兵回忆到,在那时他的爱人于洁劝慰他说:"老公,困难是暂时的,困难并不可怕,可怕的是你被困难打倒而没有站起来的勇气,相信自己,振作起来,我永远支持你!"

家人的支持犹如寒冬里的一把火,给了钱兵极大的安慰,他下定决心要重新开始,不能让别人拿走他的梦想,他要做得比以前更好!

重新站起

对于这次员工背叛事件,钱兵进行了深刻的总结和反思。他认为自己没有掌握过硬的技术,公司管理不规范,没有认真听取员工的诉求是这次事件的主要原因。

痛定思痛，钱兵暗下决心：一定要学技术，一定要学管理，一定要成为行业的专家！自此，他参加各类管理课程的学习，到大学里与学生们一起听课学习专业知识，并跑遍大大小小的书店购买专业书籍，直到看懂吃透。通过自己的努力，钱兵终于获得了大专学历文凭。

在工作方面，钱兵也不像以前那样只当甩手掌柜。现在，白天他亲自和那些老专家到现场看设备、了解工况，晚上和他们聚在一起热烈讨论。在生产一线，他亲自和员工一起操作，尊重员工，凝聚员工。公司的管理制度也逐渐建立了起来，业务也逐步上升了，公司慢慢又走上了正轨，钱兵又重新站起来了！

2001 年，在南通科技局的牵头帮助下，公司组织举办了“表面工程船舶行业新材料、新技术、新工艺”推广应用会，设备维修得到了社会各界认可，并相继完成多个产品项目喷涂修复，使得公司业务越来越好。

喷涂修复业务是很好，但受行业特性的限制，只能等设备磨损坏了才有业务，不易上规模，一个把企业做大的梦想又在钱兵心中萌生。2004 年，钱兵又将发展目标定在了耐磨复合材料在电厂、钢厂的应用上，打造国内一流的耐磨复合材料品牌成了他的新目标。

发展壮大

凭着雷厉风行的个性，钱兵立即着手建立了“南通市工程技术研发中心”，主要从事耐磨复合材料方面的研发工作，为公司在科研上增添动力，公司也逐渐转向科技含量高的耐磨复合材料产品的研发生产。研发中心还获江苏省科技厅认定的“江苏省企业研究生工作站”的荣誉称号，公司的创新项目“金属陶瓷耐磨结构件的研制及产业化”获得了国家科技型中小企业技术创新基金。

2007 年，公司获得国家高新技术企业认定。公司开始注重知识产权的保护，公司的核心技术产品拥有完全自主的知识产权，产品已成功打入国内五大发电集团上百个国家重点工程项目，为国内三大锅炉主机厂配套，产品出口到美国、日本、东南亚等国家。

钱兵凭着个人的努力和不服输的精神，实现了个人的蜕变和价值的提升。十几年来，他发表了多篇学术论文；先后通过自学考试获得了南京政治学院大专学历，取得了清华大学、中国人民大学、华东理工大学 EMBA 硕士；个人也获得了国家授权专利 30 项，包括发明专利 4 项。

钱兵的科研成果得到了行业的高度认可，他被聘任为中国表面工程热喷涂专业委员会理事、中国钢协硬面技术专业委员会副主任委员。2011 年，他主持研发的“金属陶瓷复合材料制备技术及创新应用”获得了“江苏省科技进步三等奖”。

在企业发展和不断壮大过程中，钱兵发现创新是企业发展的唯一路径，认为企业只有不断创新才会更有活力。2011 年，公司将电厂用金属陶瓷复合磨辊作为新产品开发重点，期间他一直亲自督促研发部关于新产品的各项落实工作。

有一次，公司研发部主任小孙晚上 10 点钟打电话告诉他晚上的样块非常成功，他兴奋得从家立即开车来到车间现场。通过四年多的努力，他们开发出了表面有陶瓷网格增强的金属陶瓷复合磨辊及衬板，该产品已获“江苏省高新技术产品”认定，同时也被列为“江苏省重点新产品计划”。

该技术已申请国家专利 15 项，其中 8 项专利已获授权，发明专利 4 项，产品技术水平已达到国际先进水平。为了进一步增强公司的研发实力，公司建立了江苏省金属陶瓷复合耐磨材料工程技术研究中心，并积极引进了 2 名江苏省“双创”人才。

2014 年 12 月，公司在全国中小企业股转系统挂牌“新三板”成功，公司更名为“南通高欣耐磨科技股份有限公司”，成为国内首家金属陶瓷复合材料行业挂牌企业。2015 年，公司成为江苏省科技型企业上市培育计划入库企业。现今，钱兵带着团队正朝着“做国内领先的金属陶瓷复合耐磨新材料的领导者”的愿景目标而奋勇前进。

三、案例总结

钱兵毕业后在父亲的工厂工作，从基层开始锻炼，在外人看来，这是很好的生活状况。但是，由于在管理理念上的不同，他从父亲的公司离开，开始了自己的创业路。凭着激情、苦干和精明的头脑，他赚得了人生的第一桶金。

在几年的市场历练中，他敏锐地发现了市场商机，果断地进入。在市场刚打开的时候，却突然遭遇了员工的背叛。这次失败对他的人生产生了极大的影响，他变得更加坚强、更加有冲劲。总结失败教训并通过努力，钱兵学习和掌握了很多技术、管理方面的知识，个人能力得到极大提升。

从中我们也可以看出，钱兵具有成为一名优秀企业家的潜质。在创业路上，经历挫折和失败是很正常的。重要的是，要能从失败中找到原因，吸取教训，为再次创业做准备。钱兵很好地总结出自己失败的原因，努力学习知识、提升自己，在高新技术行业取得了一定成就，公司生产也向高新技术产品方向转换。通过研发，公司获得了成功，目前正在向更高的目标努力。

2.3.7 案例16：研发结硕果

研发结硕果

——苏州市奥普斯等离子体科技有限公司创业案例

一、公司简介

苏州市奥普斯等离子体科技有限公司，前身为苏州奥米格机电科技有限公司。奥米格成立于2006年3月，后经发展重组，于2010年8月更名为“苏州市奥普斯等离子体科技有限公司”。公司位于苏州市高新区泰山路2号博济科技园C区。

苏州市奥普斯等离子体科技有限公司（简称OPS Plasma公司）专注于各种材料的等离子体表面处理，集设备开发与设备制造、工艺开发与方案解决为一体，为各行业提供高效、节能、环保的等离子体表面处理方案（包括等离子体清洗、活化、改性、接枝聚合、等离子体刻蚀、沉积等），很好地解决材料表面的粘接、印刷、透水透气等问题以及精密清洗等前处理工艺中的问题。

低温等离子体表面处理可以实现材料表面的分子级精密清洗，可满足电子、医疗器械等领域对清洗的要求；可以实现惰性材料表面的活化，解决粘接难、印刷难的问题；可以实现材料表面的钝化，解决防水、防黏附、防尘等问题。同时低温等离子体表面处理为“干法”工艺，过程中无三废排放，无漂洗、烘干等环节，节能环保，是一项崭新的材料表面处理技术。OPS Plasma公司研发的等离子体设备及工艺广泛地应用在光学电子、太阳能、半导体、生物医疗、纳米材料及通用工业领域。

产品销往各大知名院校、科研机构和企业。OPS Plasma 公司以国际的品质、国内的价格和优质的服务为客户提供等离子体处理设备和解决方案，致力于成为全球行业领先的等离子体应用技术方案的专家。

二、案例分享

他是高校的知名教授，发表学术论文 30 余篇；他是等离子体研究领域的专家，获得与等离子体表面处理技术有关的国家专利 7 项，主持国家和省级新产品开发项目 5 项；他有丰富的国外工作经历，曾以资深访问学者身份留德，与世界一流的等离子专家合作交流。他因梦想和朋友的支持走上创业路，他就是苏州市奥普斯等离子体科技有限公司的创立者王红卫先生。

作为典型的学者型创业者，在创业过程中，因为在公司管理制度方面、团队建设方面和经营管理方面存在不足，虽然产品技术领先，但是产品市场份额一直很难继续扩大。作为高校博士型创业者，他有自己的价值追求，赚钱不是他创业的主要目的。“创业不是做生意，应该是做事业。”王教授常常这样说。

经过一些挫折和困境，如今王教授带领他的团队在保持行业领先的基础上，继续深入进行科研创新，完善内部管理，不断开拓市场，正逐步实现“做强做大公司”的目标。

决定创业

开始创业前，王红卫是高校的一名教授，其在等离子体表面处理技术方面有深入的研究，是行业的专家级人物。经过他研究和改进的产品，性能大为改善，向高校提供的产品，获得用户的一致好评。

由于高校的采购有限，所以产品的生产规模很小。在一次和朋友吃饭的时候，大家聊起王红卫的产品，纷纷表达赞美之意，当时有人就说：“既然你的产品这么好，现在做得也还不错，为什么不考虑自己去创业？”

在此之前，王红卫也有过自己创业的想法，但由于没有资金，他也一直没有下定创业的决心。正好有一位做房地产的好朋友，他听了这事，当时就半开玩笑地说：“你要是真敢去创业，我就投资你 300 万元，你去干吧！”在当时那种氛围下，王红卫当即拍板：“好！兄弟，有你的 300 万元，我去好好闯一闯。”就这样，王红卫定下了去创业的决心。凭着领先的行业技术和做自己事业的激情，王红卫开始了他的创业之路。然而，创业之路却是一条漫长和艰辛的道路，想成功需要付出很多很多。

后来，王红卫在谈到自己的创业初衷时，他说：“希望在自己的人生中能够为社会和后人留下一些有用的东西。能够结合自己的特点和兴趣，将专业知识应用于工业实践，为自己创立一番事业，在年迈之时，还能有一片可以关心、寄托和发挥余热的领地，也是一件值得欣慰的事。”

市场困境

获得朋友的资助资金后，王红卫开始了创业准备，选定公司地点，拟定企业名称，去工商管理所注册登记等一系列活动，王红卫忙得不亦乐乎。一切准备就绪，公司也招聘了员工，开始了生产工作。

由于以前的产品主要面向高校，在面向市场时，没有做产品需求的调研，虽然产品质量不错，但是产品的销量并不如意。随着时间的流逝，经过大半年的时间，除去房屋租金、工人工资、购买设备款等支出，王红卫的创业资金也花得差不多了。由于融资资金大部分用于开发新产品，而常规产品却在被动运行。新产品研发周期和市场情况又超出原来的预测，导致公司运营入不敷出，出现资金危机。

由于那时对市场业务不熟悉，不知道怎样去开拓市场，团队里也没有很擅长做市场的人，没有及时开拓出新市场，导致产品销售没有预期的那样好，出现产品销售不畅，资金回款也寥寥无几的情况。

望着堆压的产品、闲置的设备、空旷的厂房，王红卫心中有一份感慨，一点凄凉。王红卫开始体味到创业的不易，在他心里也许考虑过自己是否适合创业，为创业付出很多是否值得之类的问题。后来，在谈到那时的困境时，王红卫说：“在心里，我一直坚信，我们的产品很好，应该会获得成功。困难只是暂时的。”

经过市场的这次考验，王红卫认为：“项目启动前一定要做好充分的准备，包括有没有成熟的产品（哪怕一个），产品有没有销路，即有没有销售渠道，产品生产过程有没有控制，如何保证产品质量等。

创业者（尤其是技术人员）往往凭一腔热血和比较理想化的预计启动公司，殊不知一旦启动，任何环节就不能有任何失误。如果在公司正式启动前没有经过认真的演练或试验，实际结果往往与当初的预想相差甚远，甚至会给公司的后续发展带来原则性的伤害。”

管理困境

王红卫是比较典型的技术型专家创业者，对行业技术有着深入的研究和掌握。但是，在开拓产品市场和公司管理方面，经验甚缺。王红卫常说：“创业不是做生意，应该是做事业。”

在创业的过程中，王红卫身上还有很多高校教授的特质和行为准则。所以，刚开始管理公司时，公司里缺少健全的管理制度、考核制度和激励制度等，对员工的管理也比较随意。公司成立运营一年后，便暴露出很多问题，如人员过多、职责不清、效率低下、管理混乱等等。

由于公司在产品销售和管理方面都出现了一定的问题，公司的生产也放缓了，有一段时间甚至停产。公司员工开始有所浮动。经过一番交流和挽留，有些员工还是选择了离开。此时，王红卫陷入了沉思，他明白是到了必须改变的时候了，否则，必定失败。

破茧化蝶迈向成功

2012 年，王红卫认真总结经验教训，通过自然减员、招募新员、优化团队、合并岗位，实现标准化生产和规范化管理。经过 2 年的时间，从在公司工作过的 70 多名员工中，筛选出了 13 人组成了公司的团队，团队能力达到了有史以来的最好状态，并培养了 4 名可以独当一面的骨干。现在 13 人的团队已实现并超过了原来 24 人的工作量。

在谈到团队建设和公司管理时，王红卫说："团队建设始终是公司发展中的一项重要工作。团队的建设不能急于求成，是一个长期的过程，此过程受到运气、公司氛围、公司发展趋势等多方面的影响。在团队建设过程中，宁肯在不确定时给予百分之百的信任（当然关键环节需把控），也不能轻易怀疑，依靠不断地新陈代谢逐步优化团队。"

在谈到创业感悟时，王红卫说："创业很辛苦，要有明确的目标，目标设立后能执著追求，要有面对挫折的勇气和坚韧的意志；创业要有激情，要有拼劲，同时还要有一定的风险意识；能正确认识自己，能够发挥自身优点，改正缺点或者规避缺点；选择项目要结合自己的优势，选择自己熟悉或者有兴趣的行业来做；做事业要量力而行，一步一个脚印地踏实前行；注意多和有经验的商务人士交流，获得更多的灵感。"

由于丰富的人生经历和领先的行业研究水平，王红卫带领团队在等离子体应用技术和等离子体表面处理系统方面获得很多成果。2010 年公司进行新一轮融资，与德国某公司建立长期合作关系，与国内一些大型集团公司在产品配套供应方面也成功签约。2011 年 11 月，公司成功申请到苏州市工业产业转型升级项目、苏州市工程技术研究中心和江苏省民营企业的称号。2011 年度销售额实现了比 2010 年度增长 5 倍的目标，并且在成都"天府新谷杯"创业大赛中获得三等奖的优异成绩。

依靠科技创新，不断完善管理，OPS Plasma 不断走出困境，迈向成功。目前，在国内汽车行业、日用品行业、化工材料行业、精密机械行业，公司的产品都获得业内客户的一致好评。

三、案例总结

王红卫的创业案例具有很强的代表性。他曾经是一名高校教授,研究成果丰富,受人尊敬。有过国外留学生活经历,其对行业技术的新动向有敏锐的把握,团队拥有行业领先的技术。

作为技术型专家创业者,由于在市场经验、公司管理经验、团队管理经验等方面的缺乏,他在创业初期付出了一定的代价。幸运的是,作为公司的管理者,他能及时发现问题,并且解决问题,使公司走出困境,步入正轨。

王红卫的创业经历告诉我们,作为技术型创业者,在确定创业前要对市场做充分的调研,寻找出自己产品的切入点,不能想当然地认为技术好,市场就好,产品销售就没有问题。没有做好市场工作,产品销售就不理想,很容易导致创业的失败。作为技术型创业者,在创业前最好先学习和积累一些公司管理和团队管理方面的相关知识,这样可能更利于创业成功。

在合作伙伴选择方面,最好能找到在人生观、价值观、管理理念等方面有很多交集的朋友,这样在做重大决策时,才更容易达成共识并互相配合,发挥各自的最大优势。另外,我们也要看到,在创业时要选好行业,符合国家政策和发展趋势,在自己所在的行业中,要有兴趣、要深入研究、要持之以恒、要勤劳拼搏。

第三部分 科技创业咨询与培训服务规范

近年，科技创业咨询和培训的需求日益增长，但目前没有统一的标准和规范。为更好地提供服务，江苏省高新技术创业服务中心特地编写了科技创业咨询与培训服务规范。

该规范已通过江苏省科技创业服务标准化技术委员会审查，由江苏省科技企业孵化器协会按企业标准推荐试行。同时，该标准已由省质量技术监督局批准立项，即将颁布作为地方标准执行。

Q/JSIC

江苏省科技企业孵化器协会
企业标准

Q/JSIC 900.1—2015

科技创业咨询与培训服务规范

Technology Entrepreneurship Consulting and Training Services Specification

2015-08-01 发布　　2015-8-15 实施

江苏省科技企业孵化器协会　发布

前言

本标准规范了科技创业咨询服务中涉及的相关内容及要求，为科技创业咨询服务市场提供可供参考的标准。

本标准按 GB/T1.1—2000《标准化工作导则》第 1 部分“标准的结构和编写规则”编制。

本标准附录 A、附录 B 为规范性附录，附录 C 为资料性附录。

本标准由江苏省高新技术创业服务中心提出。

本标准由江苏省科学技术厅归口。

科技创业咨询与培训服务规范

1. 范围

本标准规定了科技创业咨询服务规范的术语和定义,科技创业咨询的服务要求、服务类别、服务方式、服务流程等。

本标准适用于为科技型企业提供创业咨询服务的相关业务。

2. 规范性引用文件

下列文件中的条款通过本标准的引用而成为本标准的条款。凡是标注日期的引用文件,其随后所有的修改单(不包括勘误的内容)或修订版均不适用于本标准,然而,鼓励根据本标准达成协议的各方研究是否可使用这些文件的最新版本。凡是不注日期的引用文件,其最新版本适用于本标准。

《中华人民共和国合同法》

《中华人民共和国政府采购法》

《国家高层次人才特殊支持计划》

《企业国有资产监督管理暂行条例》

《中华人民共和国消费者权益保护法》

中国人民银行及其他金融机构相关法规

《国家中长期人才发展规划纲要(2010—2020年)》

《创业投资企业管理暂行办法》(国家发改委第39号令)

《国家中长期科学和技术发展规划纲要(2006—2020年)》

《国务院关于加快科技服务业发展的若干意见》(国发〔2014〕49号)

《国家科技企业孵化器“十二五”发展规划》(国科发高〔2012〕1222号)

《中华人民共和国中小企业促进法》[中华人民共和国主席令(第69号)]

《中华人民共和国国内贸易行业标准:商务策划评价规范(SB/T 10411—2007)》

《关于实施创新驱动战略推进科技创新工程加快建设创新型省份的意见》(苏发〔2011〕10号)

3. 术语和定义

3.1 科技创业(Technology Entrepreneurship)

科技创业是科技创业者及团队通过科技创意生产科技产品或提供服务的创业活动,是创业群体中最具创业创新活力的主力军,是世界各国国家战略推动的创业行为,是中国创新驱动转型发展的重要源泉。

3.2 科技创业培训(Technology Entrepreneurship Training)

科技创业培训是对具有创办科技型小企业意向的科技创业者和团队进行企业创办能力、市场经营素质等方面的培训,并对他们在企业开办、经营过程中给予一定的政策指导,其目的是通过提高企业创办者创业的心理、管理。经营等素质,增强参与市场竞争和驾驭市场的应变能力,使科技型小企业创办者在成功地创办企业,解决自身就业问题的同时,创造和增加社会就业岗位,帮助更多的人实现就业或再就业,推动全社会的创新创业发展。

3.3 科技创业咨询(Technology Entrepreneurship Consulting)

为开办和初创经营科技型小企业的科技创业者提供科技咨询服务。如讲授科技创业知识技能,帮助创业者避免创业的盲目性,为创业者提供项目论证服务,指导开展项目市场调研、风险评估等。

4. 服务要求

4.1 服务机构

——具有与业务范围相适应的固定工作场所;

——具备与业务范围相适应的专职咨询队伍;

——根据业务需要,建立相应专家队伍和人才储备;

——具备完善的业务管理、服务考评等工作制度;

——从业机构应在遵守国家相关法律法规要求的前提下开展相关活动。

4.2 从业人员

——通过专业资格评审,取得相应的从业资格;

——具备与所从事咨询业务相关的知识储备和工作经验;

——具备一定的综合分析能力、沟通能力和文字表达能力;

——遵纪守法,有良好的职业道德和素养;

——坚持高质量的服务标准,自觉增强行业自律意识。

5. 服务类别

5.1 科技创业咨询

5.1.1 科技创业政策咨询

——国家、省、市科技创业创新政策；

——适合科技创业企业发展的科技创业引导项目；

——其他。

5.1.2 科技创业技术咨询

——知识产权咨询；

——技术转移咨询；

——创业项目技术可行性论证咨询；

——创业项目相关新技术、新产品、新工艺、新材料的开发、引进、应用咨询；

——创业项目技术发展预测；

——创业项目技术转移实务咨询；

——创业企业技术创新体系建设咨询；

——创业企业研究开发管理咨询；

——创业企业技术难题解决及技术服务；

——创业企业技术信息服务等中介服务咨询；

——其他。

5.1.3 科技创业团队建设咨询

——政策咨询；

——人才对接；

——团队建设培训；

——团队文化；

——团队能力；

——团队制度；

——团队管理；

——其他。

5.1.4 科技创业投融资咨询

(1) 科技创业投资咨询

——投资管理顾问；

——投资顾问；

——投资方案设计；

——投资代理；

——投资管理；

——规划投资方向；

——为投资人寻找适合的项目进行投资；

——项目转让咨询顾问；

——开发项目全程托管；

——财务顾问；

——企业并购；

——企业改制；

——资产重组；

——资产托管；

——上市策划及上市前期咨询；

——股权投资；

——委托贷款；

——票据贴现；

——贷款转让；

——其他。

(2) 科技创业融资咨询

——融资顾问；

——知识产权质押贷款；

——企业投融资策划服务；

——种子期(天使投资)、初创期、扩张期、成熟期(创投)的创业风险投资；

——融资代理；

——项目融资方案初步策划与设计；

——项目融资全程策划、设计与代理；

——融资人风险审查服务；

——并购重组方案设计；

——财务税务可行性评估；

——融资渠道选择与比较；

——项目推荐与交易对象评估；

——可以作为政府或企业代理进行相关领域商务谈判；

——财务顾问；

——融资担保；

——融资租赁；

——信用贷款；

——融资保险；

——其他。

5.1.5　科技创业策划咨询

——战略策划，包括总体战略、分阶段目标设计、执行计划和资源配置等；

——企业形象策划等；

——品牌策划，包括品牌定位策略、品牌质量管理策略、品牌开发策略、品牌延伸策略、品牌全球化策略等；

——公关策划，包括政府关系、危机公关、媒介关系代理、公关活动管理、新闻中心代理等；

——营销策划，包括企业产品的国内、国际市场调查、市场占有率调查、市场细分化、目标市场的定位、定价策略、营销组合策略、市场管理、广告宣传策划、品牌管理、营销管理人员的培训、渠道管理及客户关系管理、产品市场推广策划、企业成长拓展策划、企业营销制度策划、营销业务策划以及营销国际化策划等；

——生态策划；

——融资策划；

——管理策划；

——其他。

5.2　科技创业培训

5.2.1　创业学堂系列

针对创业意向者和初创者，强调对科技创业基本知识的系统培训，主要包括以下课程模块：

——国家、省、市科技创业政策体系及发展趋势；

——如何用好用足科技创业环境资源；

——科技创业融资渠道、科技创业融资过程及实务、获得天使投资、风险投资以及科技贷款方式；

——科技型企业股权结构设计；

——初创期企业商业模式设计及营销策划；

——知识产权管理；

——财税筹划；

——风险管理；

——人力资源管理。

5.2.2　创业讲堂系列

针对企业中层管理人员，强调对管理者执行力和凝聚力的培养，主要包括以下课程模块：

——营销管理实务，包括科技产品营销的特殊性、科技产品营销方式的选择、科技产品售后服务对营销的影响；

——研发管理实务，包括技术开发管理实务、知识产权管理实务、项目申报管理实务；

——沙盘模拟，针对科技创业企业营销管理、研发管理进行沙盘模拟培训，融入市场变数，结合角色扮演、情景模拟、讲师点评，使培训人员对科技创业过程、主要环节的处理有全真体验；

——团队训练，主要有科技企业团队精神铸造拓展训练、科技企业团队共赢执行力拓展训练、科技企业卓越销售团队拓展训练、科技企业高效团队建设拓展训练。

5.2.3　创业殿堂系列

针对企业高层管理人员，强调对创业者战略宏观思维的培养，主要包括以下课程模块：

——宏观经济及市场政策思维；

——创新思维；

——品牌建设思维；

——成熟期企业商业模式与股权激励；

——成熟期企业战略营销、财务管理及人力资源管理；

——决战商场沙盘模拟，包括科技企业高层经理的决策能力培养、制定决策的各种方法与技巧、如何培养统观全局和系统思考的能力以及学会使用各种分析工具，诊断科技企业经营状态等实战模拟；

——国学思想应用，主要包含企业家如何修炼内圣外王独立风格、儒家入世文化如何成为企业文化有益养分以及中国文化对中国式管理的启发等课程。

5.2.4　其他培训

——科技专题讲座；

——科技专题论坛；

——标杆企业参访学习；

——科技专题沙龙活动；

——其他。

6. 服务方式

6.1　人才

提供科技创业咨询与培训的人才包括但不限于：

——技术经纪人；

——科技评估师；

——科技咨询师；

——科技培训师；

——创业咨询师；

——其他。

6.2　手段

提供科技创业咨询与培训所采用的手段包括但不限于：

——传统手段（干中学、当面交流）；

——新型手段（大数据、云计算、移动互联网）。

6.3　模式

——网络化；

——集成化；

——线上线下模式；

——其他。

7. 服务流程

7.1　科技创业咨询服务流程

7.1.1　业务准备

——市场调研；

——服务品种及价格体系建设；

——业务团队建设；

——客户清单、宣传单页、网站建设、名片制作；

——其他准备。

7.1.2　业务联系

——邮件、传真；

——电话；

——互联网；

——现场拜访；

——其他方式。

7.1.3 业务接洽

咨询机构在接待、拜访客户时应做到以下几点：

——工作人员应当热情接待客户，业务人员礼貌拜访客户，耐心倾听客户的需求，确认是否属于执业资质范围；

——确定服务关系后，应及时告知客户，并与客户建立良好的合作关系。

7.1.4 签订咨询服务合同

——咨询机构与客户签订咨询服务合同时，应当遵循公平、诚实、信用原则，按照约定履行义务，不得擅自变更或者解除合同；

——咨询合同的收费应当符合国家的有关收费标准或者按照合同约定协议收费。

7.1.5 服务提供

——咨询机构成立咨询项目组，制订出访计划，并向客户发送需要客户提供的访前资料（如咨询所需要的技术资料、财务资料等真实数据）、项目组人员名单、联系方式等；

——咨询机构与客户现场沟通相关情况，必要时可播放PPT，并做好记录，在办理科技咨询业务过程中，应主动与委托方保持联系，及时通报项目方案进展情况；

——承接涉外科技咨询业务时，咨询机构还应当具备有外语沟通能力的工作人员与相应的专业技术装备；

——咨询结束后，应形成咨询报告，并组织科技咨询专家会议评审；

——咨询机构应及时做好工作记录。

7.1.6 后继服务

咨询机构应当在项目结束后，依据合同对委托方进行回访或者向委托方提供相应的指导和辅导。

7.1.7 工作总结

咨询业务完成后，工作人员应就咨询业务做完整总结，并形成咨询总结报告，其中主要包括以下几点：

——咨询业务之前相关材料完成情况表；

——咨询业务工作人员名单；

——与咨询业务有关的会议及活动记录；

——与咨询业务相关重要文档；

——咨询业务中经验总结与存在的问题。

7.1.8 文件存档

咨询项目完成后，应当将有关文件及时存档。存档文件应包括：

——合同文件；

——咨询之前相应资料完成情况表；

——相关咨询报告；

——客户回访调查表；

——工作总结报告；

——其他相关资料。

7.2 科技创业培训服务流程

7.2.1 确定培训需求

运用科学手段确定培训需求是科技创业教育培训组织在培训过程开始进行前应完成的任务，其中包括：

(1) 调查科技创业培训需求，确定相关供需缺口；

(2) 评估并确认自身服务能力能够满足需求；

(3) 确定客户现有的知识、能力状况与要求之间的差距；

(4) 确定由于客户知识、能力现状与要求之间不匹配所需要的培训；

(5) 确定适当的招生规模；

(6) 将确认的培训需求形成文件，并实施于培训过程。

7.2.2 设计和策划培训

设计和策划培训应针对确定培训需求中识别的知识、能力差距，包括：

(1) 确定培训保证与制约条件；

(2) 选择培训内容与培训方式；

(3) 制订培训计划；

(4) 为满足培训需求、评价培训结果和监控培训过程制定准则。

7.2.3 广告宣传

(1) 发布培训招生简章，广告宣传的内容要与科技创业培训提供方的服务能力相适应；

(2) 符合真实性原则，不做虚假承诺，不夸大教育培训效果；

(3) 在创业培训需求服务的集中地进行培训招生宣传，如科技创业苗圃、科技型孵化器、大学生创业中心等。

7.2.4 招生收费

应该遵循公平、透明、规范的原则，应确保：

（1）依照教育培训服务成本，确定合理收费标准；

（2）告知客户相关费用内容，如学费、资料费、企业实践等；

（3）客户可使用教育培训方案中所涉及的相关资源，如产业链中相关企业资源；

（4）使客户了解教育培训的形式和内容，评估学习的方法，以及基于学习提供的证书和报告。

7.2.5　提供培训

提供培训是开展培训工作所有规定的相关核心活动，科技创业培训需提供必要的资源和管理手段以保证培训活动的质量。

（1）满足培训计划规定的教学活动；

（2）监控培训质量，以期达到预期的效果。

7.2.6　评估培训结果

科技创业培训顾客的目标和培训目标是否实现，应予以确认。

评价主要分为以下几个方面：

（1）自我评价具体程序为：

——确定评价目标和范围；

——选择采用的评价方式方法；

——撰写评价工作方案；

——合理分配培训教师、培训管理工作者进行总结评价；

——收集并分析培训客户、委托方、行政主管部门、社会中介机构以及行业评价意见；

——举办方组织专家等进行总结评价；

——综合整理、分析评估情况，编写评估报告；

——提出并事实上改进意见。

（2）客户评价：

——培训服务每个过程实现与客户沟通；

——定期或不定期通过调查问卷、座谈、走访等形式对客户关于培训服务的满意度进行调查；

——依据调查结果制定相应措施并运用于培训服务改进；

——争取对待和处理客户诉求，客户诉求的渠道便捷畅通，对客户的诉求进行分析和恰当处理；

——对客户进行及时回复，对客户的诉求进行跟踪管理，评价可综合采用客户满意度调查等方法。

(3) 委托方评价：

——从培训委托方(如大学生创业中心、孵化器等)获得有关培训方式、所有资源以及培训中所获得的知识与技能的反馈信息；

——评价应根据培训服务是否满足培训委托方的培训要求和培训目标的准则进行；

——搜集与整理相关记录文件资料并形成报告，可包括下述几个方面内容：

提供培训需求说明和培训计划以及培训实施记录；

分析培训服务中每个过程并阐述其互动结果；

验证培训服务的适合度和有效性；

评审培训服务性价比；

结论和改进建议。

培训结果评价应同培训委托方的培训目标和培训要求一致，在制定并实施的评价程序中，应验证培训服务每个过程的记录文件资料及其有效联系，体现培训委托方接受培训服务前后的变化、培训委托方的意见以及获益情况调查结果。

(4) 行业评价：

——科技创业教育培训咨询应接受行业评价；

——维护行业信誉，如参加行业培训诚信体系建设；

——接受行业自律，如避免同行之间的恶性竞争；

——满足行业标准，如孵化行业服务质量标准；

——接受行业协会指导，履行行业发展和规范的义务和责任；

——选择或制定的评价程序应具有明显行业特征，实施评价应与行业制定的公约、标准相一致，能够提供行业相关评比活动结果，行业公共信息数据库记录，如奖励或投诉查处记录。

8. 服务质量

8.1 服务质量要求

8.1.1 业务洽谈

服务机构在接待客户来访时应做到以下几点：

——工作人员应热情接待来访客户，耐心倾听客户的业务需求，确认是否属于自身资质业务范围内；

——明确服务关系后，工作人员应及时告知客户，并与客户建立良好的合作关系。

8.1.2 签订合同

——服务机构与客户签订技术合同时，应遵循公平、诚实、信用原则，按照约定履行义务，不得擅自变更或解除合同；

——相关咨询服务收费应符合国家的有关收费标准或按照合同约定协议收费。

8.2　服务质量监督

科技创业咨询与培训组织应当建立服务质量监督机制，主要包括：

——自觉接受国家有关部门和社会的监督，对外公布投诉联系方式；

——定期或者不定期对所属专职和兼职从业人员进行服务质量检查，发现服务质量问题的，督促其改正，并对其改正过程和结果进行跟踪监督；

——对服务质量低劣、造成一定社会影响的所属专职和兼职从业人员，应当视情节予以批评、处罚直至辞退。

8.3　服务质量投诉

——培训和咨询机构应当建立服务质量投诉机制；

——定期或者不定期收集各方面反馈意见和建议，并建立反馈意见档案；

——发生服务质量争议时，双方应协商处理。协商不成的，可向国家有关部门进行投诉或者申诉，申请仲裁，对仲裁结果有异议的，可向法院提请诉讼。

附录A

（规范性附录）

A.1　科技创业咨询服务基本流程图

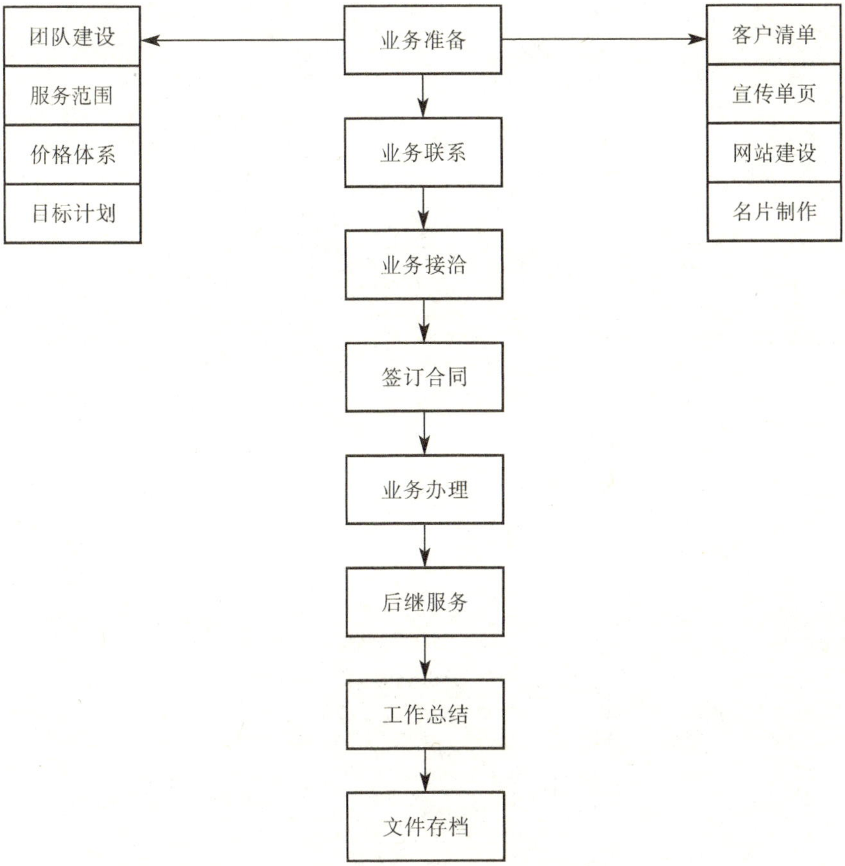

图1　科技创业咨询服务基本流程图

A.2 科技创业团队建设咨询流程图

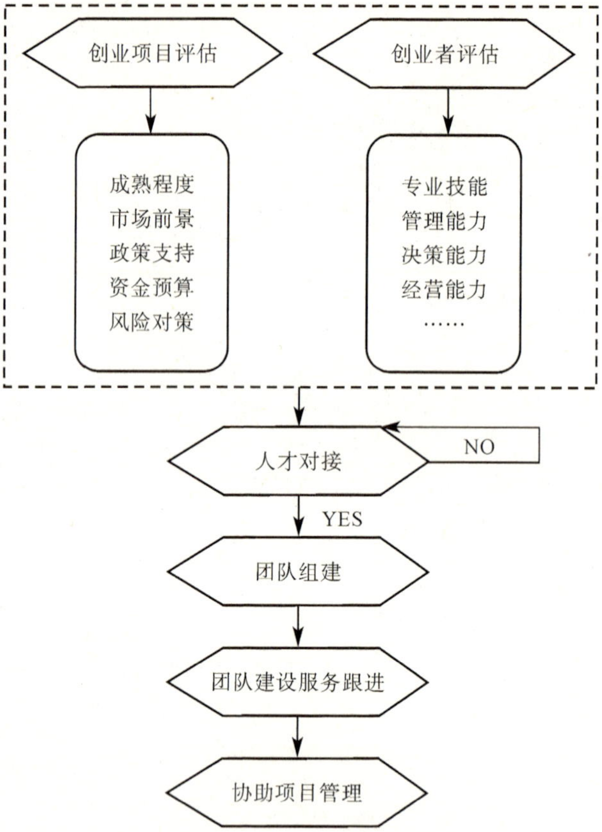

图 2　科技创业团队建设咨询流程图

A.3　科技创业投融资咨询流程图

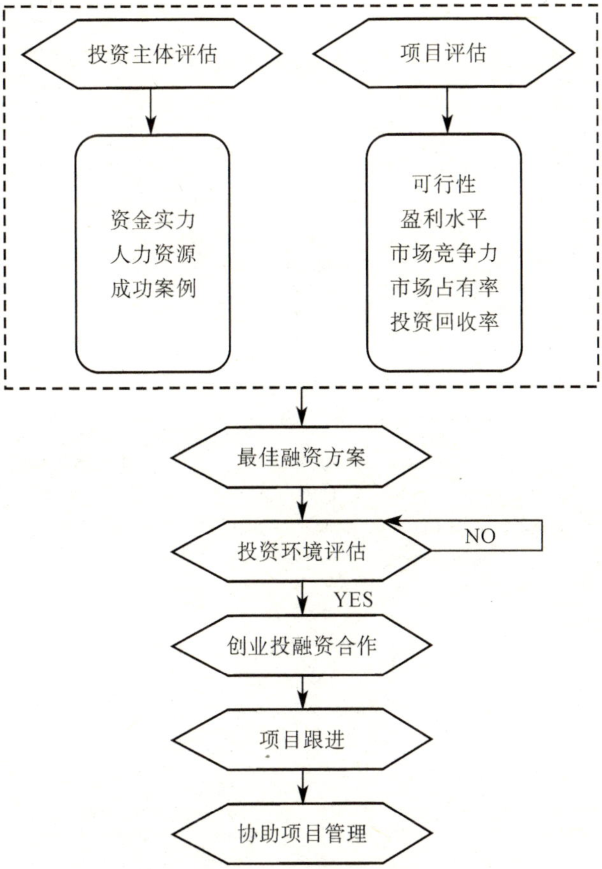

图 3　科技创业投融资咨询流程图

附录 B

（规范性附录）

B.1　培训服务实施流程图

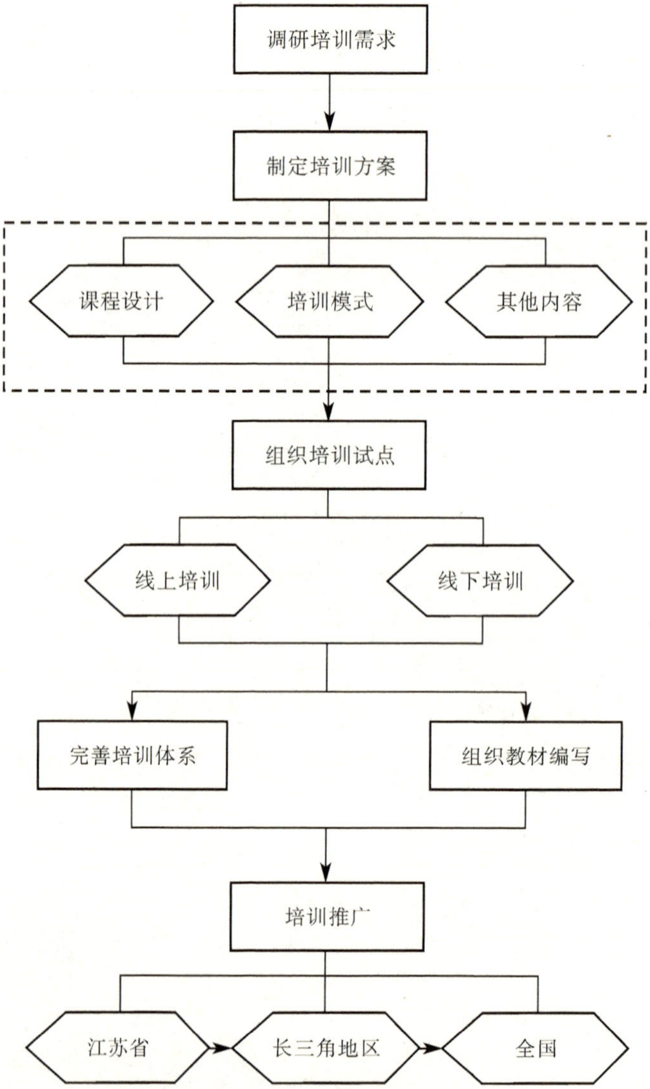

图 1　培训服务实施流程图

附录 C

（资料性附录）

C.1 培训教学情况调查表

表 1 科技创业培训学员满意度调查表

各位学员：为客观评估培训效果，完善培训工作，请您在下表中填写相关信息。

对培训机构的评价			
1. 您对课程设计和安排			
□ 满意	□ 较满意	□ 一般	□ 不满意
2. 您对授课老师的评价			
□ 满意	□ 较满意	□ 一般	□ 不满意
3. 对培训机构的组织管理和服务评价			
□ 满意	□ 较满意	□ 一般	□ 不满意
4. 本次培训对您实际工作是否有帮助			
□ 很有帮助	□ 有一定帮助	□ 帮助不大	□ 没有帮助
5. 您对我们的工作有什么建议			

C.2 咨询报告审核要点表

表 2 咨询报告审核要点表

序号	审核内容	审核意见
1		
2		
3		
4		
…		
n	形式审查	

C.3 咨询报告规范表

表3 咨询报告规范表

报告内容	工作规范及要求

第四部分 附录

4.1 科技园区、孵化器简介

4.2 科技创业服务机构简介

4.3 科技创业相关模板

国家出台一系列创业扶持政策，落实政策，做好创业服务，是创业服务机构的本职工作。科技园区、孵化器可以为创业者提供办公场地、公共设施、政策咨询等方面的服务；创业服务中介机构创业过程中可以为创业者提供法律、财务等综合性帮助。

4.1　科技园区、孵化器简介

4.1.1　江苏省高新技术创业服务中心

江苏省高新技术创业服务中心成立于 1996 年，是江苏省科技厅直属的公益性科研服务单位。1999 年 12 月被国家科技部批准为国家级高新技术创业服务中心。2001 年与江苏省技术市场实施整合，先后增挂“江苏省技术产权交易所”“江苏省火炬计划管理中心”的牌子。2012 年获批成立“江苏省高新技术创业服务中心(江苏省科技成果转化服务中心)”。

近年来，中心围绕高新技术企业培育及科技成果转化，不断健全完善服务全省、开放互动的科技创业服务体系，建设发展成为集科技企业孵化服务、技术成果交易服务、科技金融对接服务、火炬计划综合服务、科技创业咨询服务于一体的非营利性、公益型、社会化省级科技创业综合服务机构。

中心是江苏省科技企业孵化器协会、江苏省民营科技企业协会、江苏省技术市场协会、江苏省药物研究与开发协会、江苏省天使投资联盟依托单位，江苏省创业投资协会副会长单位。

中心多项工作位居全国前列，是国家首批技术转移服务示范机构、国家火炬计划实施 20 周年先进服务机构、全国技术市场统计工作先进集体、江苏省首批重点科技服务机构、江苏服务业名牌、中国创新驿站江苏区域站点。

4.1.2 博济科技园

博济科技园是一家专业为园区提供整体持续运营解决方案，实现从产业定位、产业招商、产业培育及运营管理的全过程服务的科技园运营商。博济以产业培育、区域创新、企业加速管理为核心，以培养创新型、高成长型企业和企业家为宗旨，立志成为中国科技园区专业运营领跑者，全面提升和改善中国企业的生存环境。现已初步形成以“实体科技园区运营——博济科技园、企业云服务平台——虎虎网络科技园、科技金融服务平台——科融通、企业人才孵化平台——博济商学院和创业投资业务——创客邦”为一体的集团化公司。

经过多年发展，博济科技园目前已成功在苏州、南京、太仓、上海、杭州、成都等城市建设运营科技园 33 个，累计可孵化面积达 100 万平方米，其中国家级科技企业孵化器 7 个，省级科技企业孵化器 7 个；拥有入园企业 5 000 余家，为 20 000 家企业提供资本、培训、展示等服务；拥有 500 000 个高端企业家数据库资源；成功帮助企业获得政府资金 50 亿元，为企业成功融资 20 亿元；投资企业累计 60 多家，投资拟上市企业 25 家。

园区在发展过程中也先后被认定为“国家级中小企业服务示范平台”“国家级中小企业技术服务机构”“国家级大学生科技创业见习基地”“江苏省五星级服务平台”“江苏省企业云服务平台”“江苏省小企业创业示范基地”“江苏省重点培育小企业基地”“江苏省文化创意产业示范基地”“江苏省金融服务平台”等。

博济科技园一直坚持“官助民办、校市企合作、三区联动、产学研全面推动”的科技园运营新模式,采取“扶持资金＋创业导师＋增值服务”孵化模式,致力于打造优质的中小企业服务载体,构建小企业快速发展的培育平台。为了更好地服务企业,园区主要以投融资、项目申报、技术、信息网络、营销、培训、商务中介、物业服务等八大平台为基础,重点打造具有核心竞争优势的投融资服务、创新营销服务、技术服务、创业辅导等四大服务体系。

4.1.3　南京紫金(高新)科技创业特别社区

南京紫金(高新)科技创业特别社区(以下简称“特区”)于 2011 年 7 月由南京市委、市政府正式批准设立。2012 年 12 月,南京高新区工委管委会决定成立南京紫金(高新)科技创业特别社区建设发展有限公司(以下简称“特区公司”),与南京科技创业服务中心、南京留学人员创业园一体运作。特区公司于 2013 年 3 月 5 日注册成立,注册资本 5 000 万元,承担“载体建设、资源整合、运营服务”三大功能,按照“集约化、专业化、信息化、社会化和国际化”标准打造创新创业平台,搭建形成特色化的科技服务平台体系,为入驻企业创新创业提供专业化孵化服务,倾力营造良好的创新创业生态环境,努力建设高新区创新源头和本土企业资源库。

特区为创办企业、开发项目提供创业场地、设备、实验室、政策等软、硬件支持。特区针对不同成长阶段科技企业的需求,建立完善的科技创新创业孵化服务链条。一是与工商、税务等部门建立密切联系,开通绿色通道,为企业打造便利的创业路径。二是建立了“一站式”服务机制,并引驻一批涵盖经济、管理、法律等领域的中介服务机构,全程开展创业培训、创业孵化指导、创业导师培训、投资融资服务、成果与项目申报、高新技术企业与高新技术产品认定、工商注册、法律咨询、财税咨询、信息咨询等全方位免费服务,对具有高新技术人才和成果的企业开展全过程孵化培育。三是通过保姆式服务为引进人才提供保险、配偶安置、子女入学、户籍迁入等服务，满足优秀人才在特区立业、安家的需求。

特区拥有江苏南京可扩展基本输入输出系统公共服务平台等各级各类科技服务平台和研发机构28个，其中，国家级科技公共服务平台1家，国家、省、市级专业技术平台21家，重点实验室2家，院士、博士工作站共3家。

截止到2014年底，特区在孵企业110家，其中大部分是新一代信息技术项目，其他主要是节能环保类项目和新能源、新材料类项目。大力引进高层次人才，包括"321"人才29名，"千人计划"人才4名。此外，特区还积极推进与北京大学共建生物医药创新中心，首个项目南京凯望落户特区运营，目前已建成5个实验室投入运行，18名研发人员进驻研发。

4.1.4 常州三晶世界科技产业发展有限公司

常州三晶世界科技产业发展有限公司(国家科技企业孵化器)是三井街道办事处出全资投资建设的独立法人企业，注册资金5 200万元，目前总投资3.75亿元。孵化器以电子信息、新材料、新能源产业为特色，聚集了70多名具有国际、国内领先技术水平的高科技人才。

国家科技企业孵化器地处常州国家高新技术开发区中心地带，占地面积160亩，14万平方米自主产权孵化(加速)用房及配套设施一应俱全。2010年7月被授予"江苏省小企业创业示范基地"，12月相继被授予"常州市创业孵化基地""国家级科技企业孵化器"和"江苏省企业研究生工作站"；2011年8月孵化器申报的"科技创业孵化服务"成功获得"常州市名牌产品"称号，9月通过ISO 9000/14000管理体系认证，获得"中国科技创业计划大赛"优秀组织奖，10月成功通过"国家级科技企业孵化器"复审；2012年5月获得"常州市留学人员创业园"称号，2012年7月通过OHSAS18001管理体系认证，2012年9月获得"常州市质量管理奖"，11月被江苏省科技厅授予"中-以(常州)国际企业孵化器"称号；2013年4月成功获得"江苏服务业名牌"称号，8月被授予"常州市科技企业加速器"称号；2014年4月成功获评"首批江苏省'苗圃—孵化器—加速器'科技创业孵化链条"，7月获评国家级孵化器考评A类，是常州地区唯一一家。

孵化器目前拥有在孵企业173家，从业人员3 000人，2014年实现产值11.9亿元，上缴税收4 679万元；拥有毕业企业42家，2014年实现产值17.2亿元，上缴税收9 800万元，创造2 800个就业岗位。截至2014年底，在孵企业共计申请各类专利601

项(其中发明专利 220 项),获得授权专利 309 项(其中国际和国内发明专利 52 项),另取得软件著作权 52 个;累计获得各级政府扶持资金 3.95 亿元,投融资资金 5.4 亿元。江苏集晟电子“超级电容器大功率电源系统研究”项目获得中国仪器仪表协会科学技术一等奖;江苏苏晶电子范嘉苏先生获国家“2009 中国优秀创新企业家”荣誉称号;常州瑞择徐飞先生获首届“江苏省青年创业奖”金奖等。

加速车间

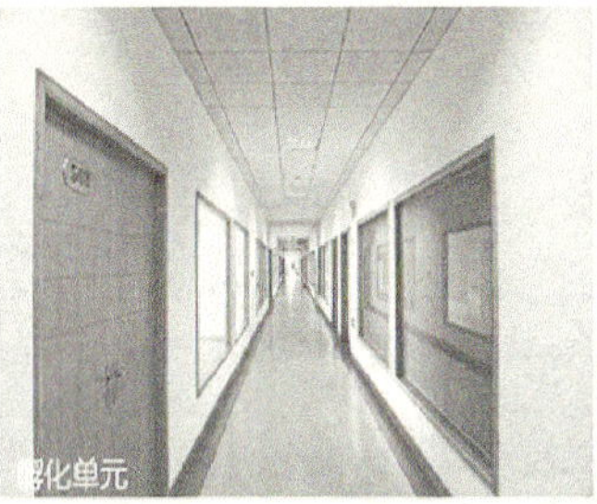
孵化单元

加速车间

4.1.5　徐州高新区科技创业服务中心

徐州高新区科技创业服务中心于 2011 年初在铜山区委、区政府领导的直接关心、支持下开始筹建;2011 年 9 月经徐州市铜山区机构编制委员会批准,成立“徐州高新区科技创业服务中心”,为高新区科技局下属事业单位。

中心占地 47 亩,位于徐州高新技术产业开发区北京路核心区域,拥有办公用房 7 000多平方米、食堂宿舍 600 多平方米、生产车间 13 000 平方米、仓储库房 5 000 平方米及附属用房 1 000 平方米。

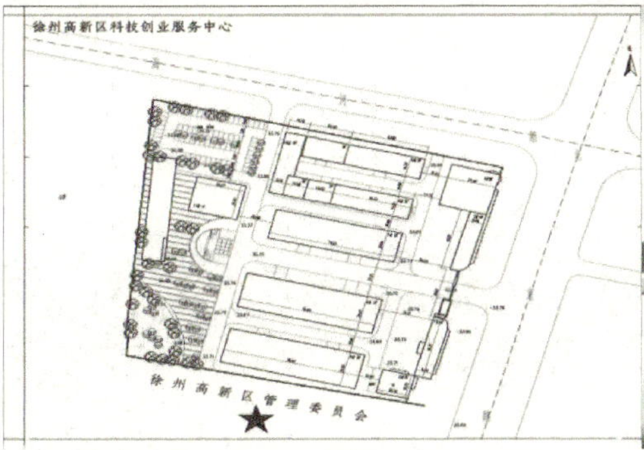

截至 2014 年 7 月底,中心共有 105 家在孵企业,26 家毕业企业;江苏省民营科技企业 5 家,ISO9001 认证企业 7 家;江苏省高新技术产品 14 项,软件著作权及专利数 157 个;创业人员中有 2 人是中组部“千人计划”入选者,2 人入选“江苏省高层次创新

创业人才引进计划”,2 人来自“徐州市引才计划”。

按行业类别分,其中工程机械 26 家,矿山机械 15 家,电子电器 32 家,文化科技产业 10 家,累计为社会提供就业近 3 000 人,形成了安全科技、软件创意动漫、科技创新服务、基础配套服务四位一体的创新创业格局。

4.1.6 淮安市高新技术创新中心

淮安市高新技术创新中心(以下简称“创新中心”)成立于 2001 年 11 月,坐落于淮安市经济开发区海口路 9 号。目前建有迎宾大道孵化园区和生态新城孵化园区,两区共占地 180 多亩,孵化场地面积 15 万平方米,定位为中小型科技创新企业孵化基地。创新中心的主要孵化服务对象是科技型、初创中小型企业。创新中心除拥有一站式窗口服务、会务服务、产品展示和培训服务等共性公共服务外,还结合自身特点,打造特色服务。

自创新中心成立以来,参加省、市科技成果推介会 25 次,推荐在孵企业产品和专利 55 项,帮助 16 家在孵企业和本地有实力的企业建立稳固业务关系,为在孵企业的健康快速发展提供有力支撑。

2007 年,创新中心被江苏省科技厅认定为“省级高新技术创业服务中心”;2009 年,被科技部批准为“国家高新技术创业服务中心”“国家级大学生创业见习基地”,可为各类科技创业企业提供理想的孵化服务。

4.1.7 南通高新技术创业中心

南通高新技术创业中心(以下简称“创业中心”)成立于 2004 年,是一家以支持技术创新、促进成果转化、培育高新技术企业和企业家的科技型服务机构。创业中心建设采取了一中心多园区与高校合作共建的模式，建有“机电一体化专业园”“南通软件园”和“南通科技园”。中心配备有商务中心、多功能报告厅、会议室、接待室、职工活动中心等公共设施 5 000 多平方米，为企业服务人员 13 人。

机电一体化专业园位于外环西路 72 号，孵化面积 4 000 平方米。该专业园侧重于引进鼓励地方技术创新，引进高校科技成果的电子信息、机电一体化项目。目前已入驻了南通云江机电、南通景泰等 20 家科技型企业。

南通软件园位于工农路 488 号，园区总孵化面积 20 000 平方米。该软件园侧重于引进服务外包、自主开发软件企业。目前已入驻了南通华冈、江苏海盟金网等 40 家软件企业。

南通科技园位于崇川路 58 号，孵化面积 19 000 平方米。该园区侧重于引进智能装备、智慧建筑、新材料、互联网四大产业领域的项目。目前已入驻了南通艾利特、南通聚仁新材料等 49 家科技型企业。

创业中心已建成商务服务平台、科技服务平台、资金服务平台、中介服务平台、技术服务平台、人力资源开发平台等六大服务平台，为企业发展提供一站式服务。到目前为止，园区入驻各类科技型企业 109 家，包括高新技术企业 9 家，软件企业 26 家，认证软件产品 90 个，拥有自主知识产权 195 个，累计毕业企业 76 家。

2006 年创业中心被认定为全市首家“国家级科技企业孵化器”，2007 年被认定为“江苏省现代服务业集聚区”“江苏省中小企业社会化服务体系建设示范单位”，2012 年创业中心又获批“中国创新驿站基层站点”。

4.1.8　创意东八区科技服务中心

“创意东八区”是由南京创意东八区科技有限责任公司进行开发运营及管理的项

目。南京创意东八区科技有限责任公司成立于 2007 年，创意东八区产业园位于白下区光华东街与蓝旗街交汇处。该园占地 25 亩，总建筑面积 22 000 平方米。目前，创意东八区总体孵化面积在 13 200 平方米，已成功毕业 74 家，正在孵化创业企业达 65 家，其中 IT 科技企业 32 家，文化创意企业 23 家，科技商贸企业 10 家。实现 1 200 名以上的科技与文化型人才就业。2010—2014 年园区纳税总额已超过 5 000 万元，为区域创造经济产值和税收贡献。

园区荣誉：2008 年，中国优秀文化创意产业园；2009 年，江苏省科学技术厅授牌“江苏省级科技创业园”；2010 年，南京航空航天大学国家文化产业研究中心、南京市白下区文化局授牌“文化产业研究基地”；2014 年，获得江苏省人力资源社会保障局颁发的“江苏省级创业示范基地”称号。

4.2　科技创业服务机构简介

4.2.1　江苏省五星知识产权服务中心

江苏省五星知识产权服务中心正式成立于 2013 年 12 月 4 日，是江苏省民政厅、江苏省知识产权局为了贯彻落实国家知识产权战略实施纲要和深入实施江苏省创新驱动战略，为了积极促进与推动江苏省知识产权强省事业的发展而正式批准设立的一家省级民办非企业单位，中心的主要发起人为江苏五星资产评估有限公司。中心主任黄忠全，员工数 12 名，特聘专家 22 名。

中心业务范围：围绕知识产权创造、运用、管理和保护的知识产权服务链开展各类管家式咨询、服务，与客户建立顾问服务关系，服务内容涵盖知识产权战略服务、法律服务、商用化服务、专利情报分析服务、培训服务、其他知识产权咨询服务等。具体包括：知识产权评估及质押融资评估服务；知识产权商用化咨询服务；知识产权综合咨询服务；科技项目及知识产权项目服务；商务部信用认证申报服务。

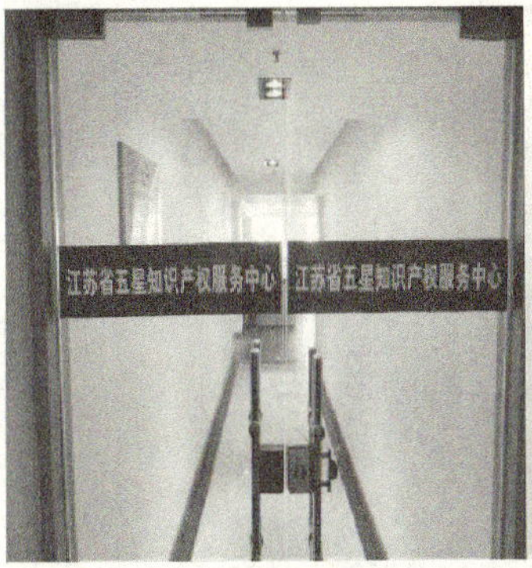

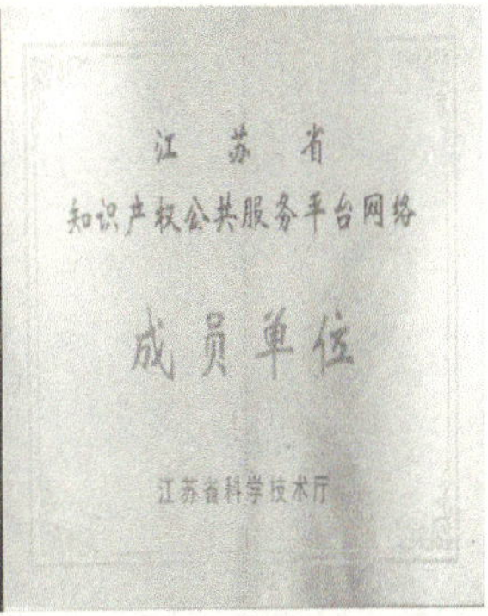

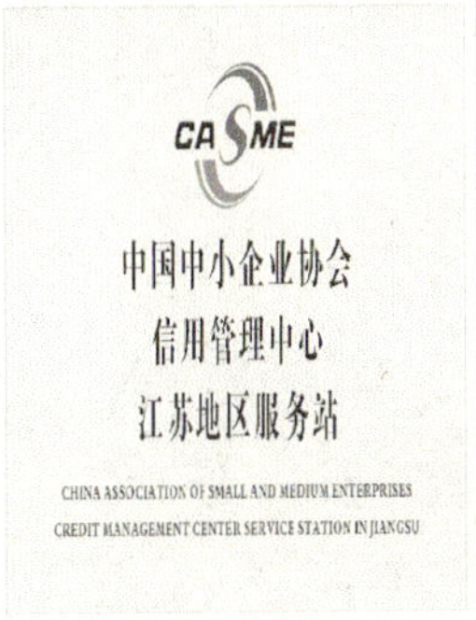

2014 年 5 月，为江苏省汽车行业协会做汽车企业知识产权及信用摸底调查咨询服务；2014 年 9 月，为南京市第一医院做医院志愿者管理系统软件专利申报及运营咨询服务；2014 年 10 月，为南京维立志博生物科技有限公司做核心专利分析与评估咨询服务；2015 年 3 月，为南京市高新区人才办做双创计划申报专家咨询服务；2015 年

4月，为江苏百瑞吉新材料有限公司做江苏省企业知识产权战略推进计划项目咨询服务；2015年5月，为溧阳上黄金诺新型建材厂做专利无效服务；2014年12月，为常熟宝沣特种纤维有限公司做信用认证；2015年1月，为苏州太平洋印务有限公司做信用认证。

地址：南京市广州路37号江苏科技大厦(江苏省创业服务中心)24楼

网址：www.jswxzscqfwzx.com

电话：(025)83603870，13952033062(哈明葭)　传真：(025)83232434

4.2.2 北京市康达(南京)律师事务所

北京市康达律师事务所成立于1988年，原为司法部直属律师事务所，业务现已覆盖律师业的全部传统领域，为客户提供一流的法律服务。目前，康达拥有400余名专业律师和上海、南京、杭州、深圳、成都等12个分所，服务机构遍及全国主要金融商业中心城市，业务覆盖全国，数次获得“全国优秀律师事务所”“司法部文明单位”“北京市优秀律师事务所”“全国十佳IPO律师事务所”等殊荣，并被《钱伯斯全球法律指引》评为“争端解决领域前十强中国律师事务所”，被《亚洲法律杂志》多次评为“中国前10名最佳律师事务所”“中国前10名最大律师事务所”以及“亚洲前50名最大律师事务所”。

目前康达(南京)律师事务所也同江苏省经济与信息化委员会、江苏省信用担保协会、江苏省高新技术创业服务中心、中国并购公会江苏分会等政府机关、行业协会建立了良好的合作关系，系江苏省经信委成立的生产性服务业产业联盟发起单位之一。

康达(南京)律师事务所目前可以提供担任常年法律顾问，提供法律咨询，参与企业、事业单位的各类谈判，拟定相应的法律文件；提供房地产开发、投资、融资、知识产权、股票发行、公司上市等方面的专业法律服务。

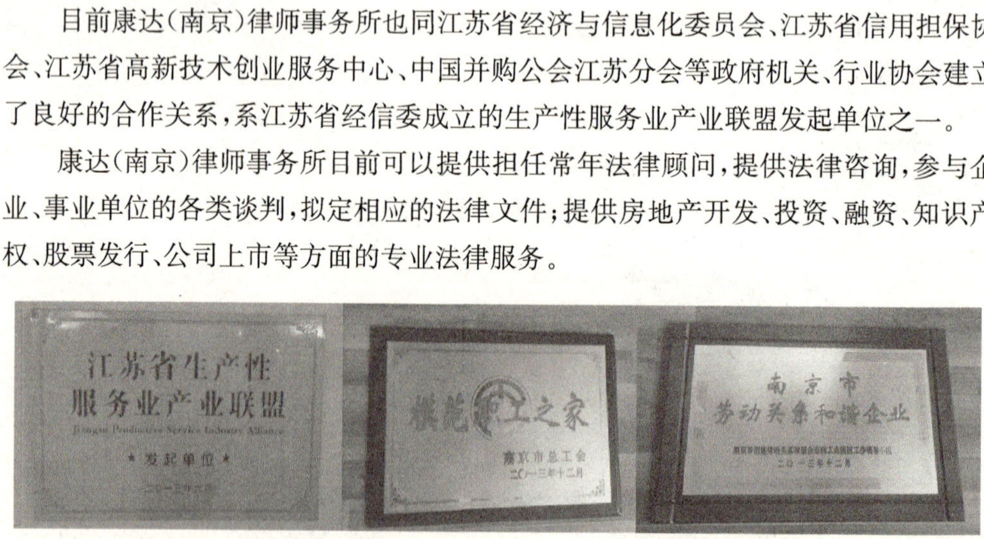

2008年荣获中华全国律师协会“全国优秀律师事务所”称号；2008年10月荣获北京市律师协会授予的“北京市律师行业奥运工作专业贡献奖”；凭借2010年在IPO市

场的骄人业绩(14 家境内 IPO 项目及 4 家上市公司再融资项目过会),康达律师事务所入选《投资者报》研究部综合评选出的"2010 年中国十佳 IPO 律师事务所";凭借 2011 年在 IPO 市场的骄人业绩(12 家境内外 IPO 项目及 7 家上市公司再融资项目过会),在多家机构的多种排名中,康达律师事务所多次获选"2011 年中国十佳 IPO 律师事务所"。

地址:南京市江宁区秣周东路 12 号

电话:(025)83708988

网站:www.kangdanj.com

邮箱:kangdanj@sina.cn

4.2.3　南京常融资产管理有限公司

南京常融资产管理有限公司(以下简称"常融资产")成立于 2014 年,是一家立足江苏、辐射全国,以提供投资咨询、融资咨询、财务咨询、管理咨询等为主的专业咨询服务机构。常融资产致力于为全国各地政府和企业提供卓有成效的专业咨询与综合服务。

常融资产全面整合广泛的行业和社会资源,依托不断发展的省内外合作、交流平台,注重专业服务与业务研究、咨询和实务的有机结合,凭借丰富的实务经验和案例,以及雄厚的研发力量,促使企业自身产生"系统思考、系统设计、系统管理"的造血功能,以低成本、高效率全面提升和改善企业管理水平,确保企业健康和持续发展。

常融资产汇聚了一批在政府机关、金融机构、国内外知名企业、高等院校、证券公司、律师事务所等单位工作,具有丰富投融资经验和具备经济、金融、法律、财务、工程技术、管理等多个领域复合型知识的专业人才。作为知识密集型的专业咨询服务机构,公司秉持"坚守专业价值,致力解决问题"的理念,充分发挥全体员工的专业能力,形成了高效的团队合作,致力于为政府、中小企业提供"战略管理、财务管理、投融资管理"的专业咨询服务。

常融资产与国内多家融资租赁公司、银行、基金公司、风险投资公司、证券公司、会计师事务所、律师事务所等机构建立了紧密的业务合作关系,可以根据客户和项目的实际情况,灵活高效地整合配置境内外优质、充足的资金,满足项目的需求。先后为几家公司完成了"新三板"挂牌财务顾问工作、融资租赁服务工作、战略规划工作,积累了一定的实践经验和丰富的资源。

4.2.4 北京德恒律师事务所

北京德恒律师事务所是中国规模最大的综合性律师事务所之一，于1993年1月创建于北京，原名“中国律师事务中心”，1995年更名为“北京德恒律师事务所”。自2007年起，德恒一直排名全国律所前三强（据ALB排名）。德恒拥有一流的律师队伍，全球员工约1 600人，其中北京总部500余人。德恒律师80%以上有硕士、博士学位，具备在国内外立法、司法、行政机关以及跨国公司、大型国企、金融证券机构工作的经验。

德恒律师事务所在中国设有北京、上海、苏州、南京、天津、济南、大连、广州、深圳、长春、长沙、沈阳、西安、重庆、杭州、郑州、福州、武汉、乌鲁木齐、珠海、昆明、成都、合肥、太原分支机构。

德恒律师事务所近年在中国代理的案件有：福建晶体技术开发公司诉某公司专利侵权仲裁案、联想电脑集团公司与某公司关于五笔字型专利纠纷案、河北某公司与福建泉州旅游公司关于外观专利侵权案、深圳某企业在法国被诉专利侵权及不正当竞争案、上海中集冷藏箱公司被上海某公司诉专利侵权案、东方产业公司诉加州健康食品公司等（健康食品商标和作品版权侵权起诉案）、中国乐凯胶片集团公司商标域名侵权案、华北制药下属某公司应诉江苏某公司不正当竞争案（侵犯商业秘密）、六小龄童与某集团广告付费案、美国康柏电脑公司在中国境内打击仿冒产品案等。

苏州分支机构联系人：顾铁军律师，高级合伙人，市场总监

联系电话：17721095109　邮箱：gtj-nt@139.com

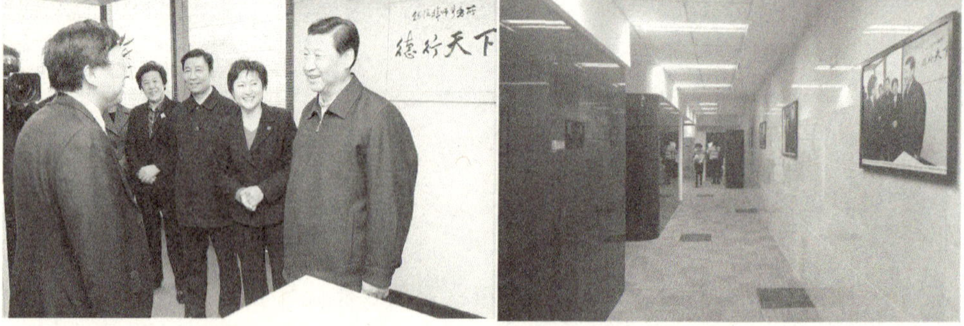

4.2.5　上海清晖管理咨询有限公司

上海清晖管理咨询有限公司创建于2006年，总部设于上海，拥有华东最大规模的职能化专业团队，目前在杭州、南京、苏州、无锡、常州等地设有培训中心。清晖始终以“推广项目管理知识，促进企业与个人发展”为使命，成立9年来，已为项目管理领域培养输送了万余名项目管理专业人士，为全国上千家企业提供了定制化项目管理诊断培训咨询等服务，并凭借业内的品牌信誉成功携手华东各大高科技园区和行业协会。公司是华东首屈一指的专注于项目管理培训咨询及人才服务的机构，华东首屈一指的核心R. E. P.机构，国家外国专家局优秀培训考试机构。

公司设有北京分公司、江浙办事处。拥有华东首屈一指的由PMP、PgMP、PfMP项目管理考试专用书籍译者组成的项目管理实战专家团队，以及PMP身份的专业培训顾问、教务团队。目前公司总人数40人，分布于北京及长三角地区。主要培训课程有：PMP美国项目管理专业人士资格认证、Prince 2受控环境下的项目管理（初级、专业级）、信息系统项目管理师（高级）、系统集成项目管理工程师（中级）、ITIL认证（初级、高级）、项目管理实战模拟及沙盘演练、名师实战培训课程、高级项目经理俱乐部、HR俱乐部、企业项目管理定制化培训等。

公司于2012年荣获由国家外专局培训中心颁发的“优秀PMP考试机构”证书；2013年荣获由PMI项目管理协会颁发的“优秀注册机构”，荣获由PMI项目管理协会颁发的“2013年项目管理大会最佳支持奖”，荣获由国家外专局颁发的“2013年优秀培训机构”；2014年荣获由PMI项目管理协会颁发的“2014年项目管理大会最佳支持奖”；荣获由PMI项目管理协会颁发的“2014年度杰出注册教育机构”。

2012年11月21日，为卡斯柯信号有限公司研发项目绩效考核管理实务内训；2012年11月20日，为同济汽车设计研究院有限公司研发项目管理内训；2012年12月11日，为苏州丝路制造技术服务有限公司研发全英文项目管理内训等。

企业网站：www. changeway. com. cn

联系方式：翁清瑗 T：021-63233980　M：18001700719　Mail：doris@tsinghui. com

4.3　科技创业相关模板

4.3.1　《商业计划书》参考模板

保密承诺

本商业计划书内容涉及本公司商业秘密,仅对有投资意向的投资者公开。本公司要求投资公司项目经理收到本商业计划书时做出以下承诺:

妥善保管本商业计划书,未经本公司同意,不得向第三方公开本商业计划书涉及的本公司的商业秘密。

项目经理签字:

接收日期:________年________月________日

商业计划书

(编制参考)

项目名称____

项目单位____

地　　址____

电　　话____

传　　真____

电子邮件____

联 系 人____

[公司名称]

[日期]

执行概要

说明:执行概要尽量控制在2～3页纸内完成。

[摘要内容参考]

1. 公司基本情况(公司名称、成立时间、注册地区、注册资本,主要股东、股份比例,主营业务,过去3年的销售收入、毛利润、纯利润,公司地点、电话、传真、联系人)

2. 主要管理者情况(姓名、性别、年龄、籍贯,学历/学位、毕业院校,政治面貌,行业从业年限,主要经历和经营业绩)

3. 产品/服务描述(产品/服务介绍,产品技术水平,产品的新颖性、先进性和独特性,产品的竞争优势)

4. 研究与开发(已有的技术成果及技术水平,研发队伍技术水平、竞争力及对外合作情况,已经投入的研发经费及今后投入计划,对研发人员的激励机制)

5. 行业及市场(行业历史与前景,市场规模及增长趋势,行业竞争对手及本公司竞争优势,未来3年市场销售预测)

6. 营销策略(在价格、促销、建立销售网络等各方面拟采取的策略及其可操作性和有效性,对销售人员的激励机制)

7. 产品制造(生产方式,生产设备,质量保证,成本控制)

8. 管理(机构设置,员工持股,劳动合同,知识产权管理,人事计划)

9. 融资说明(资金需求量、用途、使用计划,拟出让股份,投资者权利,退出方式)

10. 财务预测(未来3年或5年的销售收入、利润、资产回报率等)

11. 风险控制(项目实施可能出现的风险及拟采取的控制措施)

第一部分　公司基本情况

公司基本情况:

公司名称________________________________

成立时间________________________________

注册资本________________________________

实际到位资本____________________________

其中现金到位____________________________

无形资产占股份比例________%

注册地点________________________________

公司性质为(请填写公司性质,如有限公司、股份有限公司、合伙企业、个人独资等,并说明其中国有成分比例和外资比例):

____

公司沿革(说明自公司成立以来主营业务、股权、注册资本等公司基本情形的变动,并说明这些变动的原因):

____

目前公司主要股东情况（列表说明目前股东的名称及其出资情况），如下表：

股东及出资情况表

股东名称	出资额	出资形式	股份比例	联系人	联系电话

目前公司内部部门设置情况（以组织机构图来表示本公司的独资、控股、参股及非法人机构的情况）：

以图形方式表示。

公司曾经经营过的业务有________、________、________、________、________。

公司目前经营的业务为________、________、________、________、________。

目前主营业务为________。

公司目前职工情况：

如：拥有员工________人，其中管理人员________人，生产工人________人。管理人员中，大专以上文化程度的有________人，占员工总数________%；大学本科以上的有________人，占员工总数________%；硕士学位（含中级职称）以上的有________人，占员工总数________%；博士学位（含高级职称）以上的有________人，占员工总数________%。

最好列表说明，如下表：

职工情况表

公司经营财务历史，列表说明：

（单位:万元）

项目	本年度	前1年	前2年	前3年
销售收入				
毛利润				
纯利润				
总资产				
总负债				
净资产				
负债率				
净资产收益率				

公司近期及未来3～5年要实现的目标(行业地位、销售收入、市场占有、产品品牌以及公司股票上市等)：

____

____

____

公司近期及未来3～5年的发展方向、发展战略和要实现的目标：

____

____

____

第二部分　公司管理层

董事会成员名单：

序号	职务	姓名	工作单位	学历或职称	联系电话
1	董事长				
2	副董事长				
3	董事				
4	董事				

董事长

姓名________　性别________　年龄________　籍贯________　联系电话________

学历________　学位________　所学专业________　职称________

毕业院校________　户口所在地________

主要经历和业绩(着重描述在本行业内的技术水平、管理经验及成功事例)：

总经理

姓名________　性别________　年龄________　籍贯________　联系电话________

学历________　学位________　所学专业________　职称________

毕业院校________　户口所在地________

主要经历和业绩(着重描述在本行业内的技术水平、管理经验及成功事例)：

技术开发负责人

姓名________　性别________　年龄________　籍贯________　联系电话________

学历________　学位________　所学专业________　职称________

毕业院校________　户口所在地________

主要经历和业绩(着重描述在本行业内的技术水平、管理经验和成功事例)：

市场营销负责人

姓名________　性别________　年龄________　籍贯________　联系电话________

学历________　学位________　所学专业________　职称________

毕业院校________　户口所在地________

主要经历和业绩(着重描述在本行业内的营销经验和成功事例)：

财务负责人

姓名________　性别________　年龄________　籍贯________　联系电话________

学历________　学位________　所学专业________　职称________

毕业院校________　户口所在地________

主要经历和业绩(着重描述在财务、金融、筹资、投资等方面的背景、经验和业绩)：

其他对公司发展负有重要责任的人员(可增加附页)

姓名________　性别________　年龄________　籍贯________　联系电话________

学历________ 学位________ 所学专业________ 职称________

毕业院校________ 户口所在地________

主要经历和业绩(根据公司的需要，来描述不同人员在特定方面的专长)：

____

第三部分　产品/服务

产品/服务描述(这里主要介绍拟投资的产品/服务的背景、目前所处发展阶段、与同行业其他公司同类产品/服务的比较，本公司产品/服务的新颖性、先进性和独特性，如拥有的专门技术、版权、配方、品牌、销售网络、许可证、专营权、特许经营权等)：

____

公司现有的和正在申请的知识产权(专利、商标、版权等)：

____

专利申请情况：

____

产品商标注册情况：

____

公司是否已签署了有关专利权及其他知识产权转让或授权许可的协议？如果有，请说明(并附主要条款)：

____

目标市场(这里对产品面向的用户种类要进行详细说明)：

________、________、________、________、________、________

________、________、________、________、________、________

产品更新换代周期(更新换代周期的确定要有资料来源)：

____

产品标准(详细列明产品执行的标准)：

____

详细描述本公司产品/服务的竞争优势(包括性能、价格、服务等方面)：

____

产品的售后服务网络和用户技术支持：

____

第四部分　研究与开发

公司以往的研究与开发成果及其技术先进性(包括技术鉴定情况，获国际、国家、省、市及有关部门和机构奖励情况)：

公司参与制订产品或技术的行业标准和质量检测标准情况：

国内外研究与开发情况，以及公司在技术与产品开发方面的国内外主要的竞争对手(5家)情况，公司为提高竞争力拟采取的措施：

到目前为止，公司在技术开发方面的资金总投入是多少，计划再投入的开发资金是多少(列表说明每年购置开发设备、开发人员工资、试验检测费用以及与开发有关的其他费用)：

请说明今后为保证产品质量、产品升级换代和保持技术先进水平，公司的开发方向、开发重点和正在开发的技术和产品等情况：

公司现有技术开发资源以及技术储备情况：

公司寻求技术开发依托(如大学、研究所等)情况及合作方式：

公司将采取怎样的激励机制和措施，来保持关键技术人员和技术队伍的稳定：

公司未来3～5年的开发资金投入和人员投入计划：

年份	第1年	第2年	第3年	第4年	第5年
资金投入(万元)					
人员(人)					

第五部分　行业及市场情况

行业情况(行业发展历史及趋势，哪些行业的变化对产品利润、利润率影响较大，进入该行业的技术壁垒、贸易壁垒、政策限制等，行业市场前景分析与预测)：

过去3年或5年各年全行业销售总额(必须注明资料来源)：

年份	前 1 年	前 2 年	前 3 年	前 4 年	前 5 年
销售收入(万元)					
销售增长率					

未来 3 年或 5 年各年全行业销售收入预测(必须注明资料来源):

(单位:万元)

年份	第 1 年	第 2 年	第 3 年	第 4 年	第 5 年
销售收入					

本公司与行业内 5 个主要竞争对手的比较(描述在主要销售市场中的竞争对手):

市场销售有无行业管制,公司产品进入市场的难度分析:

公司未来 3 年或 5 年的销售收入预测(融资不成功的情况下):

(单位:万元)

年份	第 1 年	第 2 年	第 3 年	第 4 年	第 5 年
销售收入					

公司未来 3 年或 5 年的销售收入预测(融资成功的情况下):

(单位:万元)

年份	第 1 年	第 2 年	第 3 年	第 4 年	第 5 年
销售收入					

第六部分　营销策略

产品销售成本的构成及销售价格制定的依据:

如果产品已经在市场上形成了竞争优势,请说明与哪些因素有关(如成本相同但销售价格低、成本低形成销售优势,以及产品性能、品牌、销售渠道优于竞争对手产品等):

在建立销售网络、销售渠道和设立代理商、分销商方面的策略与实施：

在广告促销方面的策略与实施：

在产品销售价格方面的策略与实施：

在建立良好销售队伍方面的策略与实施：

产品售后服务方面的策略与实施：

其他方面的策略与实施：

对销售队伍采取什么样的激励机制：

第七部分　产品制造

产品生产制造方式（公司自建厂生产产品，还是委托生产，或其他方式，请说明原因）：

公司自建厂情况（购买厂房还是租用厂房，厂房面积是多少，生产面积是多少，厂房地点在哪里，交通、运输、通讯是否方便）：

现有生产设备情况（专用设备还是通用设备，先进程度如何，价值是多少，是否投保，最大生产能力是多少，能否满足产品销售增长的要求；如果需要增加设备，采购计划、采购周期及安装调试周期是多少；如果需要大规模建设，是否选择“交钥匙”方式进行，“交钥匙”工程的承包机构是否提供工期、质量方面的保证，如何对这些保证加以实施）：

请说明，如果设备操作需要特殊技能的员工，如何解决这一问题：

简述产品的生产制造过程、工艺流程：

如何保证主要原材料、元器件、配件以及关键零部件等生产必需品的进货渠道的稳定性、可靠性、质量及进货周期，列出3家主要供应商及联系电话：

主要供应商1 ________________________________

主要供应商2 ________________________________

主要供应商3 ________________________________

正常生产状态下，成品率、返修率、废品率控制在怎样的范围内，描述生产过程中产品的质量保证体系以及关键质量检测设备：

____

产品成本和生产成本如何控制，有怎样的具体措施：

____

产品批量销售价格的制定（产品毛利润率是多少，纯利润率是多少）：

____

第八部分　管理

请说明：为保证融资项目按计划实施，公司准备今后各年陆续设立哪些机构，各机构配备多少人员，人员年收入情况。请用图表统计表示出来，附在本计划中。

公司是否通过国内外管理体系认证：

____

公司对管理层及关键人员将采取怎样的激励机制：

____

公司是否考虑员工持股问题，请说明：

____

公司是否与掌握公司关键技术及其他重要信息的人员签订竞业禁止协议，若有，请说明协议主要内容：

____

公司是否与每个雇员签订劳动用工合同：

____

公司是否与相关员工签订公司技术秘密和商业秘密的保密合同：

____

公司是否为每位员工购买保险，请说明保险险种：

____

公司是否存在关联经营和家族管理问题，若有，请说明：

____

公司与董事会、董事、主要管理者、关键雇员之间是否有实际存在或潜在的利益冲突，如果有，请说明解决办法：

____

请说明公司对知识产权、技术秘密和商业秘密的保护措施：

____

请说明项目实施过程中，公司需要哪些外部支持，如何获得这些支持：

____

第九部分　融资说明

为保证项目实施，需要新增投资________万元。

新增投资中，需投资方投入________万元，对外借贷________万元，公司自身投入________万元。

如果有对外借贷，抵押或担保措施是什么：

____

请说明投入资金的用途和使用计划：

____

希望让投资方参股本公司还是投资合作成立新公司，请说明原因：

____

拟向投资方出让多少权益，计算依据是什么：

____

预计未来3年或5年平均每年净资产收益率是多少：

____

投资方可享有哪些监督和管理权利：

____

如果公司没有实现项目发展计划，公司与管理层向投资方承担哪些责任：

____

投资方以何种方式收回投资，具体方式和执行时间：

____

在与公司业务有关的税种和税率方面，公司享受哪些政府提供的优惠政策及未来可能的情况(如市场准入、减免税等方面的优惠政策)：

____

需要对投资方说明的其他情况：

____

第十部分　财务计划

产品形成规模销售时，毛利润率为________%，纯利润率为________%。

请提供：未来3～5年的项目盈亏平衡表、项目资产负债表、项目损益表、项目现金流量表、项目销售计划表、项目产品成本表。

(第一年每个月计算现金流量,共12个月;第二年每季度计算现金流量,共4个季度;第三、四、五年每年计算现金流量,共3年)

注:每一项财务数据要有依据,要进行财务数据说明。

第十一部分　风险控制

请详细说明该项目实施过程中可能遇到的风险及控制、防范手段(包括政策风险、加入WTO的风险、技术开发风险、经营管理风险、市场开拓风险、生产风险、财务风险、汇率风险、投资风险、股票风险、对公司关键人员依赖的风险等。以上风险如适用,每项要单独叙述控制和防范手段):

第十二部分　项目实施进度

详细列明项目实施计划和进度(注明起止时间):

第十三部分　其他

为补充本项目计划书内容,需要进一步说明的有关问题(如公司或公司主要管理人员和关键人员过去、现在是否卷入法律诉讼及仲裁事件中,对公司有何影响):

请将产品彩页、公司宣传介绍册、证书等作为附件附于本调查表后,清单如下:

企业应备资料清单

1. 营业执照
2. 公司章程
3. 验资审计报告
4. 资信证明
5. 法人代码证书
6. 税务登记证
7. 财务报表(上年度、本年度、本月)
8. 专利证书、鉴定报告
9. 高新技术企业、高新技术项目证书
10. 其他表明企业特点的资料
11. 商业计划书

(**注**:本模板内容源自网络资料)

4.3.2　营销策划方案参考模板

营销策划方案

一、策划目的

简单说明策划目的。

二、市场现状分析

1. 市场形势：描述市场基本情况，包括总体规模及历史情况，细分市场情况，消费者在需求、观念与购买等方面的态度。

2. 行为方面的态势和趋势。

3. 产品情况：包括产品销量、价格、利润等。

4. 竞争形势：指出主要竞争者，分析其规模、目标、市场占有率、营销战略及战术。

5. 分销情况：指出各分销渠道的销售状况，各条渠道的重要性及变化；指出各分销商的利用价值和成本。

6. 宏观环境：阐述影响品牌营销策略的宏观环境因素，包括人口、经济、自然、科技、政治、法律和社会文化。

三、SWOT 分析

营销方案，是通过产品和市场的结合分析及策略的运用，因此 SWOT 分析是营销策划的关键。

1. 产品优势分析（相对竞争品牌）。一般存在的具体问题，表现在多方面：

(1) 企业知名度不高、形象不佳影响产品销售；

(2) 产品质量不过关，功能不全，被消费者冷落，产品包装太差，提不起消费者的购买兴趣；

(3) 产品价格定位不当；

(4) 销售渠道不畅，或渠道选择有误，使销售受阻；

(5) 促销方式不当，消费者不了解企业产品；

(6) 服务质量太差，令消费者不满；

(7) 售后保障缺乏，消费者购买后顾虑多等。

2. 产品劣势分析（相对竞争品牌）。

3. 市场机会分析。

4. 环境威胁分析。

四、营销目标

营销目标是在上述市场现状分析和 SWOT 分析的基础上，确定公司所要实现的具体目标，即营销策划方案执行期间，达到总销售量为×××万件，预计毛利×××万元，市场占有率实现××。

五、营销战略

1. 目标市场战略

(1) 市场细分：依据人口、地理、心理、行为进行细分。

(2) 市场选择：说明产品准备进入的细分市场。依据企业资源、市场同质性、产品同质性、竞争对手战略、产品生命周期阶段，采用目标市场覆盖战略（无差异、差异、集中），确定具体的细分市场。

(3) 市场定位：依据产品属性和利益、价格和质量、产品用途、使用者、产品档次定位、竞争地位、多重因素，采用定位战略（初次定位、重新定位、对峙定位、回避定位），说明产品定位的目标消费群体。

2. 市场营销组合战略

(1) 产品策略：包括新品开发（联合经营、购买专利、经营特许、外包生产、独立研制开发、协约开发）、包装设计。

(2) 价格策略：根据目标战略采用的定价方法（成本、竞争、需求）。

(3) 渠道策略：根据市场、产品、购买行为、中间商、企业等影响因素，确定渠道建设长度（零层、一层、二层、三层）、宽度（密集、选择、独家）或广度（选择、集中、混合），确定营销渠道模式（传统、水平、垂直、多渠道）。多渠道时要进一步细化不同渠道的价格、促销等。

(4) 促销策略：方式（人员推销、广告、公共关系、销售促进）和影响因素（促销目标、产品类型、市场特点、产品生命周期阶段等）。

3. 市场营销预算

包括营销过程中的总费用、阶段费用、项目费用等。

六、营销计划控制

说明对计划的执行进度、过程如何进行管理，把目标、预算分解为按月、按季检查。

（注：本模板内容源自网络资料）

参考文献

[1] 凡禹. 创业前三年[M]. 北京:新世界出版社,2011.
[2] 孙振国. 创业常识速查速用[M]. 北京:中国法制出版社,2014.
[3] 阳飞扬. 从零开始学创业[M]. 北京:中国华侨出版社,2011.
[4] 北京岳成律师事务所. 如何开办公司[M]. 第二版. 北京:北京大学出版社,2014.
[5] 郭天宝. 创业财务手册[M]. 北京:经济科学出版社,2013.
[6] 陶云飞. 合作创业指南[M]. 北京:金盾出版社,2009.
[7] 张红兵. 小微企业创业 36 计[M]. 北京:人民邮电出版社,2014.
[8] 知乎. 创业时,我们在知乎聊什么? [M]. 北京:中信出版社, 2014.
[9] 赵伟. 创业可以走直线[M]. 南京:江苏文艺出版社,2013.
[10] 文新. 个人创业操作全书[M]. 第二版. 北京:中国纺织出版社,2015.
[11] 李晶晶. 我最需要的创业准备书[M]. 北京:企业管理出版社, 2013.
[12] 易达. 创业者不可不知的法律常识[M]. 北京:北京理工大学出版社,2013.
[13] 王英. 新手学开公司:创业融资常识[M]. 北京:中国铁道出版社,2015.
[14] 洪峥. 创业融资最佳模式[M]. 广州:广东经济出版社,2014.
[15] 刘清莲. 论小微企业的发展[J]. 中国商贸,2015(5):196-198.
[16] 杜跃平,段利民. 科技型中小企业生命周期与融资方式选择[J]. 工业技术经济,2004(6):71-74.
[17] 米咏梅. 企业融资中的对赌协议:激励与风险分析[J]. 经济研究导刊,2009(36):118-120.
[18] 耿凯平,车汉澍,李侃. 初创期高科技企业股权融资策略研究[J]. 科技与管理,2012,14(2):76-79.
[19] 周方. 如何正确理解和对待创业中的人脉关系[J]. 村委主任(下),2013(10):42
[20] 贾文华. 基于品牌价值角度的提升我国企业竞争力的策略研究[J]. 商场现代

化,2013(29):107.

[21] 曾露. 初创期企业人才的选拔和使用[J/OL]. 互联网文档资源，2012. http://blog. sina. com.

[22] 百度文库. 创业者自我营销与团队建设[J/OL]. 互联网文档资源，2012. http://wenku. baidu. com.

[23] 百度文库. 怎样选择最好的创业子市场[J/OL]. 互联网文档资源，2013. http://wenku. baidu. com.

[24] 网络. 被诉侵权专利怎么办[J/OL]. 深圳律师网,2012. http://www. szls. net.

[25] 张尽安. 用人单位不签劳动合同[J/OL]. 互联网文档资源,2013. http://blog. sina. com.

后 记

"大众创业、万众创新"是富国强民之策，对调结构、稳增长、促就业具有重要意义。从细微处入手，在点滴处使力，尽心尽责为创业者提供更多更好的服务，是我们的使命和职责。

《创业百问》里的创业问答为创业者提供了创业政策、创业策划、创业融资、股权结构、财税筹划、创业管理、知识产权、法律风险等八个方面与创业相关的知识，创业案例中成功的创业经验为创业者提供了很好的借鉴。

本书得以顺利面世，得到了多方的支持和帮助。感谢科技部火炬中心和江苏省科技厅对本书的指导。

感谢东南大学经济管理学院戚啸艳教授对创业政策内容、常州市创业孵化协会会长王靖对创业策划内容、南京常融资产管理有限公司黄莉对创业融资和财税筹划内容、北京德恒（苏州）律师事务所合伙人顾铁军对股权结构内容、上海清晖管理咨询有限公司傅永康对创业管理内容、江苏省五星资产评估有限公司任漱晨对知识产权内容、北京市康达（南京）律师事务所胡晓玲对法律风险内容提供的支持和帮助。

感谢博济科技园、南京紫金（高新）科技创业特别社区、常州三晶世界科技产业发展有限公司、徐州高新区科技创业服务中心、淮安市高新技术创新中心、南通高新技术创业中心、创意东八区科技服务中心等单位对创业案例内容提供的支持和帮助。

感谢南京瑞岸文化传媒有限公司总经理查威蔚为本书封面和书中插图设计所做的工作；感谢凤凰新闻商务编辑部总监李申伟对本书第一部分文稿的润色。

最后，对戴建忠、徐勇、吕国勇对本书案例资料收集提供的帮助，在此一并表示感谢。

本书的编辑和出版工作得到了东南大学出版社的大力支持，正是出版社的精心工作，才使得本书得以顺利出版。

时间仓促，水平所限，书中存有不完善之处，敬请各位专家和读者朋友批评指正。